Guido Knopp
Weltenbrand

PIPER

Zu diesem Buch

1914 bis 1945: Zwei mörderische Kriege und der Aufstieg unmenschlicher Ideologien stürzten die Welt ins Unglück. Im Sommer 1914 hatte das tödliche Attentat von Sarajevo das Pulverfass Europa zur Explosion gebracht und einen Krieg der zerstörerischen Superlative entfesselt: Mehr als 700 000 Soldaten starben in der Schlacht um Verdun, bei Amiens durchbrachen erstmals Panzer die menschlichen Barrieren, U-Boote verbreiteten auf den Meeren Angst und Schrecken. Als 1917 die USA in den Krieg eintrat, eskalierte die europäische Völkerschlacht endgültig zum Weltenbrand. Dem trügerischen zwischenzeitlichen Frieden setzte Hitler am 1. September 1939 mit dem Überfall auf Polen ein brutales Ende. Ein Vernichtungsfeldzug unvergleichbaren Ausmaßes nahm seinen Lauf, der frei war von jeder Rücksichtnahme auf die Regeln der Zivilisation und an dessen Ende weltweit über 50 Millionen Tote standen. Eindringlich schildert Guido Knopp den größten und verheerendsten Konflikt der Menschheitsgeschichte – den »30-jährigen Krieg des 20. Jahrhunderts«, der Generationen prägte und bis in die heutige Zeit nachwirkt.

Prof. Dr. Guido Knopp, geboren 1948, leitete von 1984 bis Anfang 2013 den Programmbereich Zeitgeschichte im ZDF und moderierte die ZDF-Reihe *History*. Die historischen Sachbücher des Bestsellerautors wurden in 45 Sprachen übersetzt. Seine Fernsehfilme und -serien werden weltweit ausgestrahlt. Knopp erhielt zahlreiche Auszeichnungen, darunter den Deutschen Fernsehpreis und zweimal das Bundesverdienstkreuz.

Guido Knopp

WELTEN BRAND

Die Kriege der Deutschen im 20. Jahrhundert

In Zusammenarbeit mit Alexander Berkel, Stefan Brauburger, Anja Greulich, Peter Hartl, Annette von der Heyde, Sönke Neitzel und Mario Sporn

Mit 216 Abbildungen

Piper München Zürich

Mehr über unsere Autoren und Bücher:
www.piper.de

Von Guido Knopp liegen bei Piper vor:
Stauffenberg
Das Weltreich der Deutschen
Die Sternstunden der Deutschen
Weltenbrand

MIX
Papier aus verantwortungsvollen Quellen
FSC® C110508

Überarbeitete Taschenbuchausgabe
Februar 2014

erschienen im Verlagsprogramm Pendo

Ein Projekt der Montasser Medienagentur
Umschlaggestaltung: Mediabureau Di Stefano, Berlin, unter Verwendung von Motiven von Ullsteinbild, Süddeutsche Zeitung Photo, Getty Images
Layout: Büro Jorge Schmidt, München
Lektorat und Satz: Heike Gronemeier, München
Gesetzt aus der Scala
Lithografie: Lorenz und Zeller, Inning am Ammersee
Druck und Bindung: Westermann Druck, Zwickau
Printed in Germany ISBN 978-3-492-30429-0

INHALT

DER ERSTE WELTKRIEG

DER ZWEITE WELTKRIEG

Küche.
Gebr.
Filialen

VORWORT

Das zwanzigste Jahrhundert, das so faszinierend war wie furchtbar, hat den Deutschen mehr vom Guten wie vom Bösen auferlegt als jedes andere zuvor: mehr Leid und Tod, mehr Wohlstand und mehr Fortschritt. Es war das Jahrhundert der großen Kontraste – das Jahrhundert von Einstein und Hitler, von Auschwitz und der Mondlandung, von Kriegen und Verbrechen, aber auch von ungeheurer Friedenssehnsucht. Es begann mit einer Zeit der Katastrophen, 1914 bis 1945: Zwei mörderische Kriege, zahllose Wirtschaftskrisen und Finanzcrashs, der Aufstieg unmenschlicher Ideologien, die die Welt beglücken wollten und sie nur ins Unglück stürzten. Je mehr Abstand wir von dieser Epoche haben, umso mehr wird deutlich, dass es ein Weltbürgerkrieg gewesen ist – 31 Jahre lang. Der Zweite Weltkrieg speist sich aus dem Ersten, dazwischen gab es keinen echten Frieden. Der »Dreißigjährige Krieg des zwanzigsten Jahrhunderts« prägte Generationen, bis in unsere Zeit.

Es begann mit einem Krieg, den keiner wirklich wollte – mit dem alle aber rechneten. Wer war schuld an ihm? Das Säbelrasseln hatte im Konzert der Großmächte Tradition. Der Krieg galt noch immer als ultimatives Mittel der Politik. Seit der Jahrhundertwende drehte sich die Rüstungsspirale immer schneller. Die europäischen Mächte rechneten mit einem Konflikt und verhinderten ihn dennoch nicht. Das Deutsche Kaiserreich fühlte sich von seinen Nachbarn eingekreist – tatsächlich grenzte es sich in der Ära Wilhelms II. selbst aus.

Die Gefahr eines Zweifrontenkrieges vor Augen, hatten deutsche Militärs sich längst in die Idee verrannt, Frankreich bei einem drohenden Krieg präventiv zu schlagen – um dann im Osten, gegen Russland, mit ganzer Kraft den Sieg herbeizuführen. Im Som-

◄ In Berlin wird die Mobilmachung angekündigt.

mer 1914 brachte das Attentat von Sarajevo das Pulverfass Europa zur Explosion. Alle fühlten sich als Angegriffene, keiner als Angreifer. Wie in Berlin begrüßten auch die Menschen in Wien, Paris und London euphorisch jubelnd den Ausbruch eines Krieges, von dem noch niemand ahnte, wie mörderisch er wirklich werden würde – und dass er schließlich das Ende des alten Europa bedeutete.

Der »Weltenbrand« begann mit dem Angriff der deutschen Heere im Westen. Doch der Plan, Frankreichs Armeen über einen Marsch durch Belgien von allen Seiten zu umfassen, scheiterte. Bei Langemarck stürmten Tausende unerfahrener Rekruten ins gegnerische Maschinengewehrfeuer. Die grausamen Verluste wurden zu moralischen Siegen umgedeutet.

> »Soldat-Werden, sein Jahr abdienen müssen, war für mich während der Gymnasialzeit immer eine peinliche, bedrohliche Vorstellung gewesen. Jetzt war es genau das Gegenteil: Befreiung! Befreiung von bürgerlicher Enge und Kleinlichkeit, von Schulzwang und Büffelei [...] und von alledem, was wir als Saturiertheit, Stickluft, Erstarrung unserer Welt empfunden.«
>
> *Carl Zuckmayer, Schriftsteller und Kriegsfreiwilliger, in seiner Autobiografie »Als wär's ein Stück von mir«*

Feldpostbriefe und Tagebucheinträge legen Zeugnis ab, mit welchem Pathos das große Sterben begann: Als im August anno 1914 die Glocken den Krieg in Europa einläuteten, verstanden dies viele junge Menschen als Chance, aus der gefühlten Enge ihrer Epoche auszubrechen. »Mir selbst kamen die damaligen Stunden wie eine Erlösung aus der ärgerlichen Empfindung der Jugend vor«, schrieb ein 24-jähriger Augenzeuge: der junge Adolf Hitler, ein Mann ohne Beruf und Perspektive. Wie er meldeten sich in den ersten Tagen des Krieges rund eine Viertelmillion Männer in Deutschland freiwillig zum Militärdienst. Auch auf der anderen Seite der Front zogen junge Soldaten begeistert in die Schlacht. Der 26-jährige britische Berufsoffizier Bernard Montgomery wollte sich seine

»ersten Sporen« verdienen. Beide lernten sie im Oktober 1914 den Schrecken des Krieges kennen – in der Nähe des belgischen Ortes Ypern. Hitlers Regiment wurde nahezu aufgerieben. Von 3000 Mann überlebten nur 750 den ersten Einsatz unverletzt. Nur wenige Kilometer entfernt traf Montgomery die Kugel eines Scharfschützen in die Brust. Stundenlang lag er im feindlichen Feuer, bis er von Kameraden geborgen wurde.

Nur selten gab es Gesten der Menschlichkeit: An Weihnachten 1914 winkten britische Soldaten aus den Schützengräben nahe Hitlers Regiment mit ihren Taschentüchern. Einige Deutsche erwiderten den Gruß. Manche stiegen aus den Gräben, hüben wie drüben, sangen in ihren Sprachen die gleichen Lieder zum Christfest. Ein kleiner Moment des Friedens im großen Krieg. Hitler indes hatte für solche Verbrüderung kein Verständnis. So etwas dürfe in Kriegszeiten »nicht zur Debatte stehen«. Für ihn war der »Kampf der Völker« schon damals eine Frage von siegen oder untergehen.

Manche Gegner in den Schützengräben des Ersten Weltkriegs sollten sich später wieder begegnen. Der Brite Bernard Montgomery etwa sollte Jahrzehnte später als Befehlshaber alles daransetzen, Hitler-Deutschland militärisch zu bezwingen: Er zählte zu den Siegern, die im Mai 1945 die bedingungslose Kapitulation der Deutschen entgegennehmen sollten.

Fegefeuer

Die europäischen Mächte hatten 1914 keine Vorstellung von dem totalen Krieg, der auf sie zukam. Der Sturmlauf der Deutschen im Westen führte binnen weniger Wochen in einen mörderischen Grabenkampf. Er wurde mit allen Mitteln geführt: Maschinengewehre mähten ganze Regimenter nieder. Feuerwalzen der Artillerie durchpflügten ganze Landstriche, hochgiftiges Gas kam erstmals zum Einsatz – mit fürchterlicher Wirkung. Der Name der französischen Festungsstadt Verdun wurde 1916 zum Menetekel für das Massensterben auf den Schlachtfeldern des zwanzigsten

Jahrhunderts. Als der Vormarsch im Westen stockte, entschied sich der deutsche Generalstabschef Erich von Falkenhayn für eine verheerende Strategie: Entweder sollten seine Truppen die Bastionen um Verdun im Sturm nehmen oder den Gegner in einer »Abnutzungsschlacht« ausbluten.

Am 21. Februar 1916 begann die Offensive mit schwerstem Trommelfeuer. Ende Februar fiel Fort Douaumont, die stärkste Festung östlich der Maas, doch bald blieb die Offensive in einem zermürbenden Stellungskrieg stecken. Hohe Militärs sprachen von einer »Blutpumpe«, Frontsoldaten nannten es die »Hölle von Verdun«. Das Schicksal des Einzelnen galt nichts – auf beiden Seiten. Ein junger französischer Offizier hatte Glück im Unglück. Zwei Wochen nach Beginn der Schlacht wurde seine Einheit aufgerieben, doch er selbst war nur verwundet und geriet in deutsche Gefangenschaft. Charles de Gaulle wurde nach Deutschland gebracht, war im Lager besonders renitent, wollte ausbrechen. Sein Deutschlandbild erfuhr in jener Zeit seine erste Prägung.

Durch Gasangriffe ließen Tausende auf qualvolle Weise ihr Leben.

Weit über 700 000 Soldaten starben in der Schlacht um Verdun, wurden verwundet oder blieben vermisst, ohne dass sich der Frontverlauf wesentlich änderte. Gemeinsam sahen sich immer mehr deutsche und französische Soldaten als Opfer einer selbstmörderischen Kriegführung, deren Befehlshaber aus der Ferne die blutige Tötungsmaschinerie des modernen Materialkriegs dirigierten. Der verlustreiche Kampf in den Stellungen setzte neue Maßstäbe – in Sachen menschlicher Verrohung. Doch soll es Ausnahmen gegeben haben: In den neu entstehenden Luftstreit-

Verdun nach der wochenlangen Bombardierung – der Name der Stadt wurde rasch zum Inbegriff für das Massensterben im Ersten Weltkrieg.

kräften wuchs die Legende vom »ritterlichen Krieg«, hier ließen sich Kampfflieger wie Hermann Göring als Helden feiern. Doch später entpuppte sich die Heroisierung als trügerischer Schein. Ihre Popularität sollte sie später zu willfährigen Helfern Hitlers machen, wie so viele, die den Ersten Weltkrieg als junge Menschen erlebten und sich auch danach von natio-nalen Hassparolen hinreißen ließen.

Völkerschlacht

Dieser Krieg war einer der zerstörerischen Superlative. Bei Amiens in Frankreich durchbrachen erstmals Panzer die menschlichen Barrieren, am Skagerrak schlugen Großkampfschiffe die bis dahin größte Schlacht ihrer Geschichte, U-Boote verbreiteten auf den Meeren Angst und Schrecken und zum ersten Mal fielen Bomben aus Flugzeugen auf Truppen, vereinzelt auch auf Städte. 1917 eskalierte die europäische Völkerschlacht schließlich zum »Weltenbrand«. Die USA traten in den Krieg ein.

An der deutschen Heimatfront folgte auf die Kriegsbegeisterung tiefe Ernüchterung. Mangelwirtschaft und Hunger bestimmten den Alltag: Millionen von Männern kämpften auf den Schlachtfeldern, die Seeblockade führte zu Engpässen, letzte Reserven wurden mobilisiert. Bewusst sprach man nun nicht mehr vom Kampf der Mächtigen, sondern dem der Völker – aufgepeitscht von einer Propaganda, die Nationen zu »Erbfeinden« erklärte. Es waren Hassparolen mit nachhaltiger Wirkung.

In Berlin herrschte dennoch wieder Zuversicht. Denn in Russland beendete die »Rote Revolution« die Zarenherrschaft – dank Unterstützung Lenins durch deutsche Geheimdiplomatie. Nach einem vom Deutschen Reich diktierten Frieden im Osten wurden 1918 Kräfte frei, die im Westen dringend benötigt wurden. Doch war die materielle Überlegenheit der Gegner dort erdrückend: Von Frühsommer 1918 an trafen eine Million amerikanische Soldaten auf dem Kriegsschauplatz ein. Einer von ihnen war der 33-jährige

»Kriegsmüde« – in Kiel meutern im November 1918 Tausende Matrosen gegen den Befehl, zum »letzten ehrenvollen Gefecht« auszulaufen.

George Patton, der vor Ort die ersten 500 US-Panzerfahrer ausbildete und in die Schlacht führte; am Ende des Zweiten Weltkriegs sollten seine »Tanks« beim Vormarsch der US-Truppen in Deutschland die entscheidende Speerspitze bilden. Die Deutschen waren nicht in der Lage, der materiellen Überlegenheit standzuhalten.

Im Sommer 1918 zog Ludendorff, General und mächtigster Mann in der Obersten Heeresleitung, die Notbremse und forderte die deutsche Regierung auf, einen Waffenstillstand zu erbitten. Einige Monate später meuterten in Kiel Marinesoldaten gegen den Befehl, die Flotte zu einem letzten »ehrenvollen« Gefecht auslaufen zu lassen, es war der Beginn einer Revolution, die ganz Deutschland erfasste.

> »Er hat sich nichts mehr sagen lassen und ist dauernd aufgeregt und explosiv gewesen. Seit er sehen musste, wie die Dinge schlecht gehen, kämpft er wie ein Verzweifelter um sein Prestige.« *Konrad Krafft von Dellmensingen, Generalstabschef der 17. Armee, über Erich von Ludendorff*

Am 9. November 1918 wurde der Kaiser, Wilhelm II., zur Abdankung gezwungen. Führende Sozialdemokraten übernahmen die Regierung. Phillip Scheidemann rief die Republik aus, um der Proklamation einer Räterepublik durch die Kommunisten um Karl Liebknecht zuvorzukommen. Das unrühmliche, überhastete und doch unaufhaltbare Ende des Kaiserreichs war besiegelt. Bei der Wahl zur Nationalversammlung siegten zwar die demokratischen Parteien, und die erste deutsche Republik gab sich in Weimar eine freiheitliche Verfassung; die Folgen des Krieges indes sollten den Weg zum Frieden von Anfang an gefährden.

Zwangsläufig scheitern aber musste Weimar nicht. Eine andere internationale Ausgangslage, eine andere wirtschaftliche Entwicklung hätten es der jungen Republik erleichtert, ihre Bürden zu ertragen und sie nach und nach ganz abzuwerfen. Für die Deutschen indes wirkten die Bedingungen der Sieger damals wie ein Schock. Sie maßen den Versailler Vertrag an den »klassischen« Friedensab-

Vorbereitungen für die Unterzeichnung des Friedensvertrages; General Foch (Zweiter von rechts) prophezeite, der Friede würde kaum zwanzig Jahre halten.

kommen des 19. Jahrhunderts sowie an dem maßvollen 14-Punkte-Programm, das der amerikanische Präsident Woodrow Wilson zunächst als Grundlage für die Verhandlungen vorgeschlagen hatte. Das, was am Ende dann dabei herauskam, empfanden die meisten Deutschen als Verrat, als verletzendes Diktat. Es waren weniger die materiellen Konditionen, welche die Emotionen hochkochen ließen, als die moralischen. Und so sollte der französische General Ferdinand Foch auf fast gespenstische Weise recht behalten, als er nach der Unterzeichnung des Versailler Vertrags prophezeite, dieser Friede werde gerade einmal zwanzig Jahre halten.

Überfall

Als Hitler am 1. September 1939 den Zweiten Weltkrieg entfesselte, reagierten die schockierten europäischen Großmächte schnell. Briten und Franzosen erklärten dem Deutschen Reich den Krieg, auf militärischen Beistand wartete Polen indes vergeblich. Bis zuletzt hatten die Westmächte versucht, die Eskalation zu verhindern. Doch der deutsche Diktator wollte mit aller Macht die »Zerschlagung« des Nachbarn, nachdem ihm im Sommer 1939 bereits ein erster Coup gelungen war – sein Pakt mit Stalin hatte die Welt überrascht. Mitte September 1939 wurde klar, dass sich die beiden Diktatoren das unterworfene Polen teilen wollten; die im Jahr 1918 wiedererstandene Nation sollte von den Landkarten verschwinden, war sie doch ein Ergebnis des verhassten »Diktats von Versailles«. Die von vielen als Schmach empfundene Niederlage von 1918 hatte es Hitler erleichtert, die »völkischen« und nationalistischen Kräfte in Deutschland zu bündeln und die Armeeführung in den »wehrfreudigen« nationalsozialistischen Staat einzubinden.

> »Die Erfahrungen des Ersten Weltkriegs und die Niederlage haben in vielfacher Hinsicht die Motorik, die Planung, die Durchführung des Zweiten Weltkriegs bei Hitler und seiner Machtelite bestimmt.« *Hans-Ulrich Wehler, Historiker*

Als der von langer Hand vorbereitete Krieg 1939 kam, gab es freilich, anders als noch 1914, bei den meisten Soldaten und in der Bevölkerung keine Kriegsbegeisterung. Erst die schnellen Siege und die propagandistisch wirksame Betonung des »Blitzkrieg«-Konzepts sorgten für Zuversicht. Nach den Erfolgen gegen Polen, Norwegen, Holland und Belgien gelang schließlich im Juni 1940 der Triumph über Frankreich. Damit schien nicht nur die bittere Scharte von Versailles ausgewetzt. Die Niederlage des »Erbfeindes« verlieh Hitler die Aura vermeintlicher Unbesiegbarkeit. Siegestaumel und »Führergläubigkeit« gaben ihm nun den Rückhalt, um sich seinem eigentlichen Ziel widmen zu können: dem Krieg gegen die Sowjetunion, der von Beginn an als »Ausrottungs- und Vernichtungskrieg« geplant war. Schon in Polen hatte die Kriegführung äußerst brutale Züge angenommen: Ganze Dörfer wurden systematisch zerstört, Zivilisten – darunter zahllose Juden –, ermordet. Dies war der Anfang eines Krieges gegen alle Regeln der Zivilisation, den Hitler nun mit aller Macht im Kampf gegen die Sowjetunion fortsetzen wollte.

»Blitzkrieg« – deutsche Infanterie rückt an der Maginot-Linie vor.

Vernichtungskrieg

Am 22. Juni 1941 überfiel die Wehrmacht die Sowjetunion, das »Unternehmen Barbarossa« rollte an. Es war die größte militärische Konfrontation der Weltgeschichte. Drei Millionen deutsche und verbündete Soldaten griffen viereinhalb Millionen Rotarmisten an. Der Krieg wurde von Hitler zum »Überlebenskampf der Weltanschauungen und Rassen« stilisiert. Nach seinem Weltbild konnte nur ein Deutschland, das sich genügend »Lebensraum im Osten« erkämpfte, eine Zukunft haben. Damit begann ein Vernichtungsfeldzug, der nicht nur auf die militärische Zerschlagung von Stalins Reich zielte, sondern auch auf planmäßigen Völkermord.

Bereits in seinem Pamphlet *Mein Kampf* hatte Hitler die Eroberung Russlands als »deutsche Mission« ausgegeben, die den »erbitterten Kampf gegen Weltjudentum und Bolschewismus« zum Ziel hatte. Diese nationalsozialistische Ideologie wurde mit letzter Konsequenz in die Tat umgesetzt: Hinter den Frontlinien wüteten die Kommandos der SS, Opfer waren angebliche Partisanen, vor allem aber Juden. Mehr als 900 000 Männer, Frauen und Kinder fielen dem Völkermord allein im ersten Jahr des Krieges gegen die Sowjetunion zum Opfer.

> »Es handelt sich um einen Vernichtungskampf. Wenn wir es nicht so auffassen, dann werden wir zwar den Feind schlagen, aber in dreißig Jahren wird uns wieder der kommunistische Feind gegenüberstehen.«
>
> *Generalstabschef Halder in seinem Tagebuch, 30. März 1941*

Zum ideologischen Wahn des Diktators gesellte sich die Hybris des bis dahin so erfolgreichen Kriegsherrn: Hitler war überzeugt, den Sieg über das Sowjetreich binnen weniger Wochen erringen zu können. Zunächst schienen ihm die militärischen Erfolge recht zu geben – auch weil Stalin in den Vorkriegsjahren durch mörderische »Säuberungsaktionen« gegen sein Offizierskorps die Rote Armee nahezu enthauptet hatte. Im Sommer des Jahres 1941 war die zah-

Die Truppen der Wehrmacht hinterlassen eine Spur der Verwüstung.

lenmäßig riesige Sowjet-Streitmacht den schnell vorrückenden deutschen Truppen unterlegen. In großen »Kesselschlachten« gerieten Millionen Rotarmisten in Gefangenschaft. Doch im Dezember markierte die »Winterschlacht« vor Moskau den Anfang vom Ende von Hitlers Plänen. Der Diktator hatte das Rüstungspotenzial des Gegners, dessen Waffenschmieden hinter dem Ural weiterproduzierten, vollkommen unterschätzt.

Ende 1941 schließlich wurde Hitlers europäischer Krieg zum Weltkrieg: Nach dem Angriff der Japaner auf Pearl Harbor erklärte das Deutsche Reich den USA den Krieg – damit gewann die Anti-Hitler-Koalition einen mächtigen Verbündeten.

Bombenkrieg

Der Krieg gegen die Städte, die alltägliche Konfrontation mit dem Tod, der Verlust von sämtlichem Hab und Gut, die qualvollen, angsterfüllten Nächte in den Bombenkellern wurden zum Trauma für eine ganze Generation. Denn Hitler hatte auch einen unbarm-

Dresden nach dem ersten schweren Bombenangriff.

herzigen Luftkrieg entfesselt. In vielen Nächten klinkten die deutschen Bomber ihre tödliche Last über britischen Metropolen ab. Doch der »Blitz«, wie die Angriffe genannt wurden, zwang die Briten keineswegs in die Knie – im Gegenteil. Die Luftschlacht entfachte erst den Wunsch, es den Deutschen »heimzuzahlen«. Die Gelegenheit dazu sollte bald kommen. Der Bombenkrieg, so hofften die Strategen in Großbritannien, könnte die Wende im Krieg bringen. Die Absicht war, gezielt die Wohngebiete von Städten in nächtlichen Angriffen zu bombardieren, um die Moral der Zivilbevölkerung zu brechen. Rund um die Uhr luden von 1943 an britische und amerikanische Bomber ihre todbringende Fracht über Deutschland ab. Die deutsche Luftabwehr stand zunehmend auf verlorenem Posten. Köln, Lübeck, Nürnberg, Hamburg, Berlin und am Ende Dresden, das historische »Elbflorenz« – Namen deutscher Städte, die einer verheerenden Welle von Feuerstürmen zum Opfer fielen. Es war ein ungleicher Kampf, denn die Menschen am Boden hatten kaum eine Chance, dem Inferno aus der Luft zu entkommen. Der Bombenkrieg, sofern er sich vor allem gegen Zivilisten richtete, war ein Kriegsverbrechen beider Seiten.

Verbrannte Erde

Mit dem Überfall auf die Sowjetunion konnte Hitler seinen Krieg so führen, wie er ihn immer gewollt hatte: bar jeder Rücksichtnahme auf die Bindungen der Zivilisation. Die meisten Generäle der Wehrmacht und der Apparat der SS standen dem Diktator willfährig zur Seite, um dessen zerstörerische Ziele umzusetzen: die Ausrottung des Bolschewismus, die Auslöschung des Judentums und die Eroberung von »Lebensraum im Osten«.

Beispielloser Völkermord an den Juden – das Vernichtungslager Auschwitz.

Seit der schweren Niederlage vor den Toren Moskaus im Dezember des Jahres 1941 ahnte der NS-Diktator aber, dass sein Krieg vielleicht verloren gehen könnte. Daraus zog er eine vernichtende Konsequenz. Wenn er diesen Krieg schon nicht an den Fronten gewinnen sollte, so wollte er wenigstens sein zweites schreckliches Ziel in die Tat umsetzen. Der letzte Schritt zu dem in der Weltgeschichte beispiellosen systematischen Völkermord an den Juden wurde nun vollzogen. Zwar hatte schon im Sommer 1941 das Massenmorden durch die deutschen Einsatzgruppen begonnen – jetzt aber lief im Schatten der militärischen Auseinandersetzungen die Maschinerie der Vernichtungslager unerbittlich an.

Untergang

Für Hitler gab es nur siegen oder untergehen. Dieser Prämisse folgte sein Handeln vom Anfang bis zum Ende. Auch das eigene Volk nahm er davon nicht aus. Es gab kein machtpolitisches Kalkül, das einen Rückzug erlaubt hätte. Zwischen totalem Sieg und totaler Niederlage gab es keinen Raum. Schon als erste Zweifel am militärischen Erfolg aufkamen, führte dies zu einem perversen Umkehrschluss: »Wenn das deutsche Volk einmal nicht mehr stark und opferbereit genug ist, sein eigenes Blut für seine Existenz einzusetzen, so soll es vergehen und von einer anderen, stärkeren Macht vernichtet werden. Ich werde dem deutschen Volk dann keine Träne nachweinen.« Von all dem ahnten die Soldaten an den verschiedenen Fronten nichts, auch nicht die zahllosen Menschen – vor allem Frauen und Kinder – in den Bombenkellern. Die meisten folgten dem »Führer« ohne größere Zweifel in den »totalen Krieg«.

Am Ende dieses »Dreißigjährigen Weltkriegs« kam es auf deutschem Boden zu einer »Menschenverschiebung« riesigen Ausmaßes. Als sie 1945 die Grenze überschritten, hatten die Soldaten der Roten Armee Bilder von unmenschlicher Grausamkeit in den Köpfen. Der Hass, den das NS-Regime gesät hatte, schlug nun auf das eigene Volk zurück. Der Zivilbevölkerung, die ihre Heimat auf Anweisung der nationalsozialistischen Machthaber nicht verlassen durfte, drohte nun Rache für drei Jahre Herrenmenschentum und millionenfachen Mord in den von der Wehrmacht besetzten Gebieten. Büßen mussten vor allem Unschuldige.

Die Behörden des NS-Regimes hatten die Katastrophe zwar vorhergesehen, blieben aber untätig. Durchhalteparolen vom »Endsieg« sollten die Bevölkerung in trügerischer Sicherheit wiegen – bis es für eine geordnete Evakuierung zu spät war. Beim Exodus

Grausiges Inferno – im Feuersturm verbrannten die Menschen bis zur Unkenntlichkeit.

der Deutschen aus dem Osten verloren bis zu zwei Millionen Menschen ihr Leben, mehr als 12 Millionen ihre Heimat.

Flüchtlinge vor dem Brandenburger Tor in Berlin, 1945.

Flucht und Vertreibung hatten jedoch nicht erst begonnen, als der Zweite Weltkrieg deutschen Boden erreichte. Fünf Jahre vorher waren bereits die ersten Polen aus Posen und Westpreußen von Hitlers Helfern vertrieben worden. Und drei Jahre zuvor hatten Himmlers Schergen von Finnland bis zum Schwarzen Meer eine verheerende Blutspur durch millionenfachen Mord gezogen, um den Wahn vom »Lebensraum im Osten« zu verwirklichen. All das schlug zurück auf Schlesier, Sudetendeutsche, Ostpreußen und Pommern. Die Bilder jener Tage waren unbeschreiblich. Von Panzern überrollte Trecks auf vielen Straßen, ermordete Männer, vergewaltigte Frauen, erfrorene Babys. Augenzeugen, die dieses Grauen überlebt haben, werden diese traumatischen Erlebnisse nie vergessen.

Das Fazit: Wie kein anderer steht für diesen verheerenden Krieg des zwanzigsten Jahrhundert jener Mann aus Braunau, der »böhmische Gefreite« Adolf Hitler. Was 1945 schmählich endete, hatte 1914 begonnen. Dazwischen liegen über dreißig Jahre Aufstand gegen die Vernunft. Was wäre der Menschheit erspart geblieben, wenn es diesen Doppel-Weltkrieg nicht gegeben hätte? Am Ende steht immerhin die Einsicht vieler Europäer, dass es gut ist, Krieg verlernt zu haben – zumindest gegeneinander.

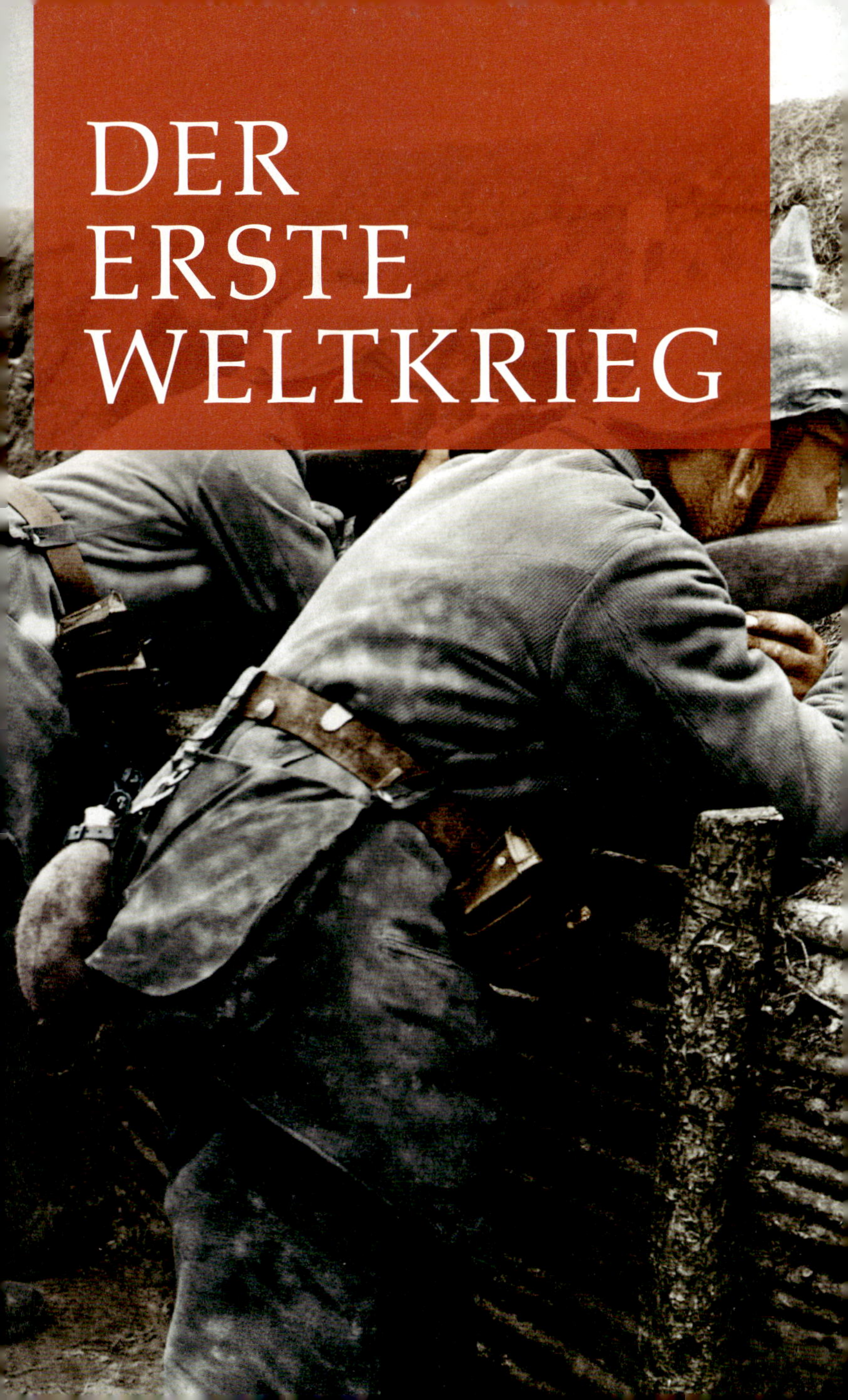
DER
ERSTE
WELTKRIEG

SÜNDENFALL

Es begann mit Schüssen in Sarajevo, jener Stadt, in der ein serbischer Nationalist den österreichisch-ungarischen Thronfolger und dessen Frau erschoss. Doch das Attentat war nur der Auslöser für den blutigsten Krieg, den die Menschheit bis dahin kannte. Verbrechen gegen Zivilisten, industrialisiertes Massensterben, die Hybris militärstrategischer Planungen: Die ersten Monate zeigten bereits das ganze Ausmaß des Schreckens, der eine ganze Generation prägte. Wie war dieser Bruch mit Moral und Ethos der Zivilisation möglich? Wer schürte den tödlichen Hass zwischen den Nationen, der sich so grausam entlud? Die »Urkatastrophe des zwanzigsten Jahrhunderts« führte Europa und die Welt in die Barbarei.

Der 28. Juni des Jahres 1914 war ein herrlicher Sommertag. In der bosnischen Hauptstadt Sarajevo herrschte »Kaiserwetter«, passend für den Besuch des österreichischen Thronfolgers Franz Ferdinand. Die Ankunft des hohen Gastes war bereits lange zuvor in der Zeitung angekündigt worden; die Bevölkerung war dazu aufgefordert, die Straßen zu säumen und dem künftigen Kaiser Österreich-Ungarns zuzujubeln. Vielen Bosniern war allerdings nicht nach Jubeln zumute. Ihr Land war 1908 von Österreich-Ungarn annektiert worden, seitdem herrschte ein rigides Besatzungsregime. Vor allem junge bosnische Serben lebten in Armut und litten unter der Perspektivlosigkeit. Sie wollten zu einem großserbischen Staat gehören, nicht zu einem von Deutschen und Ungarn dominierten Vielvölkerstaat. Für sie war Franz Ferdinand kein Gast – er war ein Feind. Sechs junge Bosnier waren fest entschlossen, den

◄◄ Deutsche Soldaten im Schützengraben, 1915. Auf die erste Euphorie folgte ein zermürbender Stellungskrieg.
◄ Jubel vor dem Berliner Dom bei der Bekanntgabe der Kriegserklärung.

Besuch des Thronfolgers für einen gezielten Schlag gegen die verhasste Monarchie zu nutzen. Sie wollten Franz Ferdinand töten. Der serbische Geheimdienst hatte sie mit vier Revolvern und sechs Bomben versorgt. Nun positionierten sie sich an verschiedenen Stellen entlang der allseits bekannten Fahrstrecke durch die Innenstadt und warteten. Zwar rechneten die offiziellen Stellen mit der Möglichkeit eines Attentats. Dennoch waren die Sicherheitsvorkehrungen erstaunlich lax.

Franz Ferdinand bestieg am Bahnhof sein offenes Automobil und fuhr in Richtung Rathaus – den Attentätern entgegen. Bereits nach wenigen Augenblicken gelang es dem ersten von ihnen, eine Bombe auf das Fahrzeug zu schleudern. Der Thronfolger riss instinktiv den Arm nach oben, der Sprengkörper prallte von ihm ab, fiel erst auf das geöffnete Faltdach und danach auf die Straße, wo er explodierte. Oberstleutnant Erik von Merizzi, der den royalen Konvoi begleitete, wurde dabei verletzt. Franz Ferdinand selbst kam noch einmal mit dem Schrecken davon. Der Chauffeur, der den Ernst der Situation sofort begriffen hatte, gab Vollgas und raste zum Rathaus. Dort fand, wie geplant, der Empfang beim Gouverneur von Bosnien-Herzegowina, General Oskar Potiorek, statt. Das weitere Besuchsprogramm hatte sich durch die dramatischen Ereignisse jedoch verändert. Franz Ferdinand stand der Sinn nicht länger nach »Sightseeing«. Stattdessen wollte er Merizzi im örtlichen Krankenhaus besuchen. Die Wagenkolonne brauste also aufs Neue los. Der Chauffeur des Thronfolgers indes war über die Änderung des Programms nicht

Das Attentat auf den österreichischen Thronfolger Franz Ferdinand läutete die »Urkatastrophe« ein.

unterrichtet worden. Der ursprünglichen Route folgend, bog er an einer Straßenecke falsch ab. Der mitfahrende Potiorek klärte den Mann umgehend über seinen Irrtum auf, der stoppte den Wagen und legte den Rückwärtsgang ein.

Gavrilo Princip stand zu diesem Zeitpunkt seit Stunden in der Menge. Nervös hatte er immer wieder nach der Wagenkolonne des Thronfolgers Ausschau gehalten. Die Menschen um ihn herum standen dicht gedrängt, der junge Mann ahnte, dass er aus dieser Position heraus mit dem Revolver kaum auf ein fahrendes Auto würde schießen können, ohne andere zu gefährden. Als der Wagen nun unvermittelt anhielt, sah er seine Chance gekommen. Er drängte sich durch die Menge, sprang auf den Wagen zu und gab mehrere Schüsse ab. Die Ehefrau des Thronfolgers wurde tödlich in den Unterleib getroffen und sank seitlich in den Schoß ihres Mannes. Dieser rief noch: »Sopherl! Sopherl! Stirb nicht! Bleib am Leben für unsere Kinder!« Dann sackte auch er – getroffen von zwei Schüssen – zusammen. Eine Viertelstunde später war er tot.

Als die Welt am 28. Juni des Jahres 1914 von der Ermordung Franz Ferdinands und dessen Frau Sophie erfuhr, dachte kaum jemand an einen Krieg. Der Neffe Kaiser Franz Josephs war in der Öffentlichkeit nicht sonderlich beliebt, seine Pläne zum Umbau der Doppelmonarchie unter alleiniger Vorherrschaft Österreichs waren im Vielvölkerstaat auf breiten Widerstand gestoßen. Selbst der 84-jährige österreichische Kaiser weinte ihm kaum eine Träne nach. Damit habe er »eine Sorge weniger«, kommentierte er den Tod seines designierten Nachfolgers gegenüber seiner Tochter.

Allein der deutsche Kaiser Wilhelm II. war empört über die Tat. Er sah in »dem lieben Franzi« einen Freund und künftigen Partner bei der Führung des europäischen Kontinents. Der Kaiser segelte gerade mit seiner Yacht *Meteor* in der Kieler Förde, als ihn die Nachricht von der Ermordung des Thronfolgerpaares erreichte. Umgehend brach er die Regatta ab und begab sich nach Potsdam. Ein paar Tage später unterrichtete ihn sein Botschafter in Wien über die Stimmungslage nach dem Attentat: Es müsse einmal »gründlich« mit den Serben abgerechnet werden, so die einhellige Meinung der österreichischen Diplomaten und Militärs. »Jetzt oder nie. Mit den Serben muss aufgeräumt werden, und zwar bald«, notierte der Kaiser gewohnt zackig an den Rand eines Dokuments. Mit der Zusicherung der »gewohnten Bündnistreue« an Wien am 5. Juli überließ Wilhelm II. die Entscheidung über Krieg und Frieden den Österreichern. Anschließend brach er wie gewohnt zu seiner alljährlichen Nordlandfahrt auf.

Überall in Europa genossen die Menschen die ungewöhnlich heißen Sommermonate. Fast ein halbes Jahrhundert hatten die Großmächte nicht mehr gegeneinander gekämpft. Die frühen Zwanzigerjahre hatten dem ganzen Kontinent Fortschritt und Wohlstand beschert. Doch während in den Seebädern der Küsten Hochbetrieb herrschte, waren hinter verschlossenen Türen Militärs und Diplomaten damit beschäftigt, auszuloten, ob der Mord von Sarajevo den willkommenen Vorwand für einen Krieg gegen Serbien bieten könnte. Denn dass Serbien seine Finger mit im Spiel hatte, davon war Wien überzeugt, stammte doch die Waffe des Täters aus einem serbischen Militärdepot. Am 23. Juli stellte das Habsburgerreich Serbien ein Ultimatum, das auf 48 Stunden befristet war. Der Ton des Schriftstücks war scharf. »Das unverfrorenste Dokument dieser Art, das jemals geschrieben wurde«, so nannte es etwa Winston Churchill, 1914 Marineminister in der britischen Regierung. Europa stehe an der »Schwelle eines großen Krieges«, schrieb er kurze Zeit später in einem Brief an seine Frau.

Plötzlich war es da, das Schreckgespenst einer großen militärischen Auseinandersetzung. Die serbische Regierung versuchte in ihrer Antwort an Wien die Quadratur des Kreises. Sie akzeptierte das demütigende Ultimatum, jedoch nicht in allen Punkten. Den deutschen Kaiser konnte sie so besänftigen. Damit sei »ein Kriegsgrund nicht mehr vorhanden«, kommentierte Wilhelm II. die Note aus Belgrad und wies seinen Botschafter in Wien an, den Österreichern zu einem Einlenken zu raten. Zurück von seiner Kreuzfahrt, bot er sich sogar als Mittler zwischen den Mächten an, um den Frieden zu retten. Doch die fatale Entwicklung lief längst an Seiner Majestät vorbei. Auf den Tag genau einen Monat nach dem Attentat erklärte Wien Belgrad den Krieg. Es werde nur ein begrenzter Konflikt werden, so glaubte Kaiser Franz Joseph, der zur Sommerfrische in Bad Ischl weilte. »Da brauche ich nicht nach Wien fahren«, erklärte er seiner Vertrauten Katharina Schratt. Schließlich hatten zwei Balkankriege um das Erbe des Osmanischen Reiches in den Jahren 1912 und 1913 die europäische Diplomatie intensiv beschäftigt, ohne dass der Konflikt eskaliert war.

Diesmal jedoch war alles anders. Mit der österreichischen Kriegserklärung kam eine Kettenreaktion in Gang, die erst Europa, dann die Welt in Flammen setzte: Russland stand Serbien zur Seite und machte am 30. Juli mobil. In Erfüllung seiner Bündnistreue erklärte Deutschland am 1. August Russland den Krieg, zwei Tage später Frankreich, das sich geweigert hatte, neutral zu bleiben. Am 4. August, mit dem Einmarsch der Deutschen in Belgien, trat auch das britische Empire dem Konflikt bei. Damit aber weitete sich der zunächst regionale Konflikt zu einem Weltkrieg aus – dem »Sündenfall« des zwanzigsten Jahrhunderts.

»In Europa gehen die Lichter aus«, sagte der britische Außenminister Edward Grey am 3. August 1914 zu einem Freund und fügte

Fatales Bündnis – Franz Joseph I. und Wilhelm II.

in dunkler Vorahnung hinzu: »Wir werden es nicht mehr erleben, dass sie wieder angezündet werden.« Erst später wurde für alle Welt sichtbar, dass im Sommer 1914 eine Schreckenszeit anbrach, die 1918 keineswegs zu Ende war – sondern eigentlich erst 1945. Historiker, Publizisten und Politiker haben immer wieder versucht, den Ursachen des Kriegsausbruchs 1914 auf den Grund zu gehen. In der Zwischenkriegszeit und in den ersten Jahren nach dem Zweiten Weltkrieg gingen die meisten Historiker davon aus, dass die Großmächte in diesen ersten Krieg »hineingeschlittert« seien. In einer Zeit der rivalisierenden Machtblöcke und des übersteigerten Nationalismus hätten die herrschenden Mächte das Attentat von Sarajevo zu einer Risikopolitik benutzt, die ihnen einen außenpolitischen Prestigeerfolg erbringen sollte. Irgendwie sei dabei jedoch die »Direktion verloren gegangen«, wie der deutsche Reichskanzler Theobald von Bethmann-Hollweg bereits Ende Juli 1914 formulierte.

1959 trat der Hamburger Historiker Fritz Fischer mit einer aufsehenerregenden These an die Öffentlichkeit: Deutschland treffe die Hauptschuld an dieser Urkatastrophe des zwanzigsten Jahrhunderts. Berlin habe spätestens seit Dezember 1912 gezielt auf die Provokation eines Krieges im Sommer 1914 hingearbeitet, um die Hegemonie über Europa zu erkämpfen. Von dieser überspitzten These ist heute wenig übrig geblieben. Als unstrittig gilt in diesem Zusammenhang allenfalls, dass das Deutsche Reich das Risiko eines Krieges in Kauf genommen hat. Und dass das Kaiserreich gemeinsam mit seinem Bündnispartner die »rote Linie« zuerst überschritten hat. Wenn dem Zweibund auch die Hauptschuld an diesem Krieg zukommen mag, so muss doch die gesamteuropäische Mächtekonstellation vor 1914 gesehen werden, in der auch die Staaten der Entente – England, Frankreich und Russland – ihren Anteil an der Eskalation des Konflikts tragen. So passierte im Juni 1914 eine Heeresvorlage die Duma, das russische Parlament, die eine Aufstockung der Armee auf 1,8 Millionen Mann vorsah.

Im selben Monat erfuhr man in Berlin auch von geheimen Verhandlungen über ein Militärbündnis zwischen London und St. Pe-

Mobilmachung – jubelnde Berliner auf dem Pariser Platz, 1914.

tersburg. Die deutsche Politik zog daraus ihre ganz eigenen Schlüsse. London hatte offenbar eindeutig Stellung bezogen. In Zukunft würden die Briten wohl nicht mehr willens sein, französische und russische Heißsporne von einem möglichen offensiven Vorgehen gegen Deutschland abzuhalten. Die deutschen Militärs erwarteten einen Abschluss der russischen Aufrüstungsbemühungen für die Jahre 1916 / 17. Danach, so prophezeiten sie, könne man von einem Zangenangriff aus Ost und West ausgehen. Also hieß die vermeintlich folgerichtige Devise: Krieg – und zwar lieber jetzt als später, wenn das Übergewicht der Gegner noch größer sein würde. Für Bethmann-Hollweg ein Zeichen, den »Sprung ins Dunkle«, wie er meinte, zu wagen. Diese pessimistische Lageanalyse hatte mit der Realität nicht viel gemein. Zu nüchternem Denken war man in Berlin in diesen Tagen aber nicht mehr in der Lage. So konstatierte denn auch der preußische Kriegsminister Erich von Falkenhayn am 4. August 1914: »Und wenn wir auch darüber zugrunde gehen, schön war's doch!«

Das »Augusterlebnis«

Der Kriegsausbruch wurde vielerorts stürmisch begrüßt. Der Taumel der nationalen Begeisterung wirkte, als hätten die Menschen den Krieg regelrecht herbeigesehnt. »Wir kannten sie ja, diese Welt des Friedens«, schrieb etwa der Dichter Thomas Mann, »wimmelte sie nicht von den Ungeziefern des Geistes wie von Maden? Gor und stank sie nicht von den Zersetzungsstoffen der Zivilisation? [...] Wie hätte der Künstler, der Soldat im Künstler, nicht Gott loben sollen für den Zusammenbruch einer Friedenswelt, die er so satt, so überaus satthatte!« In der Massenhysterie der ersten Kriegstage erlebe jeder Einzelne gleichsam »eine Steigerung seines Ichs«, notierte der Schriftsteller Stefan Zweig. Der Krieg werde als »Erlösung«, als »reinigendes Gewitter«, als »Spaziergang« angesehen, von dem man – wollte man den Versprechungen des deutschen Kaisers glauben – bis Weihnachten zurück sei. Überall strömten junge Männer in die Rekrutierungsbüros. Untauglichkeit galt als »Schande«. »Es war selbstverständlich, es gab keine Frage, keinen Zweifel mehr: Wir würden mitgehen, alle«, schilderte Carl Zuckmayer die Stimmung unter seinen Klassenkameraden.

> »Die Soldaten sangen, Frauen und Mädchen hatten sich in ihre Reihen gedrängt und sie mit Blumen geschmückt. Ich habe seitdem noch manche begeisterte Volksmenge gesehen, keine Begeisterung war so tief und mächtig wie an jenem Tag.« *Ernst Jünger*

Auch Adolf Hitler, der sich 1913 dem Militärdienst für die österreichisch-ungarische Doppelmonarchie noch durch eine Übersiedlung nach München entzogen hatte, wurde von patriotischen Gefühlen hingerissen. »Ich schäme mich auch heute nicht zu sagen«, hieß es später in *Mein Kampf*, »dass ich, überwältigt von stürmischer Begeisterung, in die Knie gesunken war und dem Himmel aus übervollem Herzen dankte, dass er mir das Glück geschenkt, in dieser Zeit leben zu dürfen.« Der Krieg bot Hitler, der bis dahin ein

»Zum Preisschießen nach Paris« – Abfahrt eines Truppentransports an die Westfront, Berlin, 28. August 1914.

eher zielloses Leben geführt hatte, endlich die lang ersehnte Perspektive.

Im »Geist von 1914« wurde fortan das Bild einer Volksgemeinschaft beschworen, die keine Parteien mehr kannte. Doch die Bilder vom Auszug blumengeschmückter Soldaten täuschten. Die Kriegseuphorie hatte längst nicht alle Gesellschaftsschichten in gleichem Maße erfasst. Während im bürgerlich-akademischen Milieu dem Aufbruch in eine neue Zeit entgegengefiebert wurde, machte sich unter der Arbeiterschaft und der Landbevölkerung Verzagen breit. Wer sollte die Ernte einbringen, wer die Familie ernähren, wenn die Männer an die Front mussten? »Ganz Landshut ist voll schluchzender und weinender Menschen«, notierte der Schüler Heinrich Himmler in sein Tagebuch.

Die jungen Soldaten, die im Sommer des Jahres 1914 an die Front verlegt wurden, hatten keine Ahnung von den Gesetzen eines Krieges, der erstmals auch mit modernsten Massenvernichtungswaffen geführt werden würde. Französische Wehrpflichtige zogen mit roten Hosen und blauen Jacken in den Kampf. Das britische Empire war ohnehin vollkommen unvorbereitet auf einen längeren militärischen Konflikt. England hatte keine Wehrpflicht und, anders als Frankreich und Deutschland, kein Massenheer.

Erst nach dem Kriegseintritt erfolgte die Bildung einer Freiwilligenarmee durch den neu ernannten britischen Kriegsminister Lord Kitchener. Große Plakate mit seinem Konterfei riefen junge Männer mit dem Slogan zu den Waffen: »Your country needs you!« (Dein Land braucht Dich). Alle beteiligten Nationen hatten einen schnellen Sieg vor Augen – ein fataler Irrtum.

Hinter jedem Zivilisten ein »Franktireur«?

Für die deutschen Truppen, die am 2. August des Jahres 1914 ohne offizielle Kriegserklärung zunächst Luxemburg besetzt hatten, war die Festungsstadt Lüttich das erste Hindernis auf dem Weg durch Belgien. Auf diese Linie hatten sich die belgischen Truppen zurückgezogen. Wenig mehr als 100 000 Soldaten hatten die Belgier unter Waffen, gegenüber einer deutschen Heeresstärke von insgesamt 2,4 Millionen Mann. Ein Kampf David gegen Goliath.

Schon in den ersten Tagen des Krieges eskalierte die Gewalt. Überrascht von der starken Verteidigung der vorgeblich »wenig leistungsfähigen belgischen Truppen«, wie der deutsche Generalstab hatte verlauten lassen, kam es zu häufigen Übergriffen gegen Zivilisten. Deutsche Soldaten, von ihrer Führung zur Eile getrieben und in der Furcht vor Übergriffen durch »Franktireurs« (Freischärler), deuteten Schusswechsel allzu oft als Angriffe aus dem Hinterhalt. Sie nahmen Geiseln, erschossen Zivilisten und brannten ganze Straßenzüge nieder. Das deutsche Militär blickte mit Schrecken auf die Erfahrungen aus dem Deutsch-Französischen Krieg von 1870/71 zurück, in dem der Kampf durch »irreguläre« französische Aufständische verlängert worden und es zu Gewaltexzessen gekommen war. Deshalb beschloss die kaiserliche Militärführung vor Ort, schon beim Anschein eines zivilen Übergriffs zur Abschreckung hart durchzugreifen. In Orten wie Aerschot, Andenne und Tamines starben so im August 1914 bereits Hunderte Belgier. In Dinant, einem malerischen Ort an der Maas, wurden 674 Zivilisten erschossen, darunter auch Kinder. Insgesamt fielen den deutschen Strafaktionen in Belgien 4421 Zivilisten zum Opfer. Über 60 000 Personen wurden verschleppt – zum Arbeitseinsatz im »Reich«.

Die »Hunnen« kommen – Überreste der historischen Bibliothek von Vottem.

In der Universitätsstadt Löwen, dem »belgischen Oxford«, war deshalb die Anspannung groß, als die Stadt am 19. August 1914 von deutschem Militär besetzt wurde. Am Vortag erst hatte die belgische Armee die Stadt geräumt. Die deutschen Besatzer führten ein strenges Regiment. Ab 20 Uhr galt eine strikte Ausgangssperre, die Häuser mussten nachts beleuchtet sein, Jagdgewehre waren abzuliefern. Auf Zuwiderhandlung stand die Todesstrafe. Ein paar Tage lang ging alles gut. Dann, am 25. August, fielen plötzlich Schüsse, die im Nu in eine wilde Schießerei ausuferten. Für die Armeeführung ein weiterer Fall von Franktireurs. Die deutsche Reaktion folgte auf den Fuß. Über 200 Einwohner der Stadt wurden ohne Verfahren zusammengetrieben und erschossen, die mittelalterliche Altstadt von Löwen ging in Flammen auf. Auch die historische Bibliothek der Universität brannte mitsamt ihren 230 000 Büchern bis auf die Grundmauern nieder.

Drei Tage wütete das »Strafgericht«, wie die Aktion offiziell hieß. Dem amerikanischen Gesandtschaftssekretär Hugh Gibson, der sich drei Tage später ein Bild von der Lage vor Ort machte, erklärte ein deutscher Offizier: »Es wird die Belgier lehren, Deutschland zu respektieren und es sich zweimal zu überlegen, gegen Deutschland die Waffen zu erheben.«

Bilder des Schreckens

Die Fotos des Monsieur Lajot

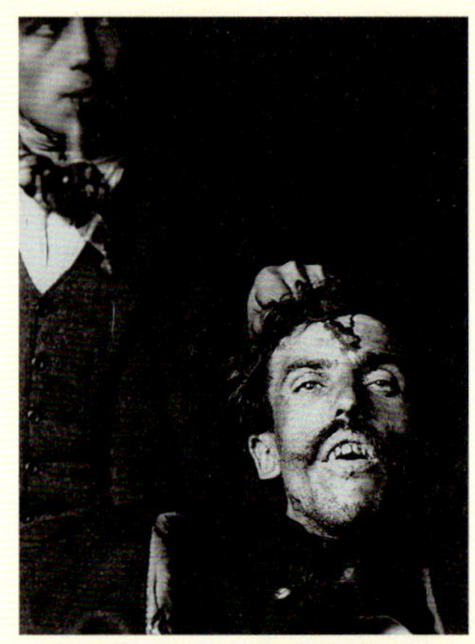

Bilder des Grauens, aufgenommen vom Dorffotografen des Örtchens Vottem in Belgien.

Der Krieg war gerade zwei Tage alt, als es bei Lüttich nahe des kleinen Ortes Vottem zu einem Scharmützel zwischen deutschen und belgischen Truppen kam. Als die Soldaten weiterzogen, blieben 22 tote Belgier und elf Deutsche zurück. Die Dorfbewohner waren ratlos. Es gab keine Anweisung, wie mit den Opfern des Krieges zu verfahren sei. Der Priester des Ortes, Abbé Crèvecœur, ließ die Leichen ins Pfarrhaus bringen. Dorthin bestellte er auch den Dorffotografen Monsieur Lajot. Mithilfe einiger Bewohner wurden die Toten aufgerichtet und vom Fotografen auf Glasnegativen abgelichtet. Dies, so dachte sich der Pfarrer, würde die spätere Identifikation erleichtern. Danach beerdigten die Dörfler die Toten nach Nationalität getrennt in zwei Massengräbern. Die Porträts von Vottem gehören zu den frühsten Bildern von gefallenen Soldaten des Ersten Weltkriegs. Ein halbes Jahrhundert waren sie verschollen, verloren gegangen im Wandel der Zeitläufte. Erst 2003 tauchten sie wieder auf – auf einem Flohmarkt in den Niederlanden. Die Bilder fesseln und verstören: Gesichter, die vom Kampf gezeichnet sind, mit aufgerissenen Augen im Angesicht des Schreckens. Ungeschönte Aufnahmen, die keine Zensur passieren mussten. Nur wenige Tage später würde kein Pfarrhaus mehr ausreichen, um die Opfer einer Schlacht zu dokumentieren. ■

Mit der Zerstörung der Bibliothek aber hatte sich Deutschland in der Welt den Ruf von Barbaren eingehandelt. Als »Hunnen«, denen man das Schlimmste zutraute, wurden sie fortan in der alliierten Propaganda persifliert. Noch heute erinnern in Löwen steinerne Bildtafeln an zahlreichen Häusern an die Brandschatzung durch die Deutschen.

Nachkriegsuntersuchungen über die Ursache des Schusswechsels ergaben übrigens, dass es sich mit großer Wahrscheinlichkeit um »friendly fire« gehandelt hatte. In Löwen einquartierte deutsche Soldaten hatten offenbar unter dem Einfluss von Alkohol und der allgegenwärtigen Franktireurs-Psychose auf die eigenen Truppen geschossen, die von Kämpfen mit der belgischen Armee in die Stadt zurückkehrten.

Mythos Tannenberg

Nahezu unbemerkt von der Weltöffentlichkeit fand zur gleichen Zeit im Osten eine Schlacht statt, die den Ruhm eines Mannes begründete, der alsbald einen wahren Personenkult im Deutschen Reich auslöste. General Paul von Hindenburg war längst im Ruhestand, als er mit der Aufgabe betraut wurde, die Verteidigung Ostpreußens zu organisieren. Ihm zur Seite gestellt wurde Erich Ludendorff, der sich erst wenige Wochen zuvor als Eroberer von Lüttich Meriten erworben hatte. Die deutsche Oberste Heeresleitung war davon ausgegangen, dass sich die russische Mobilisierung über Wochen hinziehen würde. Unerwartet schnell jedoch waren russische Armeen in Ostpreußen einmarschiert. Die dortige Zivilbevölkerung war in Panik geflohen. Die deutsche Propaganda schürte die Angst vor den wütenden »Kosaken«. Doch die Truppen des Zaren waren schlecht ausgebildet und mangelhaft bewaffnet. Nicht jeder russische Soldat hatte ein eigenes Gewehr.

Hindenburg und Ludendorff gelang es Ende August 1914, obwohl die Deutschen zahlenmäßig unterlegen waren, in einer nur vier Tage andauernden Umfassungsschlacht die russische Armee

Die »Helden von Tannenberg«: Hindenburg (links) und Ludendorff (rechts) gemeinsam mit Kaiser Wilhelm II. vor einer Generalstabskarte.

vernichtend zu schlagen. 50 000 russische Soldaten fielen, 92 000 gerieten in Gefangenschaft. Zum ersten Mal in der Geschichte hörte man von solch hohen Opfer- und Gefangenenzahlen als Folge einer einzigen Schlacht. Für die Menschen im »Reich« aber wurde Tannenberg zum ersehnten Siegesmythos, wenngleich das Hauptgebiet der Kampfhandlungen bei Hohenstein lag, etwa 15 Kilometer von Tannenberg entfernt. Mit der Umbenennung in »Schlacht bei Tannenberg« wollte man die schmachvolle Niederlage der »Ritter des Deutschen Ordens« gegen die litauisch-polnische Union aus dem Jahr 1410 vergessen machen. Hindenburg wurde postwendend zum »Retter des Vaterlands« erklärt. Überlebensgroß stand sein Abbild nun als riesige Holzfigur in vielen deutschen Städten – als Werbeträger für Kriegsanleihen.

In Berlin herrsche nach der Schlacht von Tannenberg Anfang September 1914 »Jubelstimmung«, schrieb die Künstlerin Käthe Kollwitz in ihr Tagebuch, »als ob der Krieg schon beendet sei«. Die russische »Dampfwalze« war ausgebremst, und auch im Westen schien ein Sieg zum Greifen nahe.

Strategie ohne Alternative

Der Schlieffenplan

Alfred Graf von Schlieffen

»Macht mir den rechten Flügel stark«, sollen die letzten Worte des Sterbenden gewesen sein. Generalfeldmarschall Alfred Graf von Schlieffen, von 1891 bis 1906 Chef der Obersten Heeresleitung, glaubte den Weg zum Sieg in einem künftigen Krieg gefunden zu haben. Der »Schlieffenplan« war sein Lebenswerk. Nach der Nichtverlängerung des Rückversicherungsvertrags mit Russland unter Bismarcks Nachfolger Caprivi hatte sich das Zarenreich mit der französischen Republik verbündet. Das deutsche Kaiserreich sah sich der Gefahr eines Zweifrontenkrieges ausgesetzt. Schlieffens Denkschrift, 1905 unter dem Titel »Krieg gegen Frankreich« zu Papier gebracht, postulierte einen schnellen Feldzug gegen den Westen. »Der erste Schlag muss mit voller Kraft geführt werden, und es muss eine wirkliche Entscheidungsschlacht stattfinden«, so Schlieffens Überlegung. Dann, so glaubte er, könne sich die kaiserliche Armee in Ruhe Russland zuwenden.

Unter Schlieffens Nachfolger Moltke »dem Jüngeren« wurde sein Plan zum Dogma, zum »einzigen Weg zum Sieg«. Bei Kriegsausbruch 1914 folgte dieser Schlieffens Strategie mit nur geringfügigen Änderungen. Den Praxistest bestand der Schlieffenplan indes nicht, Russland machte schneller mobil als erwartet. Bereits Ende August 1914 kam es zum Kampf um Ostpreußen. Großbritannien erklärte wider Erwarten dem Kaiserreich den Krieg, nachdem deutsche Soldaten im neutralen Belgien einmarschiert waren. Die Logik des Schlieffenplans erzeugte einen immensen Zeitdruck, der in der sogenannten Julikrise kaum Raum für Verhandlungen ließ. Deutschland vergab damit ohne Not die Möglichkeit auf eine politische Lösung des Konflikts. ■

Sechs Wochen nach Kriegsausbruch, so hatte es der Schlieffenplan gefordert, sollte es vor Paris zur entscheidenden Schlacht gegen Frankreich kommen. Und tatsächlich, die deutsche Armee lag im Zeitplan. Am 2. September war die französische Regierung aus Paris nach Bordeaux geflohen. In der französischen Hauptstadt bereitete Stadtkommandant Gallieni bereits die Sprengung der Seine-Brücken vor. Die kaiserliche Armee stand nur noch 18 Kilometer vor der Stadt. In der Ferne konnten deutsche Patrouillen bereits den Eiffelturm sehen. Doch bei aller Siegeszuversicht, es gab ein Problem: Die deutschen Truppen waren so weit vorgedrungen, dass sie von ihrer eigenen Versorgung abgeschnitten waren. Dazu kam, dass die Kommunikationswege nahezu zerstört waren. Die Übermittlung drahtloser Meldungen dauerte oft 24 Stunden und konnte von den Franzosen abgefangen werden. Ohne Verbindung zum eigenen Hauptquartier im Hunderte von Kilometern entfernten Luxemburg und durch anstrengende Gewaltmärsche geschwächt, war die Ausgangssituation für die geplante letzte militärische Auseinandersetzung schwierig.

Der Wendepunkt

Am 5. September begannen die Kämpfe an der Marne. Gleich zu Beginn gelang den Franzosen ein Propagandaerfolg. Über Nacht hatte Joseph Joffre, der französische Oberbefehlshaber, gut 600 Taxis von Paris aus zweimal an die Front fahren lassen – besetzt mit jeweils fünf Soldaten. Am nächsten Morgen standen den Deutschen 6000 »Poilus«, »Bärtige«, wie die Franzosen ihre Frontsoldaten nannten, mehr gegenüber. In Luxemburg hatte Generalstabschef Helmuth von Moltke Mühe, Überblick über den Frontverlauf zu erhalten. Er war ein Nervenbündel, sichtlich überfordert mit der Leitung der Operationen. In einem Brief an seine Frau beklagte der Oberbefehlshaber am 8. September 1914 seine Lage: »Die schreckliche Spannung dieser Tage, das Ausbleiben von Nachrichten von den weit entfernten Armeen und das Bewusstsein dessen, was auf dem Spiel steht, geht fast über die menschliche Kraft.« In seiner Not schickte der General Oberstleutnant Richard Hentsch, den Chef der Nachrichtenabteilung des Generalstabs, an die Front; er sollte sich vor Ort ein Bild von der Lage machen. Ohne einen schriftlichen Befehl von Moltke in der Tasche zu haben, besuchte Hentsch mehrere Armeen entlang der Front.

Joseph Joffre ließ seine Soldaten mit Taxis zur Front transportieren und täuschte so die Deutschen.

Die deutschen Truppen standen einer starken Allianz britischer und französischer Armeen gegenüber. Während Richard Hentsch in den deutschen Hauptquartieren auf Siegeszuversicht stieß, war bei den gemeinen Soldaten die Euphorie der ersten Kriegstage längst der Verzweiflung gewichen. »Die Leute, die in der Heimat im Siegestaumel leben, ahnen nicht das Schreckliche des Krieges«, schrieb etwa August Macke am 11. September 1914 an seine Frau, »seit drei Tagen liegen wir hier in einem Gefecht, das sich von Paris bis Verdun hinzieht. Von frühmorgens bis in die Nacht tobt der Kanonendonner [...] Der Krieg ist von einer namenlosen Traurigkeit. Man ist weg, noch ehe man's merkt.« Der Maler August Macke fiel drei Wochen später in Nordfrankreich.

Die problematische Kommunikation mit der Obersten Heeresleitung, so Hentsch in seinem Bericht, habe zu »eigenmächtigen Entscheidungen« der einzelnen Befehlshaber geführt. Hinzu kam, dass von Moltke auf dem Höhepunkt der Kampfhandlungen überstürzt zwei Armeekorps nach Ostpreußen abgezogen hatte, um Hindenburgs Armeen bei Tannenberg zu unterstützen. Die Soldaten, die erst nach dem Ende der Kampfhandlungen an der Ostfront eintrafen, fehlten nun wiederum im Westen. Der Oberstleutnant sah die Situation kritisch. Infolge des schnellen Vormarsches war zwischen der 1. und der 2. Armee eine rund 40 Kilometer breite Bresche entstanden, der sich das Britische Expeditionskorps langsam näherte. Der Offizier des Generalstabs sah die Gefahr einer Einkesselung und empfahl den Rückzug gerade in dem Moment, in dem die Militärs zum Endkampf ausholen wollten. Ungläubig und nur äußerst widerstrebend folgten die Armeechefs Hentschs Weisung. Am 9. September 1914 wurde der deutsche Rückzug eingeleitet. Zwei Tage später war die Marne-Schlacht beendet.

250 000 Tote, Verwundete und Gefangene auf deutscher Seite hatte die Schlacht gekostet, etwa 300 000 Opfer auf alliierter Seite. Generalstabschef von Moltke erlitt einen Nervenzusammenbruch. »Majestät, wir haben den Krieg verloren!«, meldete er dem Kaiser, da war der Krieg gerade einmal sechs Wochen alt.

Mit dieser Meinung stand er nicht alleine da. Auch der im Alter von 74 Jahren reaktivierte Feldmarschall Gottlieb Graf von Haeseler äußerte gegenüber seinem obersten Kriegsherrn Unbehagen: »Es scheint mir, dass nun der Augenblick gekommen ist, in dem versucht werden muss, den Krieg zu beenden«, erklärte er dem Kaiser. Er befürchte, dass das Reich langsam ausbluten würde, sollte der Krieg weitergeführt werden. Doch der wollte von einem »Kompromissfrieden« nichts wissen. Wilhelm II. entließ Generalstabschef Moltke und 33 seiner Generäle. Nachfolger wurde Generalleutnant Erich von Falkenhayn, ein kühler Karrierist und skrupelloser Stratege, der später verantwortlich für das schreckliche Blutbad von Verdun sein würde.

Im Schlamm von Flandern

Die Schlacht an der Marne beendete nicht den Krieg, aber sie war eine Niederlage »napoleonischen Ausmaßes«, wie der Historiker Hew Strachan formuliert, die Wende im Krieg. Ob durch Moltkes Rückzugsentscheidung eine drohende Einkesselung verhindert oder aber der Sieg verspielt worden war – diese Fragen gaben nach dem Krieg Anlass für Legendenbildungen. Fakt ist, dass mit dem Rückzug zur Aisnestellung der Schlieffenplan gescheitert war. Sechs Wochen nach Kriegsausbruch war klar, dass die Vorstellung von einem Blitzkrieg eine Illusion gewesen war.

Die Mittelmächte hatten die Offensive verloren. »Das Wunder an der Marne«, wie es die Franzosen nannten, bildete den Übergang vom Bewegungs- zum Stellungskampf. Jetzt begann jener fatale Abnutzungskrieg, der Millionen Opfer fordern und doch keine Entscheidung bringen sollte. Die Truppen gruben sich ein. Entlang der Front von der belgischen Küste bis zur schweizerischen Grenze entstand ein ausgeklügeltes System mit Kampfgräben, Rückzugslinien, Stollen und Bunkern. Dabei achtete die Generalität darauf, dass sich die Soldaten nicht zu häuslich einrichteten. Bunker müssten auf 1,20 Meter Höhe beschränkt sein, hieß es etwa in einem deutschen Regimentstagebuch, »größere Bauten würden die Offensivbereitschaft der Truppen negativ beeinflussen. Das Endziel heißt immer die Eroberung der britischen Stellungen.« Regen

Otto Dix verarbeitete seine Kriegserlebnisse in vielen Kunstwerken – Mittelstück des Tryptichons »Der Krieg«, 1929.

und Grundwassereinbrüche erforderten ständige Nachbesserungen, die Schaufel wurde neben dem Gewehr zum wichtigsten Werkzeug der Soldaten. In den Schützengräben wimmelte es von Ratten. Häufig kamen die Essensrationen nicht durch bis an die Front. Der Maler Otto Dix, im August 1914 als Freiwilliger eingerückt, fasste in seinem Tagebuch das Soldatenleben in wenigen bitteren Worten zusammen: »Läuse, Ratten, Drahtverhau, Flöhe, Granaten, Bomben, Höhlen, Leichen, Blut, Mäuse, Katzen, Gase, Kanonen, Dreck, Kugeln, Mörser, Feuer, Stahl, das ist der Krieg. Alles Teufelswerk!« Otto Dix sollte den Krieg überleben und in seinem künstlerischen Werk das erlebte Inferno verarbeiten.

Während die Soldaten an der Front längst alle Illusionen verloren hatten, fieberten in der Heimat noch Hunderttausende ihrem Einsatz entgegen. Einer von ihnen war der 25-jährige Postkartenmaler Adolf Hitler. »Eine einzige Sorge quälte mich in dieser Zeit, mich wie so viele andere auch«, diktierte er später seinem Sekretär Rudolf Hess, »ob wir nicht zu spät zur Front kommen würden.« Gleich nach Kriegsausbruch hatte er sich als Freiwilliger bei der bayerischen Armee gemeldet. Erst im Februar 1914 hatten ihn die österreichischen Behörden an seinem neuen Aufenthaltsort München aufgespürt und vorgeladen. Doch der Wehrdienst in der ihm verhassten Habsburger-Monarchie war Hitler erspart geblieben: Er wurde als körperlich »untauglich« ausgemustert. Nun wollte er in den Krieg ziehen, auf deutscher Seite! Im allgemeinen Durcheinander der ersten Kriegstage gelang es ihm, als Österreicher, in das königlich-bayerische Reserve-Infanterieregiment 16, nach dem ersten Kompaniechef auch »Regiment List« genannt, aufgenommen zu werden.

Meldegänger Adolf Hitler (links) in einem Unterstand an der Westfront.

Entgegen dem Bild, das später in der Öffentlichkeit gezeichnet wurde, bestand Hitlers Kompanie nur zu einem geringen Teil aus Studenten und Schülern, die sich freiwillig gemeldet hatten und wenig mehr als ihre Begeisterung und Opferbereitschaft mitbrachten. Die Mehrzahl seiner Kameraden waren mobilisierte Reservisten, doch auch sie hatten nur wenig militärische Vorbildung. In gerade einmal zwei Monaten sollten diese Männer nun zu Soldaten ausgebildet werden, um Ende Oktober an der Front zur Verfügung zu stehen. Sie waren Teil von sechs neuen Korps, die Mitte August 1914 auf Wunsch des damaligen preußischen Kriegsministers Erich von Falkenhayn ausgehoben wurden und alsbald die bereits eingezogenen Soldaten entlasten sollten. Die knappe Zeit ließ indes nur eine rudimentäre militärische Schulung zu. Die Waffen, die dabei zum Einsatz kamen, hatten wenig mit jenen gemein, die man ihnen später an der Front in die Hand drückte. Überall fehlte es an Uniformen und Übungsgerät. Anfang Oktober erhielten die Reservisten im Rahmen eines Großmanövers eine zehntägige Gefechtsausbildung. Für den eher schwächlichen Hitler »die anstrengendsten Tage meines Lebens«. Dann ging es mit dem Zug an die Westfront.

Der neue Generalstabschef brauchte nach dem Debakel an der Marne dringend einen militärischen Sieg. Falkenhayns Plan war, die neuen Truppen in Flandern einzusetzen, dort die alliierte Front zu durchbrechen und in einem »Wettlauf zum Meer« die französischen Kanalhäfen zu besetzen, um dann die Flanke der Alliierten anzugreifen. Der Durchbruch sollte in der Nähe der belgischen Kleinstadt Ypern erfolgen. Am 20. Oktober des Jahres 1914 entbrannte die Schlacht in Flandern. Die schlecht ausgebildeten deutschen Truppen stießen auf erfahrene britische Berufssoldaten und reguläre französische Einheiten. Die Verluste auf beiden Seiten waren von Anfang an hoch.

Auch das Reserveinfanterieregiment 16 mit dem Infanteristen Hitler kam am 29. Oktober hier zum Einsatz. Vier Tage standen die Männer im Kampf. Dichter Nebel erschwerte den Überblick. Hitlers Einheit hatte den Auftrag, die Engländer vor Ypern zurückzudrängen. Kaiser Wilhelm II. wartete hinter der Front bereits auf die erhoffte Einnahme der Stadt. Doch die Kämpfe wurden zum Fiasko. Ohne Rücksicht auf Verluste stürmten die Deutschen über das Kampffeld. Aus der Deckung heraus konnten die britischen Soldaten die Angreifer leicht abwehren und vernichten. »Die Ströme von Blut, welche die flandrische Erde tränkten, vermochten die Entscheidung nicht zu erzwingen«, urteilten nach dem Krieg die Autoren der offiziellen Weltkriegsgeschichte des Reichsarchivs. Im bayerischen »Regiment List« starben Hunderte allein durch Maschinengewehrfeuer aus den eigenen Linien – sie wurden Opfer einer tödlichen Verwechslung. Aus Mangel an Uniformen waren an die Männer des Reserveinfanterieregiments Landsturmmützen mit graugrünem Überzug ausgegeben worden, die den englischen Uniformmützen glichen.

Deutsche Infanterie rückt bei Ypern vor.

Nach viertägigem Kampfeinsatz wurde das Regiment zurückgezogen. Von den ursprünglich 3000 Soldaten waren etwa 70 Prozent gefallen, verwundet oder vermisst. Adolf Hitler verklärte seine einzige Nahkampferfahrung später als »Feuertaufe«. Voller Pathos beschwor er seinen Einsatz auf dem Schlachtfeld: »Nach vier Tagen kehrten wir zurück. Selbst der Tritt war jetzt anders geworden. Siebzehnjährige Soldaten sahen nun Männern ähnlich. Die Freiwilligen des ›Regiments List‹ hatten vielleicht nicht recht kämpfen gelernt, allein zu sterben wussten sie wie alte Soldaten. Das war der Beginn.« Das erklärte Ziel des Einsatzes, die Einnahme Yperns, war nicht erreicht worden. Die Deutschen sollten das mittelalterliche Provinzstädtchen auch in den folgenden Jahren nicht besetzen. Doch infolge der Kämpfe wurde die einst reiche flandrische Tuchstadt bis auf die Grundmauern verwüstet.

Der »Kindermord von Ypern«

Zur Legende wurde in jenen Tagen eine andere Schlacht, nur wenige Kilometer von Hitlers Einsatzgebiet entfernt. Am 11. November 1914 gab die Oberste Heeresleitung bekannt, bei Langemarck unweit von Ypern seien junge Regimenter unter dem Gesang »Deutschland, Deutschland über alles« gegen die erste Linie der feindlichen Stellungen gestürmt und hätten sie genommen. Etwa 2000 französische Infanteristen seien gefangen genommen worden. Eine Erfolgsmeldung? Die Verlautbarung der Obersten Heeresleitung entfaltete im Land eine große Breitenwirkung. Die Presse bejubelte den »todesmutigen« Einsatz der jungen Reservisten, patriotische Erhabenheit machte sich breit. Die unerfahrenen Kriegsfreiwilligen, notdürftig ausgebildet und frisch an der Front, hatten einen Graben genommen und Gefangene gemacht. Der heroische Einsatz der deutschen Jugend mit dem Deutschlandlied auf den Lippen – für die deutsche Propaganda ein willkommenes Motiv und Anlass für neue Siegeszuversicht.

Die »Helden von Langemarck« – rund 2000 Freiwillige, zumeist Schüler, wurden regelrecht niedergemäht.

Doch die Wahrheit war weitaus brutaler, der Preis für kleinste Geländegewinne hoch. Etwa 2000 Kriegsfreiwillige, vor allem Gymnasiasten, wurden an jenem Tag bei Langemarck von den gut gedeckten britischen Truppen ohne effektive Gegenwehr reihenweise niedergemäht. Die jugendlichen Soldaten wateten durch die matschigen Felder dem Feind entgegen – in den sicheren Tod. 9500 Tote und Verwundete und tausend

Vermisste hatte allein die 6. Armee, die Armee der Studenten und Schüler, in jenen blutigen Novembertagen zu beklagen.

Das »Opfer der Jugend« bot Historikern nach dem Krieg reichlich Stoff für schwülstige Beschreibungen des Geschehens. 1928 wurde in der deutschen Studentenschaft eigens der »Langemarck-Tag« eingeführt. Im »Dritten Reich« schließlich wurden Schulen, Straßen und Plätze nach dem kleinen Dorf in Flandern benannt. Bei »Langemarck-Feiern« wurde das Vorbild jener jungen Soldaten beschworen, die ihr Leben für die Nation geopfert hatten.

Auch Adolf Hitler wollte an diesem Mythos partizipieren. In seinen Erinnerungen verklärte er seinen Einsatz unweit des Ortes und verknüpfte ihn mit der Langemarck-Geschichtsschreibung: Er sei ebenfalls »über Rübenfelder und Hecken« in den Kampf gezogen, »Mann gegen Mann«. Auch er wollte die Klänge eines Liedes gehört haben, die »kamen immer näher und näher, sprangen über von Kompanie zu Kompanie, und da, als der Tod gerade geschäftig hineingriff in unsere Reihen, erreichte das Lied auch uns und wir gaben es nun wieder weiter: Deutschland, Deutschland über alles, über alles in der Welt!« Der Schriftsteller Ludwig Renn, selbst ein ehemaliger Kriegsteilnehmer, hielt dies für eine Mär: »Wenn man mal so einen Sturm mitgemacht hat, und da soll man sich vorstellen, dass die gesungen haben? Wie denn gesungen? Während sie vorrannten gegen ratternde Maschinengewehre? Außer Atem singen [...] Nein, das ist Lüge, ist eine bloße Phrase.«

Näher an der Realität war wohl das Zeugnis des Soldaten Alfred Buschalski, Flandernkämpfer wie Hitler, der seinen Eltern voller Entsetzen schrieb: »Es war furchtbar! Nicht das vergossene Blut, nicht auch der Umstand, dass es vergeblich vergossen war, auch nicht, dass in der Nacht die eigenen Kameraden auf uns schossen – nein, die ganze Kampfesweise ist es, die so abstößt. Kämpfen wollen und sich nicht wehren können! Der Angriff, der mich so schön dünkte, was ist er anders als der Drang: Hin zur Deckung da vorne gegen diesen Hagel tückischer Geschosse. Der Feind, der sie entsendet, nicht zu sehen!« Es war ein sinnloses Opfer, dem erfahrene »Landser« den Namen »Kindermord von Ypern« gaben. »Was hat man diesen Männern versprochen, dass sie sich so töten lassen?«, fragte ein alliierter Kompaniechef verwundert, »sie erreichen die Laufgräben nur, um hier den Tod zu finden.« Und der Schriftsteller Carl Zuckmayer, selbst damals Kriegsfreiwilliger, analysierte später: »Wir zogen in den Krieg wie junge Liebende – die Todesangst hatten wir erst zu lernen. In unseren Schulfächern war sie nicht vorgekommen.«

Adolf Hitler hat seinen Einsatz in der ersten Flandernschlacht unverletzt überstanden. Sein erster Kampfeinsatz war gleichzeitig sein letzter. Seit dem 9. November wurde der Gefreite als Meldegänger eingesetzt. Damit war er dem Regimentsstab zugeordnet und musste nicht mehr im Graben ausharren. »In Bezug auf Schmutz ist es etwas besser, dafür aber auch gefährlicher«, schrieb er einem Münchner Bekannten. In *Mein Kampf* würde er später seine Verwendung als Meldegänger hartnäckig verschweigen. Er präsentierte sich als einfacher Soldat, als Teil der »großen Gemeinschaft« der Frontkämpfer. Auf sein Eisernes Kreuz, das er Anfang Dezember des Jahres 1914 erhielt, war er zeitlebens stolz. Daran klebe »der Schmutz von Frankreich und der Schlamm von Flandern«, erklärte er 1922 auf einer NSDAP-Versammlung. Jahre später, während des von ihm entzündeten zweiten Flächenbrands des zwanzigsten Jahrhunderts, betonte er, die Erfahrungen der Jahre 1914 bis 1918 hätten ihn gelehrt, das Leben als einen »ständigen Kampf« zu sehen. Ohne diese Erfahrungen Hitlers im Ersten Weltkrieg, davon gehen auch Historiker wie Ian Kershaw aus, wären weder der ganze Umfang des Völkermords noch die absolute Vernichtungsbereitschaft im Zweiten Weltkrieg vorstellbar.

Weihnachtsfrieden

Ende 1914 war die Front erstarrt. Bis Weihnachten sollten alle Soldaten wieder zu Hause sein, hatte es geheißen, doch die Hoffnung auf einen kurzen Krieg war längst geschwunden. Mit dem Wintereinbruch verlangsamten sich die Kämpfe. Auf allen Seiten fehlte es an entsprechender Ausrüstung für die Soldaten. Kälte, Läuse und Hunger machten allen zu schaffen. Der Kaiser hatte de facto die Herrschaft längst an den Chef des Generalstabs übergeben. Er blieb hinter der Front in der Nähe seiner Soldaten, verlieh Orden, unterzeichnete Gesetze, doch mischte er sich wenig in operative Vorgänge ein. »Der Generalstab sagt mir nichts und fragt mich auch nicht. Wenn man sich in Deutschland einbildet, dass ich das Heer führe, so irrt man sich sehr«, klagte er Ende 1914. In der Heimat konnte man sich nur schlecht ein Bild vom Frontgeschehen machen. Zwar gab es noch kaum Zensur, aber 1914 waren gerade einmal 19 Pressefotografen beim Generalstab zugelassen, und die hielt man weit hinter der Front zurück. Fotos von deutschen Leichen waren tabu. Nachrichten aus erster Hand erhielten viele Eltern durch die Feldpost – wie auch die Todesmeldungen. »Zurück. Gefallen« stand auf dem Brief von Käthe Kollwitz an ihren Sohn, der wie alle seine Freunde freiwillig in den Krieg gezogen war. Peter Kollwitz war im Alter von 18 Jahren in der Flandernschlacht durch Kopfschuss als Erster seines Regiments gefallen. Für seine Mutter »eine große Wunde, die nie heilen wird und nie heilen soll«.

Auch die Verluste auf alliierter Seite waren mörderisch. Von Dezember des Jahres 1914 an veröffentlichten britische Zeitungen keine Gefallenenlisten mehr. Der Berufssoldat Bernard Montgomery, im Zweiten Weltkrieg Sieger von El Alamein, empörte sich über die Art der britischen Kriegführung. Für viele Offiziere war der Krieg ein großes Abenteuer. Sie pendelten zwischen der Front und London, Züge und Fähren verkehrten regelmäßig. Während die Militärstäbe in »relativer Ruhe und Behaglichkeit« lebten, wie Montgomery fand, vegetierten die einfachen Soldaten in feuchten Gräben und starben wie die Fliegen.

Nun, da ein Weihnachten im Felde immer näher rückte, versuchten sich die Soldaten mit ihrem Schicksal zu arrangieren. Die Kampfmoral war schlecht. Die einfachen Soldaten fühlten sich als Kanonenfutter. Tausende desertierten. Allein Frankreich exekutierte 600 Mann wegen Fahnenflucht, die meisten davon bereits im ersten Kriegsjahr. Die oftmals geringe Entfernung zum feindlichen Graben verführte zu Absprachen zwischen den Fronten. Während der Essenszeiten gab es im gegenseitigen Interesse Feuerpausen, ebenso zur Beerdigung der Toten. Kündigte sich der Besuch eines Generals an, so wurde ein bisschen stärker geschossen. Fern der Euphorie des Kriegsausbruchs sahen die Soldaten in ihren Gegenübern auch ihresgleichen im Leid. »Wir hatten an sich nichts gegen ›Bruder Boche‹«, gab nach dem Krieg der Schütze Leslie Walkinton von den Queen's Westminster Rifles zu Protokoll, »er schoss auf uns, wir schossen auf ihn, aber letztlich waren wir ja genau dafür auch da.«

Am Morgen des 24. Dezember 1914 hatte der Regen aufgehört. Die Temperaturen waren in den Minusbereich gefallen und hatten das Niemandsland wieder begehbar gemacht. Während das Regiment List Heiligabend hinter der Front in der flandrischen Stadt Messines verbrachte, versuchten die Soldaten an der Front, ein Stück des weihnachtlichen Zaubers in den Schützengraben zu retten. Kleine Weihnachtsbäume wurden aufgestellt, »Liebesgaben«

Trügerische Idylle – Weihnachten an der Front.

verteilt, Geschenke aus der Heimat: Zigaretten, Schokolade oder warme Socken. Der Bruder des Kaisers, Prinz Heinrich, hatte Tabakpfeifen mit seinem Bild schicken lassen.

Im Frontabschnitt bei Ypern lagen den Truppen des British Expeditionary Force bayerische und sächsische Einheiten oft nur wenige hundert Meter entfernt gegenüber. Einer der diensthabenden Offiziere an Weihnachten war Kurt Zehmisch, Leutnant der Reserve im sächsischen Infanterieregiment 134. Der 24-jährige Kriegsfreiwillige war bereits seit Ende Oktober an der Front. Er kannte die katastrophalen Zustände in den Schützengräben aus leidvoller Erfahrung. In seinem Kriegstagebuch hatte er akribisch festgehalten, wie seine Männer bis zu den Knien im Wasser versanken, während die Lehmwände an ihrer Seite nachgaben und einbrachen. Für die Weihnachtstage hatte er seinen Leuten befohlen, von ihren Waffen nur im Notfall Gebrauch zu machen. Auch bei den Briten spürte man einen Stimmungsumschwung: »Da war so ein Gefühl in der Luft, wir können uns doch nicht in alle Ewigkeit umbringen«, beschrieb der britische Artillerist Reginald Thomas jene eigenartige Atmosphäre, »ich persönlich hatte gar nichts gegen die Deutschen. Ich hasste sie nicht.«

> »Die Deutschen brachten aus ihrem Graben Bier mit, das unsere Männer gierig tranken, und die Sache geriet ein bisschen außer Kontrolle.«
>
> *Peter Jackson, britischer Soldat*

Kurt Zehmisch war einer von denen, die die Initiative ergriffen. Im zivilen Leben Lehrer, konnte Zehmisch ganz gut Englisch und nahm mit den Briten im gegenüberliegenden Graben durch lautes Rufen Kontakt auf. Irgendwie verabredeten beide Seiten ein Treffen auf halbem Weg zwischen den Stellungen. Zögernd verließen die Soldaten die Schutzgräben. Mitten im Krieg trafen sie im Niemandsland in friedlicher Absicht aufeinander: Sie schüttelten einander die Hände und wünschten sich fröhliche Weihnachten. Sie tauschten Zigaretten und zeigten sich Fotografien von ihren Ange-

Britische und deutsche Soldaten posieren friedlich vereint für ein Foto. Der Weihnachtsfrieden brachte eine kurze Feuerpause für die Truppen.

hörigen. Bier wurde herangebracht. Jemand hatte einen Ball, und so kam es tatsächlich zu einem Fußballspiel zwischen Engländern und Deutschen.

Am 25. Dezember wurde auch das 16. bayerische Infanterieregiment an die Front geschickt, und das Schauspiel wiederholte sich. Die offizielle Regimentsgeschichte zitiert den Brief des Kameraden Josef Wenzl an seine Eltern: »Alles bewegte sich frei aus den Gräben, und es wäre nicht einem in den Sinn gekommen zu schießen. Was ich vor Stunden noch für Wahnsinn hielt, konnte ich jetzt mit eigenen Augen sehen. Bayern und Engländer, bisher größte Feinde, drückten sich die Hände, unterhielten sich und tauschten Sachen aus. Zwischen den Schützengräben stehen die erbittertsten Gegner um den Christbaum und singen Weihnachtslieder. Den Anblick werde ich mein Leben lang nicht vergessen. Man sieht, dass der Mensch doch weiterlebt, auch wenn er nichts mehr kennt in dieser Zeit als Töten und Morden. Weihnachten 1914 wird mir unvergesslich sein.«

Viele Tausend Soldaten waren in jenen Tagen beteiligt an den Fraternisierungen entlang der Front, vor allem nicht-preußische Regimenter und britische Einheiten. Sie genossen die »heilige Zeit«, ohne Tote und Verwundete. Bis zum 29. Dezember dauerte die friedliche Phase, ein Stück Menschlichkeit mitten in der Hölle. Der Weihnachtsfrieden des Jahres 1914 hätte das Ende vom Krieg bedeuten können.

> »Am 24. Dezember waren wir dem Feind gegenüber gar nicht feindlich eingestellt. Die Fraternisierung erreichte ihren Höhepunkt gegen 3 Uhr nachmittags, als 10 oder 12 unserer Soldaten aus den Gräben kamen und ungefähr die selbe Zahl von Franzosen. Wir trafen uns in der Mitte zwischen den Stellungen und tranken Champagner und Wein und tauschten Zigaretten.«
>
> *Bericht eines deutschen Kriegsfreiwilligen*

Doch die feinen Triebe internationaler Solidarisierung waren nicht unbeobachtet geblieben. Am 29. Dezember setzte Generalstabschef von Falkenhayn Fraternisieren mit Hochverrat gleich und verlangte, künftig jeden Mann, der in »unkriegerischer Haltung« den Graben Richtung Feind verlasse, vor ein Kriegsgericht zu stellen. Die Briten veröffentlichten ähnliche Befehle. Ab Silvester forderte der Krieg wieder seinen täglichen grausamen Tribut. Adolf Hitler, als Mitglied des Regimentshauptquartiers jetzt eher ein »Etappenhengst«, kannte den Weihnachtsfrieden nur vom Hörensagen. Gegenüber einem Kameraden kommentierte er jedoch die Vorfälle voller Verachtung: In Kriegszeiten könne solches Verhalten nicht zur Disposition stehen.

Mit der Rückkehr zu den Kampfhandlungen endeten die verlustreichsten Monate des Ersten Weltkriegs. Zwischen August und Dezember 1914 starben bereits 14 Prozent aller im Ersten Weltkrieg gefallenen deutschen Soldaten. Das Habsburgerreich hatte von seinen mobilisierten 3350000 Soldaten Ende Dezember 1914 bereits ein Drittel verloren. Auch auf alliierter Seite forderten die

Nach der weihnachtlichen Feuerpause ging das Sterben unerbittlich weiter; die Monate August bis Dezember 1914 waren die verlustreichsten des ganzen Krieges.

ersten Monate einen gewaltigen Blutzoll. Das Britische Expeditionskorps, das im August 1914 mit 110 000 Mann angetreten war, verlor fast 90 000 Soldaten. Über 400 000 Toten und Verletzten bei den Franzosen standen über eine Million Verluste bei den russischen Truppen gegenüber. Die Opferzahlen erhöhten jedoch nicht die Bereitschaft der kriegführenden Nationen, sich für eine diplomatische Lösung einzusetzen, im Gegenteil: Angesichts der vielen Toten und Verwundeten war ein Frieden auf der Grundlage des Status quo den Bevölkerungen nicht vermittelbar. Der Krieg wurde fortgeführt – weitere 47 Monate lang.

FEGEFEUER

»Wir sollen Verdunkämpfer werden. Aus der Ferne dringt ohne Unterbrechung dumpfes Rollen und Donnern. Leise zittert der Boden wie von einem fernen Erdbeben. Der Herd desselben ist Verdun. Keinen Augenblick lässt das Rollen nach. Es sind Tausende von Geschützen, die Tag und Nacht Verderben speien.« Ein Zitat aus dem bewegenden Tagebuch des damals 29-jährigen Münchner Juristen Karl Rosner – eine Erinnerung an den Moment, als er aus dem Militärzug stieg, der ihn und seine Kameraden zur Front an der Maas gebracht hatte. Wenig später gingen er und seine Kompanie durch die Hölle. Rosner hätte den anderen Soldaten am liebsten klargemacht, dass sie »wie Kälber zur Schlachtbank geführt« werden. Seine pazifistische Gesinnung war eher eine Ausnahme in jenen Tagen, doch auch für ihn galt: Befehl ist Befehl. Er ahnte jedoch, dass womöglich bald auch andere aus seiner Kompanie seine Einstellung zum Krieg teilen würden.

Es gibt wenige Landschaften, die von einem militärischen Inferno so dauerhaft geprägt wurden wie die Region um Verdun. Noch heute sind die Deformierungen deutlich sichtbar. Der zerstörerische Irrsinn tobte 300 Tage und Nächte. Nie zuvor hatten zwei Armeen so erbittert um wenige Meter Boden gerungen wie 1916 in diesem Teil Frankreichs. Der Name der Stadt wurde zum Inbegriff für das Grauen moderner »Materialschlachten«. Über 700 000 Deutsche und Franzosen starben dort, wurden verwundet oder blieben vermisst, ohne dass sich der Frontverlauf wesentlich veränderte.

Hatte der Krieg zunächst eher traditionell begonnen, mit Zangenbewegungen großer Truppenteile, die tief ins »Feindesland« vorstoßen sollten, wendete sich das Blatt an der Front im Westen

◄ Massensterben in den Schützengräben von Verdun. Der Irrsinn tobte ganze 300 Tage lang.

schon nach wenigen Monaten. Die Kriegführung erlebte zwischen 1914 und 1916 eine regelrechte Revolution. Denn die anfänglichen Sturmläufe mit »Hurra«-Geschrei und gezogenem Säbel, die an die Schlachten des 19. Jahrhunderts erinnerten, erstarben in der Feuerkraft moderner Waffen. Die Strategie der weiträumigen Umfassung feindlicher Armeen scheiterte, der Bewegungskrieg erstarrte zu einem zermürbenden Stellungskampf.

Kaum jemand hatte zu Beginn der Kämpfe vorausgesehen, wie verheerend sich technische Erfindungen wie das Maschinengewehr auf die Kriegführung auswirken würden. Es war eine zunächst unterschätzte Vernichtungswaffe, die vor allem die Defensive erheblich stärkte. Wenige »MG-Nester« waren in der Lage, ganze Bataillone des Gegners in Schach zu halten und deren Angriffsreihen regelrecht niederzumähen. Das beherrschende Zerstörungsgerät dieses Krieges aber war die Artillerie. Zwar gab es schon länger riesige Mörser wie etwa die berühmt-berüchtigte kruppsche »Dicke Berta«, ebenso großkalibrige Schiffsgeschütze. Doch nun lieferten sich die gegnerischen Rüstungsindustrien ein wahres

Rüstungswahnsinn auf beiden Seiten – immer größere Geschütze wurden produziert.

Wettrennen um neue Superlative: immer größer und immer schwerer, mit immer größerer Reichweite und immer zerstörerischer. Kaliber von mehr als 40 Zentimetern waren keine Seltenheit mehr. Dass man mit solcher Feuerkraft altertümliche, aber auch moderne Befestigungsanlagen im wahrsten Sinne des Wortes in Schutt und Asche legen konnte, das zeigte sich schon in den ersten Wochen des Krieges, etwa bei der Beschießung der belgischen Forts 1914. Die Zerstörungskraft ergab sich aber nicht nur aus der Größe der Waffen und ihrem massierten Einsatz, sondern vor allem aus ihrer Treffsicherheit: Manche Geschosse erreichten über eine Distanz von mehr als zehn Kilometern ihr Ziel.

Das enorme Waffenaufgebot führte zu einer Flucht der Truppen beider Seiten in die Stellungen. Bis 1916 entstand an der Westfront ein Grabensystem von fast 700 Kilometern Länge – von der Schweiz bis zur Kanalküste. Oft lagen zwischen den vordersten Frontlinien nur 70 bis 400 Meter, dazwischen befand sich das sogenannte Niemandsland, eine Todeszone im Kreuzfeuer von MGs und Feldgeschützen. Immer wieder ertönten aus den Schützengräben Befehle zum Ausbruch. Unzählige Opfer waren die Folge, ohne dass dabei nennenswerte Geländegewinne erzielt werden konnten – Verdun wurde zum Symbol für sinnloses Massensterben.

> »Ein Wegkommen vom Felde ist unverwundet oder gesund unmöglich. Man kann nicht gegen den Strom schwimmen, der einen unerbittlich mitreißt.« *Verdunkämpfer Karl Rosner*

Die Spuren der Schlacht wirken noch heute bedrohlich. Wer historische Kriegsschauplätze wie das Gelände um Verdun in Augenschein nimmt, stellt sich unweigerlich vor, was dort Hunderttausende meist junge Menschen erlebt haben müssen. Welche Qualen sie erlitten, welche Ängste sie durchgestanden haben, welchen apokalyptischen Erfahrungen sie in den Laufgräben und Kratern, in den geborstenen Festungen und Stellungen ausgesetzt waren. Manche Orte der Umgebung erlangten besonders traurige Berühmtheit, wie etwa das Fort Douaumont, die Höhe »Toter Mann«

(durch das intensive Bombardement verlor sie 6 Meter an Höhe) und das damals heftig umkämpfte, von den Deutschen eroberte und schließlich wieder geräumte Fort Vaux.

Das Geschehen im »Blutigen Dreieck« an der Maas zählt zu den schrecklichsten Kapiteln der Kriegsgeschichte überhaupt. Mehr als ein Dutzend Dörfer der Umgebung wurden regelrecht ausradiert, die Verluste unter den Soldaten waren verheerend. Die Aufzeichnungen, Briefe und Tagebücher einiger französischer und deutscher Soldaten vermitteln ein Bild des Infernos »von unten«. Sie verleihen unbekannten Schicksalen eine Stimme, erinnern an die Geschichte von Menschen, die Befehle ausführen mussten, die von Generälen erteilt wurden, die das Grauen der Front meist nur aus der Ferne kannten. »Hunderttausende werden auf Befehl eines Einzigen geopfert, und diese Massen wissen nicht einmal, ob sie für Recht oder Unrecht kämpfen«, so notierte der Münchner Karl Rosner vor Verdun in sein Tagebuch. Er fühlte sich wegen seiner von Zweifeln geprägten Haltung von den Kameraden oft unverstanden, für seine Vorgesetzten waren Männer wie er »feige Defätisten«. Denn nach offizieller Lesart führte das Deutsche Reich den Krieg aus reiner Notwehr. Der Einmarsch ins Nachbarland gelte der Verteidigung, hieß es von Anfang an. Die deutsche Generalität hatte Frankreich in einem schnellen Feldzug niederwerfen wollen, um dann mit aller Kraft im Osten Russland zu bezwingen. Mit nahezu einer Million Mann war das deutsche Heer über die Grenzen im Westen marschiert.

Französische Soldaten warten in einem der zahllosen Schützengräben auf die nächste Angriffswelle.

Auf beiden Seiten hatte zunächst eine große Kriegsbegeisterung geherrscht und der Glaube an einen schnellen Sieg für eine gerechte Sache. Die überwiegende Mehrheit der Soldaten dürfte sich anfangs dazu berufen, viele sogar stolz gefühlt haben, tapfer seinen Mann zu stehen für das eigene Volk und Vaterland. Für Carl Freiherr von Andrian etwa, einen Berufsoffizier aus Bayern, war der Krieg vor allem eine Frage der Ehre: »Ich wünsche, dass dann meine Kompanie ganz vorne in Stellung kommt«, schrieb er an seine Frau. Er konnte es gar nicht abwarten, sich mitsamt seiner Kompanie im Stahlgewitter zu bewähren, um auf diese Weise so schnell wie möglich das Eiserne Kreuz zu erlangen.

Für die meisten Franzosen dürfte es ebenfalls selbstverständlich gewesen sein, durchdrungen von patriotischen Gefühlen für Familie und Heimat – die war schließlich Kriegsschauplatz – zu kämpfen; wie Anatole Castex, der in einem Brief an seine Frau Cilette schrieb: »Jede Nacht denke ich an den sonnigen Tag zurück, als ich, dem Ruf des Vaterlandes folgend, Dich und unseren kleinen Henri zum letzten Mal sah. Sei versichert, meine Liebe, in wenigen Wochen werden wir die Deutschen von unserem Boden gefegt haben. Gott wird uns schützen.« Verdun sollte auch für ihn zum Schicksal werden.

Der Angriff

Nachdem der deutsche Vormarsch im Westen durch den Grabenkrieg zum Stehen gekommen war, hatte General Erich von Falkenhayn, nach der Absetzung von Moltkes Chef der Obersten Heeresleitung, Kaiser Wilhelm II. bereits im Dezember 1915 einen neuen Plan unterbreitet. Unter dem bezeichnenden Decknamen »Gericht« wollte er mit einer konzertierten Aktion bei der strategisch wichtigen Stelle an der Maas wieder Bewegung in die Front bringen. Der Kaiser ließ ihn gewähren.

In den folgenden Monaten wurde eine gewaltige Maschinerie in Gang gesetzt. Hinter Verdun lag Metz, das seit der Annexion Lothringens im Zuge der Reichsgründung 1871 zu Deutschland gehörte. Ebendiese Region sollte nun zum Aufmarschraum für die

Front werden: doppelspurige Eisenbahntrassen wurden verlegt, um den reibungslosen Fluss einer ungeheuren Fülle von Menschen und Material bei Tag und Nacht zu gewährleisten. Pioniere errichteten Behelfsbrücken, jeder Feld- und Waldweg wurde genutzt. Die französische Aufklärung konnte die Dimensionen des Aufmarschs gar nicht erfassen, vermochte sie sich doch nur in Ausschnitten ein Bild zu machen. Trotz Luftaufklärung wussten sie nicht, dass die Deutschen in kurzer Zeit über tausend schwere Kanonen in Stellung brachten, in einem Abstand von gerade mal 200 Metern. Französische Spione hörten zwar den gleichbleibenden Lärm der Transporte, doch das Gesamtszenario erschloss sich ihnen nicht.

Zunächst standen etwa 200 000 Verteidiger einer Übermacht von etwa einer halben Million deutscher Soldaten gegenüber. Am 21. Februar 1916 brach um 8 Uhr 12 eine unvorstellbare Feuerwalze los – der bis dahin schwerste Artillerieangriff der Geschichte hatte begonnen. Auf engstem Raum in mehreren Linien gestaffelt konzentrierten über 1200 deutsche Geschütze aller Kaliber ihre zerstörerische Kraft, um den Festungsgürtel rund um die Stadt Verdun zu sprengen. Auf manchem halben Quadratkilometer schlugen allein am ersten Tag der Kämpfe bis zu 80 000 Granaten ein. Auch landgestützte Marinegeschütze kamen dabei zum Einsatz. Ihre Geschosse fassten eine Tonne Sprengstoff, ihre Reichweite lag bei gut 25 Kilometern. Was es für die Soldaten in den Schützengräben bedeutet haben muss, diesen Beschuss zu ertragen, lässt sich nur erahnen. Leidtragende vor Ort wie etwa Charles Delvert, ein Lehrer für Geschichte, der als Soldat nach Verdun kommandiert worden war,

Gegenspieler – Erich von Falkenhayn …

merkten rasch, dass diese Schlacht anders war: »Die moderne Kriegführung ist kein Kampf mehr von Mann gegen Mann. Der Gegner ist überall, seine todbringende Munition regnet vom Himmel. Diese neuen Waffen machen aus dem einst ehrenvollen Kampf ein sinnloses Massensterben.«

... und Henri Philippe Pétain.

Nach gerade einmal vier Tagen fiel Fort Douaumont, die stärkste Befestigungsanlage im Verteidigungsring. Der Kommandant von Verdun, General Frédéric Herr, hatte zwar mit einem deutschen Angriff gerechnet, dennoch war er von der Wucht der Offensive überrascht worden. Die Infanterieeinheiten, die zur Verteidigung des Forts abkommandiert worden waren, hatten die Anlage in den Wirren der ersten Kanonade nicht mehr rechtzeitig erreicht. Deutsche Artillerie-Granaten schlugen mitten auf dem Marktplatz von Verdun ein, die Zivilbevölkerung begann eilends die Stadt zu verlassen, etwa 50 000 Menschen waren auf der Flucht.

Die französische Front drohte zusammenzubrechen. Innerhalb der militärischen Führung in Paris herrschte blankes Entsetzen, man suchte händeringend nach einem Ausweg, einem Retter in der Not. Die Wahl fiel auf einen erfahrenen Strategen: Henri Philippe Pétain. Der musste allerdings erst einmal ausfindig gemacht werden. Der General hatte die Nacht mit seiner Geliebten (später wurde sie seine Frau) in einem Pariser Hotel verbracht.

Mit dem energischen Klopfen des erschöpften Boten an der Zimmertür begann für den Militär die bislang größte Herausforderung seines Lebens. Denn Pétain sollte nicht nur Verdun erfolgreich verteidigen sondern auch die drohende Niederlage insgesamt abwenden.

»Blutpumpe«

Pétain machte sich umgehend ans Werk. Für ihn ging es zunächst einmal darum, die Moral der Truppen an der wankenden Front zu stärken. »Frankreich hat die Augen auf uns gerichtet: Es zählt einmal mehr, dass jeder seine Aufgabe bis zum Schluss erfüllt«, verkündete er – und ließ keinen Zweifel aufkommen, wie er sich das vorstellte: »Halten um jeden Preis!«, lautete seine rigide Parole. Jedes Zurückweichen galt als Verrat am Vaterland. Wie sein deutsches Gegenüber General von Falkenhayn teilte Pétain die Auffassung, »am Ende« werde »die Partei den Endsieg davontragen, die den letzten Mann besitzt«. Tatsächlich hielten die Linien der Franzosen weiteren Angriffen der Deutschen stand. Trotz anfänglicher Erfolge gelang es den inzwischen mit Stahlhelmen ausgerüsteten Soldaten nicht, das Tor nach Paris aufzustoßen. Weil die Front zusehends erstarrte, definierte Falkenhayn die Strategie für den Kriegsschauplatz an der Maas um, passte sie sozusagen der aktuellen Lage an. Als wolle er kaschieren, dass der Vormarsch geschei-

Überlebensader – auf der Chaussee N 35, der legendären »Voie Sacrée«, rollte der französische Nachschub an die Front.

»Halten um jeden Preis« – französische Postkarte.

tert war, rückte er nunmehr ein anderes Ziel in den Vordergrund. Die Schlacht sollte fortan dazu dienen, den Gegner zu binden und systematisch auszuzehren – in der »Blutpumpe« Verdun. Es gebe schließlich mehr Deutsche als Franzosen, so sein zynisches Kalkül. Der damals übliche militärische Sprachgebrauch ist bezeichnend. Jenes »Weißbluten« des Gegners war aber keineswegs eine Erfindung dieses Krieges, sondern eine jener Formeln, die auch früher schon die möglichst vollständige Vernichtung feindlicher Kräfte meinte.

Doch in diesem ersten Weltenbrand des zwanzigsten Jahrhunderts ging es eben nicht mehr »nur« um Tausende oder Zehntausende Soldaten – sondern um Hunderttausende, um Millionen. Und die Männer an der Front starben auch nicht länger durch einfache Hinterlader oder Feldkanonen, sondern durch Waffen, die innerhalb weniger Minuten ganze Bataillone »aufreiben« konnten. Hinzu kam, dass diesmal nicht mehr überwiegend Berufssoldaten das Gros der Streitkräfte stellten; es waren vor allem »in Uniform gesteckte Zivilisten«, wie der Historiker Gerd Krumeich betont: »Es war der Nachbar, der Sohn von nebenan«, kein gedrillter, in militärischer Disziplin geübter kasernierter Soldat, der ins Feld zog. Gerade diese unerfahrenen Truppen waren es, die auf beiden Seiten in das tödliche »Niemandsland« getrieben wurden – direkt hinein in den Kugel- und Granatenhagel der Maschinengewehre und Artillerie, ins Feuer der Flammenwerfer und ins Giftgas. Das Gelände zwischen den Linien hieß nicht umsonst die »Todeszone«. Sobald eine Kompanie zum Sturmlauf ausholte, geriet sie in einen tödlichen Wall aus Detonationen, was die Befehlshaber dennoch nicht davon abhielt, ihre Truppen weiter dagegen anrennen zu lassen. Es schien, als seien die Menschen nicht mehr als ein unbegrenzter »Rohstoff« für die gefräßige »Maschine Krieg«.

Inzwischen wurden auch Artilleriegranaten mit chemischen Kampfstoffen befüllt – verheerende Wirkung bei minimalen Kosten. Die Soldaten starben qualvolle Tode. Bei den Überlebenden erzeugten schwere Verätzungen der Augen, der Atemwege, der Haut und der Lunge irreparable Schäden an Leib und Seele. Die Tötungsmaschinerie lief Tag und Nacht, der Krieg geriet zu einem logistischen Gewaltakt. Funktionierende Nachschubwege konnten über Sieg oder Niederlage entscheiden. Nur die Chaussee N 35 verband Verdun noch mit dem Hinterland. Stund um Stund rollten hier täglich über 3000 LKW an die Front. Liegengebliebene Fahrzeuge wurden zur Seite geschoben. Die legendäre »Voie Sacrée«, wie die Straße genannt wurde, sollte für die Franzosen zur Überlebensader werden. Die französischen Zeitungen priesen die nationale Kraftanstrengung schon als heldenhaften Sieg, feierten das »Wunder von Verdun«: »Ils ne passeront pas – sie werden nicht durchkommen«, lautete denn auch eine weitere Parole, die Pétain

Französische Soldaten vor dem Eingang der Zitadelle von Verdun.

in die Schlacht warf. Sie forderte die ganze Nation zum Durchhalten auf, während die Deutschen nur noch zehn Kilometer vor der Stadt standen.

Kriegspropaganda

In den Schlachtenlärm mischten sich zunehmend die Hetzparolen der Propaganda. Im Ersten Weltkrieg erfuhr der Begriff, der ursprünglich aus der Werbung stammte, seine (kriegs-)politische Aufladung. Wollte ein Geschäft oder ein Unternehmen für sich Reklame machen, holte es den Rat eines »Propagandisten« ein. Im Krieg sollten diese Propaganda-Experten nun auf Geheiß ihrer Regierungen zum erbitterten Kampf gegen den »Feind« anstacheln. Mit Parolen, Bildern, Karikaturen und Texten, die dem einfachen Schema »gut« und »böse« folgten. Bei der Verteufelung des Gegners waren französische und britische Propagandisten zunächst im Vorteil. Die Deutschen waren die Angreifer, Soldaten mit Pickelhaube verübten Gräueltaten beim Marsch durch Feindesland. Da lag es nahe, die Aggressoren möglichst monströs darzustellen, als Ungeheuer und blutverschmierte »Hunnen«.

Der deutsche Kaiser als »blutiger Abgesandter Gottes« – zeitgenössische französische Karikatur.

Auf deutscher Seite ging es vor allem darum, den Krieg als Notwehr darzustellen: gegen einen aggressiven Feind, dessen Charakter durch »Neid, Habgier, Lüge« geprägt sei – im Gegensatz zum »deutschen Wesen«, das den anderen moralisch, kulturell und auch politisch-weltanschaulich überlegen sei. Der Erste Weltkrieg sei ein Kampf »nicht bloß zwischen Völkern, sondern zwischen Weltanschauungen«, zwischen den Ideen von »1789 und 1914«, befand damals schon Rudolf Kjellén, Staatswissenschaftler und Mitglied des schwedischen Reichstags. Statt um Freiheit, Gleichheit, Brüderlichkeit gehe es um die Devise: »Schaffe mit, gliedre dich ein, lebe im Ganzen.« (Johann Plenge)

> »Solang ein Tropfen Blut noch glüht, noch eine Faust den Degen zieht und noch ein Arm die Büchse spannt, bezwingt kein Feind dich Vaterland.« *Deutsche Feldpostkarte*

Der Krieg wurde zu einem Kreuzzug stilisiert, gegen britische Habsucht und französische Sittenlosigkeit. An der Front hieß das, in Parolen auf Feldpostkarten und in Feldzeitungen übersetzt: »Der Deutschen Sieg und Sonnenschein wird einst Europas Segen sein [...] Daran wird die Welt genesen.«

Kampf um Fort Vaux

Ende Mai 1916 kämpften fast eine Million Soldaten auf dem Schlachtfeld von Verdun. Die durchschnittliche Lebenserwartung eines Verdunkämpfers lag bei weniger als dreißig Tagen. Was dieser Horror an der Front bedeutete, geht aus Briefen und Tagebüchern hervor. Charles Delvert, der als fürsorglicher Kompaniechef galt und als einer, der Befehle auch schon mal hinterfragte, fühlte sich von der militärischen Führung in Paris getäuscht: »Der Gegner ist viel stärker, als man es uns gesagt hatte. Der Kampf tobt bereits seit hundert Tagen. Der Stellungskrieg zermürbt meine Männer. In den Gräben steht das Wasser teilweise kniehoch. Der Leichengeruch ist beißend. Ratten, Läuse und Ausschläge plagen die Soldaten.« Die deutsche Heeresleitung sah den Gegner bereits wanken, meinte, Frankreich sei in seinen Leistungen bis nahe an die Grenze des Erträglichen gelangt. Wenn das französische Volk begreife, dass es militärisch nichts mehr zu hoffen habe, dann werde Frankreich aufgeben, ohne militärisch besiegt zu sein.

Die Erstürmung von Fort Vaux, Feldpostkarte aus dem Jahr 1916.

Mit seiner Einschätzung saß Falkenhayn jedoch einem Trugschluss auf; er verkannte, dass General Pétain für den Einsatz an der Front ein System der Rotation eingeführt hatte. So wurden Truppenverbände nicht erst abgelöst, wenn sie total entkräftet waren; stattdessen gab es ein permanentes Rotationsprinzip. Dass Falkenhayn die abgelösten Divisionen fälschlicherweise zu den Verlusten des Gegners addierte, führte zu einem folgenschweren Entschluss. Der Oberbefehlshaber glaubte, sein Ziel, die französische Armee »auszubluten«, sei tatsächlich erreichbar und beschloss daher, den Befehl zum Angriff zu geben. Ende Mai 1916 setzte das deutsche Heer erneut zur Offensive an. Ziel war die Einnahme des heftig umkämpften Fort Vaux.

Deutsche MG-Schützen; im Vordergrund der Gong, der bei Gasalarm geschlagen wurde.

Die Festung lag am Eingang des »blutigen Dreiecks«, einem hügeligen Terrain vor den Toren von Verdun, auf dem schon ganze Bataillone zugrunde gegangen waren. Das Fort war ein gestaffeltes Verteidigungsbollwerk, eine trapezförmige Anlage, die Anfang der 1880er-Jahre errichtet und bis in das Jahr 1912 immer wieder modernisiert und verstärkt worden war. Meterdicke Wände, eine massive Schicht aus Stahlbeton, Schießscharten sowie versenkbare Kanonen sollten dem Gegner die Stirn bieten. Kommandant des Forts war Major Eugène Raynal, ein kampferprobter Berufsoffizier, der wegen einer schweren Verwundung für den Einsatz auf dem Schlachtfeld nicht mehr infrage kam. Auf einen Gehstock gestützt, schritt er die Reihen seiner Kompanien ab; er musterte jeden Einzelnen und machte allen klar, was er von ihnen erwartete: »Man stirbt, aber man ergibt sich nicht!« Das galt für den Offizier genauso wie für den Sanitäter.

Die Deutschen wollten die Bastion um jeden Preis erstürmen, aus strategischen Gründen und weil Erfolgsmeldungen in den vergangenen Wochen rar geworden waren. Abermals ging dem Angriff eine mörderische Kanonade voraus: »Es ist ein methodisches, überlegtes und erdrückend starkes Feuer«, schrieb Raynal in sein Kriegstagebuch: »Im Durchschnitt fallen 1500 bis 2000 Granaten pro Stunde auf uns herab, und gut die Hälfte davon sind große Kaliber. Zur Untätigkeit verdammt, muss ich mit ansehen, wie unsere Kameraden in den umliegenden Verteidigungsgräben sterben.«

Einer der deutschen Soldaten, die das Fort erstürmen sollten, war der damals 34-jährige Werner Müller, Oberleutnant der 50. Infanterie-Division. Er notierte am 1. Juni 1916: »Der große Tag ist gekommen. Wir stürmen Fort Vaux. Kurz vor dem Sturm schwinden die Zweifel, und es obsiegt die Pflicht für unser heiliges Vaterland.« Er wusste, was man von ihm erwartet. Werner Müller und seine Kombattanten näherten sich unter heftigem MG-Beschuss den Randbefestigungen. Sie sollten sich durch einen Tunnel bis in das Innere der Bastion vorkämpfen. Während der junge Offizier einen Kameraden nach dem anderen um sich herum sterben sah, stiegen im deutschen Oberkommando die Erwartungen, bald die Eroberung des Forts verkünden zu können. Denn während der ersten Angriffe Anfang März 1916 hatte das »Große Hauptquartier« schon einmal – versehentlich – die Einnahme der Festung gemeldet. Dem deutschen Kaiser konnte es gar nicht schnell genug gehen, den zuständigen General Hans von Guretzky-Cornitz umgehend mit einem begehrten Verdienstorden auszuzeichnen: »Ich

In den Katakomben von Fort Vaux herrschten unvorstellbare Zustände.

spreche Ihnen und Ihren tapferen Truppen für die schneidige Erstürmung des Forts Vaux, die mit zu den schönsten Taten dieses Krieges gehört, meine höchste Anerkennung und meinen kaiserlichen Dank aus und verleihe Ihnen mit Freuden den wohlverdienten Orden ›Pour le mérite‹.«

Die Tatsache, dass Fort Vaux Monate später immer noch in französischer Hand war, setzte die Angreifer nun umso mehr unter Druck. Mit Flammenwerfern und Tränengas kämpften sich die Deutschen Meter um Meter vor. Unter ihnen war auch Werner Müller: »Wir standen Mann gegen Mann, nur gut fünf Meter trennten uns von den Franzosen, Zementstaub, Rauch und Rußflocken vergifteten die Luft.« Der Oberleutnant geriet mit seinem Trupp in eine Sackgasse innerhalb des Forts und überlebte nur, weil die französischen Soldaten keinen Nachschub mehr erhielten und sich tief in das Innerste der Bastion zurückgezogen hatten.

Überall in den verwinkelten Gewölben lagen stöhnende Verwundete und apathische Soldaten. »Ich mache eine Runde durch die Gänge«, notierte Kommandant Raynal: »Was ich sehe, ist grauenhaft. Die Männer übergeben sich, denn sie vertragen den Urin nicht – so weit sind diese Unglücklichen gekommen, dass sie den eigenen Urin trinken müssen!« Die Zisterne der Festung war nach einem deutschen Granattreffer geborsten, das Trinkwasser versickerte im Boden. Die Festung drohte zum Massengrab zu werden; der Kommandant des Forts hielt seine Erlebnisse für die Nachwelt fest: »Plötzlich öffnet sich die Tür: Da steht ein Verletzter, den nackten Oberkörper mit blutigen Tüchern verbunden. Er setzt das Knie auf die Erde. Seine Hand streckt er in flehender Geste mir zu und sagt mit erstickter Stimme: ›Mein Kommandant! Zu trinken!‹ Ich gehe auf ihn zu, richte ihn auf: ›Ich habe kein Wasser, mein Guter! Mach es wie ich, hoffe!‹«

Während sich unter den Eingeschlossenen Verzweiflung breitmachte, war es für Kommandant Sylvain Eugène Raynal eine Frage der Offiziersehre, nicht aufzugeben. Gleichwohl wusste er, dass die Chancen minimal waren: »Jede Verbindung zur Außenwelt ist unterbrochen [...] Wir werden besiegt – durch Erschöpfung und Durst«, notierte er. Einen letzten Notruf setzte er per Brieftaube ab: »Kampf um das Fort ist furchtbar. Not der Verwundeten ist entsetzlich.« Kurze Zeit später, am 7. Juni 1916, musste er kapitulieren. Dabei legte Raynal Wert auf die Feststellung, dass der Durst, nicht Waffengewalt die Besatzung der Festung bezwungen habe. Der gefiederte Bote, jene Brieftaube, die bald nach ihrer »Mission« starb, erhielt posthum einen Verdienstorden.

Von einer MG-Garbe getroffen, fällt der französische Leutnant vor den Augen seiner Kameraden.

Die Bilanz des sechs Tage dauernden Kampfes um Fort Vaux reihte sich ein in die täglich ansteigende Zahl schwerer Verluste: Fast zweitausend Tote und Verwundete auf deutscher Seite und über tausend auf französischer. Die Nachricht von der Kapitulation der Festung verbreitete sich wie ein Lauffeuer und ließ die Moral der französischen Truppen auf einen neuen Tiefstand sinken.

Todeszone

Doch war der gefeierte Etappensieg wirklich ein Durchbruch? Die letzte Hürde im »blutigen Dreieck« war der völlig zerstörte Ort Fleury, dahinter lag Verdun. Schon jetzt glich die Umgebung einer Kraterlandschaft. Der schlammige Boden aufgewühlt, zerschmetterte Baumstümpfe ragten daraus hervor wie bizarr verzerrte Gestalten, völlig zertrümmertes Kriegsgerät und Teile von Tierkadavern lagen verstreut im Dreck. Ein apokalyptisches Bild, das sich auch dem Münchner Karl Rosner bot, als er beklemmende Worte notierte: »[Wir haben] ein grauenhaft zerschossenes Gebiet betreten, wo der Tod wohnt.« Die Reste seiner Kompanie befanden sich unter Dauerfeuer: »In den Lüften, hoch und niedrig, da heult es, da wimmert es, wie von tausend Geistern. Es ist eine grausame Musik. Je weiter wir in das Trümmerfeld eindringen, desto orkanartiger verstärkt sich das Pfeifen und Heulen. Dazu die Dunkelheit. Es ist zum Wahnsinnigwerden.«

> »Überall liegen Tote und Leichenteile. Kein einziger Verwundeter. Da ein Arm, dort ein Fuß, zum Teil halb verschüttet. Uniformfetzen und Fleischteile, alles blutbesudelt.«
> *Verdunkämpfer Karl Rosner*

Rosner ging in Deckung, presste sein Gesicht in den Schlamm. Als er den Kopf wieder anhob, sah er in seiner Nähe fünf tote Kameraden liegen: »Wieder einige Quadratmeter aufgewühlten Bodens mit Leichen erkauft«, wird er später voller Verbitterung notieren. Ihn selbst hatten einige Granatsplitter getroffen, er lag mal mehr, mal weniger bei Bewusstsein in einem Granattrichter. Als ein anderer Überlebender der Kompanie sich seiner annehmen wollte, schöpfte Rosner wieder Hoffnung. Einige Minuten Ohnmacht ließen ihn für einen Moment aus dem Inferno abtauchen. Als er wieder zu sich kam, spürte er, dass jemand auf ihm lag. Das Blut des Kameraden, der ihm hatte helfen wollen, lief ihm über das Gesicht. Rosner schleppte sich trotz seiner Verletzungen an Brust, Hand und Hüfte weiter: »Es fehlt der ernste Glaube, aus dieser Hölle zu entkommen. Ich lasse mich todmüde in die Tiefe eines Granatloches hinabgleiten«, schreibt er später. »Dabei glaube ich, mich an einem Grasbüschel einhalten zu können. In Wirklichkeit aber sind es Haare, Menschenhaare, und ich ziehe mit diesen einen halbverwesten Menschenkopf aus dem Schmutz.« Es sind unfassbare Erinnerungen, die keine Einzelerfahrungen spiegeln, sondern das Erleben einer ganzen Generation. Sie offenbaren die grauenvollen Abgründe dieser »Urkatastrophe« des zwanzigsten Jahrhunderts. Millionen Menschen wurden traumatisiert, verzweifelten, gingen in den Todeszonen seelisch und körperlich zugrunde. Niemand kann ermessen, was es für die jungen Menschen bedeutete, monatelang in Gräben, befestigten Stellungen oder Bunkern bei heftigstem Beschuss auszuharren, zu spüren, wie die Detonationen immer näher rückten, zu sehen, wie Hunderte von Kameraden regelrecht zerfetzt, ihre Körperteile auf das Schlachtfeld geschleudert wurden. Bei Verdun liegen die Gebeine von etwa 150 000 Soldaten, deren Namen niemand kennt. Es sind bestattete menschliche Überreste, Körperteile, die in den Monaten nach der Schlacht eingesammelt wurden und niemandem mehr zugeordnet werden konnten.

Dieser Krieg zerriss alles – die Körper, die Sinne, die Moral. Dabei war die größte Angst der Soldaten nicht einmal die vor einem schnellen Tod durch ein Geschoss oder eine Granate; die meisten quälte die schier unerträgliche Vorstellung, bei lebendigem Leib begraben zu werden. Die Unterstände wurden bei direkten Treffern regelrecht eingeebnet. So ist es zu erklären, dass viele Soldaten nach stundenlangem Dauerbeschuss den Ausbruch aus dem Graben regelrecht herbeisehnten. Trotz totaler Erschöpfung und direkter Todesgefahr befolgten sie willig die Order zum Sturm auf die feindlichen Linien.

Invaliden

Kriegstraumatisierte

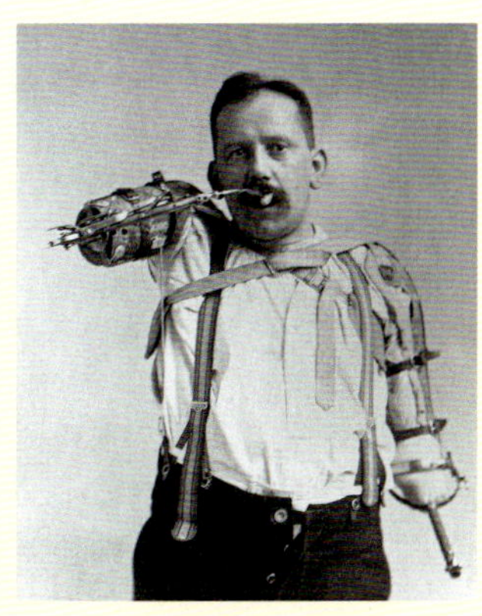
Ein beidarmig Amputierter demonstriert den Gebrauch einer Gabel.

Der Krieg zeigte sein grausames Gesicht auch in der Heimat: Der Anblick Hunderttausender körperlich verstümmelter Frontsoldaten prägte mit zunehmender Kriegsdauer das Bild vieler Städte. Neben körperlichen Schäden traten nun auch psychische Krankheitsbilder auf, die man bis dahin nicht gekannt hatte: Soldaten begannen plötzlich, hemmungslos am ganzen Körper zu beben, sich krampfartig zu winden, in immer wiederkehrenden Schüben. Man nannte sie die »Kriegszitterer«. Der Lärm, die Erschütterungen des Trommelfeuers, die Todesangst, der Anblick der Leichen, all das führte zum nervlichen Kollaps. Zunächst hielt man die »Zitterer« für Simulanten. Viele der Ärzte waren Offiziere, die den Schrecken an der vordersten Front nicht selbst erlebten. Die Kriegsmedizin war völlig überfordert, die Mär von den Drückebergern schien manchem Arzt die einfachste Diagnose. Historische Filmaufnahmen gewähren beklemmende Einblicke. Manche der ohnehin Gepeinigten behandelte man mit Elektroschocks, auch weil man glaubte, die Rückkehr an die Front damit beschleunigen zu können. Fotos und Filme zeigen auch die schrecklichen Verstümmelungen vieler Verwundeter.

Entstellte Gesichter, ohne Nasen und Unterkiefer, eingedrückte Augenhöhlen. Der Invalide ohne Arme oder Beine gehörte bald zum Straßenbild. Umso mehr wurden die Fortschritte in der Entwicklung von Prothesen zur Schau gestellt: So gab es Inserate, Ausstellungen, Filme, die den Kriegsversehrten als technischen Alleskönner darstellten: mit einer mechanischen Ersatzhand, die anscheinend das fleischliche Original an Funktionalität übertraf. ■

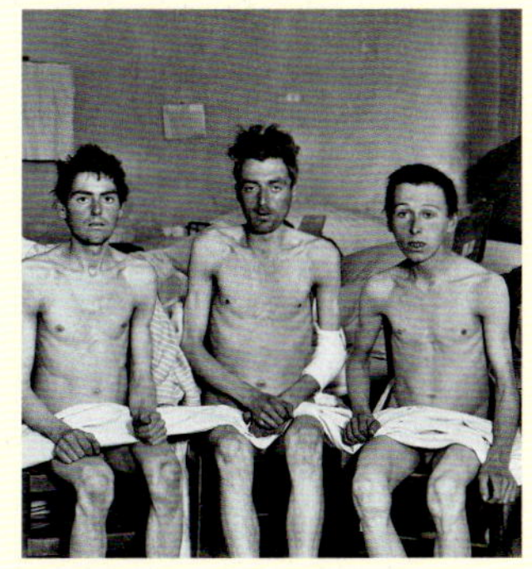
Traumatisierte britische Soldaten.

Die Wirklichkeit vor Verdun hatte wenig mit dem zu tun, was die Heimat sich unter dem Geschehen an der Front vorstellte. Auf dem Gelände des Berliner »Bild- und Filmamts« (BUFA) befand sich ein beliebtes Ausflugsziel: Schützengräben und Unterstände zur öffentlichen Begehung. Familien promenierten am Wochenende in sauberen Laufgräben, warfen Blicke in gepflegte Latrinen und durften auch schon mal an der Pforte der »Krankenstation« anklopfen, um ärztlichen Rat zu erfragen. Doch mit den Opfern an der Front stieg auch die Zahl der Witwen und Waisen, der Eltern, die ihre Söhne verloren hatten. Die bekannte Künstlerin Käthe Kollwitz gehörte zu jenen Frauen, die früh eine Vorstellung vom Geschehen auf den Schlachtfeldern bekamen. Ihr Sohn Peter war nur wenige Wochen nach Ausbruch des Krieges als Freiwilliger in Belgien gefallen. Einige seiner Kameraden schrieben ihr weiterhin, auch aus Verdun. Ihrem Tagebuch vertraute sie damals an: »Hoyers schrecklicher Brief: Sein liebster Kamerad ist schwer verwundet, beide Arme abgerissen, mehrere andere tot. Er schreibt, hätte er noch eine Mutter, so würde er sie bitten, dass sie für ihn betet.«

Kollwitz wollte ein Zeichen setzen. Ein Denkmal für den gefallenen Sohn und die anderen Opfer des Völkerschlachtens sollte entstehen – zum Trost für die Familien, die das Schicksal des Verlustes teilten. Die Skulptur »Trauerndes Elternpaar«, die sie 1932 fertigstellte, erlangte weltweit Berühmtheit. Doch schon während des Krieges bezog Käthe Kollwitz Stellung. Gegen den »Aufruf zum letzten Kriegsaufgebot« ließ sie im sozialdemokratischen Parteiorgan *Vorwärts* Ende Oktober 1918 einen offenen Brief abdrucken. Aus Goethes Werk *Wilhelm Meisters Lehrjahre* zitierte sie darin einen denkwürdigen Satz: »Saatfrüchte sollen nicht vermahlen werden.« Die Pazifistin, die während des Zweiten Weltkriegs noch ihren Enkel verlor, hörte nicht auf, ihre traumatischen Erfahrungen künstlerisch aufzuarbeiten, etwa in der 1922/23 entstandenen Holzschnittfolge »Krieg«, mit der sie an das Schicksal der auf den Schlachtfeldern getöteten Jugend erinnern wollte.

Allein bis zum Ende des Jahres 1916 sollte der verheerende Krieg über eine Million Tote fordern und wahrscheinlich ebenso viele

Verwundete. Zahlen, die aus späteren Schätzungen hervorgehen; damals fehlten die statistischen Mittel zu einer exakten Erhebung. Vielleicht hätte das Wissen um das erschreckende Ausmaß der Verluste womöglich auch die Moral an der »Heimatfront« nachhaltig beeinträchtigt. Ohnedies hatte jede Stadt, jede Gemeinde und fast jedes Dorf Opfer zu beklagen.

Schlacht an der Somme

In vielen Millionen Feldpostbriefen ist immer wieder von den Entbehrungen und Nöten an der Front die Rede, wobei die Formulierungen wegen der Militär-Zensur oft sehr vage blieben. Manche der Schreiben an die Angehörigen zeugen aber auch von ungebrochenem Kampfgeist oder Siegeswillen. Es waren Offiziere wie Carl von Andrian, die von sich und den ihnen anvertrauten Soldaten das Äußerste abverlangten – nicht zuletzt, um selbst in der Heimat gut dazustehen. »Mein ausdrücklicher Wunsch, endlich auch in vorderster Front zum Einsatz zu kommen, ist von der Heeresleitung erhört worden. Endlich kann ich beweisen, welche Fähigkeiten meine Kompanie hat«, schrieb er in einem Brief von der Front bei Verdun an seine Frau. Mit einem roten Tuch als Erkennungszeichen und einer Trillerpfeife im Mund warf sich von Andrian mit seiner Einheit ins gegnerische Feuer: »Unser letzter Angriff ist herrlich, ich an der Spitze.« Einmal gelang es dem Offizier, mit seiner Kompanie 500 französische Soldaten gefangen zu nehmen und das eroberte Gelände zu halten.

Schlachtvorbereitungen – alliiertes Munitionslager für die Kämpfe an der Somme.

Erobern – doch wofür? Auch Carl von Andrian musste bald erkennen, dass es gar nicht mehr darum ging, dem Gegner Boden zu entreißen, sondern darum, ihn auszubluten, unter Inkaufnahme erheblicher eigener Verluste. Im Sommer 1916 gab Generalstabschef von Falkenhayn schließlich die Order aus, die Stellung zu halten und keine Angriffe mehr durchzuführen. Der Grund lag in einem seit Dezember 1915 gehegten Plan der Entente, an einer anderen Stelle der Westfront in die Offensive zu gehen. Gemeinsam mit dem britischen General Haig war die Entscheidung getroffen worden für einen groß angelegten Angriff an der Somme, 250 Kilometer weiter nördlich. Folgendes Kalkül hatte den Ausschlag gegeben: Entweder würden deutsche Kontingente von der Front bei Verdun abgezogen und diese entlastet werden, oder – sofern es nicht dazu kommen sollte – der Durchbruch im Norden würde leichter fallen, da die Kräfte dann weiterhin im Süden gebunden bleiben würden.

Tatsächlich zog Falkenhayn Truppen aus Verdun für die Schlacht an der Somme ab. Und so offenbarte sich einmal mehr die Sinnlosigkeit des Opfergangs. Es gelang den Franzosen, von August 1916 an verlorenes Terrain an der Maas zurückzuerobern. Gerade mal drei Monate später befand sich das einst heftig umkämpfte Fort Vaux wieder in französischer Hand. Die deutschen Besatzer hatten die Bastion kampflos geräumt. Nach 300 Tagen war der Frontverlauf bei Verdun nahezu derselbe wie im Februar 1916. Erich von Falkenhayn wurde im August abgesetzt. Sein Plan war gescheitert. Der deutsche Kaiser sollte später zu seiner eigenen Rechtfertigung sagen, er selbst habe all das Grauen nicht gewollt, die Generäle hätten ihm das Heft aus der Hand genommen. Sein geschasster Generalstabschef schrieb schon bald nach dem Krieg seine Memoiren. Bis zu seinem Tod blieb Falkenhayn von der Richtigkeit seiner Strategie des »Ausblutens« überzeugt.

Im Juli 1916 begann mit zwanzig britischen und elf französischen Divisionen die Offensive an der Somme. Auch diesmal ging dem Angriff der Infanterie eine mehrtägige heftige Kanonade voraus, in sieben Tagen wurden etwa anderthalb Millionen Grana-

Deutsche Soldaten verlassen nach heftigem Beschuss ihren Unterstand und ergeben sich britischen Soldaten.

ten abgefeuert, auch Giftgas kam dabei zum Einsatz. In der Annahme, die deutschen Stellungen seien völlig zertrümmert, stürmten die Briten am 1. Juli aus ihren Schützengräben. Ein verhängnisvoller Irrtum: Denn die Deutschen hatten während der fast zweijährigen Besetzung dieses Frontabschnittes ihre Linien immer weiter ausgebaut, viele Unterstände waren intakt geblieben, starke Befestigungen in mehreren Metern Tiefe hielten dem Beschuss zumeist stand. Der britische General Haig hatte geglaubt, der Angriff werde ein »Spaziergang« werden – es wurde einer der blutigsten Tage der Militärgeschichte: Allein in der ersten halben Stunde starben über 8000 britische Soldaten. Es gab nur geringe Geländegewinne, ein wochenlanger Kampf um einzelne Stellungen, Dörfer und Gehöfte stand bevor.

Am 5. Oktober 1916 wurde auch der Meldegänger Adolf Hitler verwundet. Bei Bapaume traf den Gefreiten ein Granatsplitter am Oberschenkel. Er wurde ins Lazarett Beelitz bei Berlin geschickt. Der Besuch der Hauptstadt wurde für ihn zu einem erschütternden Erlebnis.

Frauen an der »Heimatfront«
Arbeitseinsatz und Mangelwirtschaft

Das deutsche Hinterland blieb zwar, anders als im Zweiten Weltkrieg, von Kampfhandlungen weitgehend verschont – noch gab es keinen Bombenkrieg – doch die Lebensumstände der Bevölkerung veränderten sich dramatisch. Millionen von Soldaten waren für die Massenheere rekrutiert worden, viele hatten sich freiwillig gemeldet. Immer mehr Frauen mussten die Arbeitsplätze der Männer einnehmen: in den Fabriken, in der Landwirtschaft, in der Verwaltung, im öffentlichen Dienst – ob als Straßenbahnführerin, Postbotin oder an den Fließbändern – aber auch in der Rüstungsindustrie. Vor allem Mütter mit Kindern waren auf das zusätzliche Einkommen angewiesen, denn die Unterstützung für Soldatenfamilien fiel eher gering aus. In allen am Krieg beteiligten Ländern wurden Frauen massiv in die Kriegswirtschaft einbezogen. Ihr Anteil in Hüttenbetrieben, im Maschinenbau, in der Metall-, Elektro- und Chemieindustrie war in Deutschland 1917 fast so hoch wie der Anteil der männlichen Belegschaft – allerdings bei einem Drittel weniger Lohn. Im Deutschen Reich kam es im Fortgang des Krieges zu erheblichen Versorgungsengpässen. Brot, Butter, Fleisch und Gemüse wurden rationiert. Die Zuweisungen reichten kaum aus, um sich und die Familien satt zu machen. Überall harrten die Menschen in langen Schlangen vor den Läden aus, selbst neue Kleidung gab es nur auf Bezugsschein. Hauptursache für diese Notlage war die englische Seeblockade,

»Hungerwinter« – Anstehen an der Gulaschkanone.

welche auch die Einfuhr von dringend benötigten Lebensmitteln verhinderte. Die Briten hatten bereits Ende November 1914 die Nordsee zum Kriegsgebiet erklärt und neutrale Anrainerstaaten gezwungen, die britische Kontrolle über den Seehandel zu akzeptieren. Obwohl dies eigentlich gegen das Völkerrecht verstieß, kam es nicht zu offenem Protest. Da die Blockade in einem offenen Seekrieg nicht überwunden werden konnte, forderte die deutsche Admiralität 1917 den »uneingeschränkten U-Boot-Krieg«. Der aber sollte zum Kriegseintritt der USA führen – ein entscheidender Schritt auf dem Weg zur deutschen Niederlage. Für die Bevölkerung im Reich wurde die Situation zusätzlich dadurch erschwert, dass es Missernten und gravierende Missstände bei der Lagerung und Verteilung von Grundnahrungsmitteln gab. Um den Jahreswechsel 1916/17 wurde Deutschland von einer besonders starken Frostperiode heimgesucht, die einen regelrechten »Hungerwinter« (auch »Steckrübenwinter« genannt) einleitete, in dem es nicht nur an Brennstoffen zum Heizen fehlte, sondern auch an einfachsten Grundnahrungsmitteln. Die Lage war zeitweise so verzweifelt, dass Soldaten die selbst dringend benötigten Essensrationen nach Hause schickten, um die Not ihrer Angehörigen zu lindern. ■

◄ **Frauen in der Rüstungsindustrie – sie übernahmen die Jobs der Männer, erhielten aber ein Drittel weniger Lohn.**

Die Kriegsbegeisterung war längst bitterer Ernüchterung gewichen, allenthalben herrschte Nahrungsmittelknappheit, die Arbeiter in den Munitionsfabriken begehrten auf. Hitler witterte überall Defätismus, Feigheit und Verrat – Stoff für die Legende vom »Dolchstoß« im Rücken der kämpfenden Front, die er später als NS-Agitator gegen all jene in Stellung brachte, die das sinnlose Sterben schließlich beendeten, vor allem aber gegen die Juden, die diesen Defätismus vorgeblich angestachelt hätten. Unterdessen tobte die Schlacht an der Somme weiter. In einer zweiten Angriffswelle konnten die Alliierten in die deutsche Front einbrechen. Im August hatte ein abermaliges Trommelfeuer einen Vorstoß auf 40 Kilometern Breite vorbereitet. Doch trotz des Einsatzes von etwa 2,5 Millionen Soldaten betrug der Geländegewinn, als die Operation Ende 1916 eingestellt wurde, nicht einmal 10 Kilometer Tiefe. Auch die Verluste erreichten erschreckende Ausmaße: bei Deutschen und Briten waren es jeweils eine halbe Million Mann, bei den Franzosen etwa 200 000.

Offensive an der Ostfront

Große Materialschlachten und den für die Westfront typischen Stellungskrieg gab es im Osten nicht. Dort waren die Fronten eher weiträumig, sie reichten von den großen Sümpfen im Norden bis zu den Karpaten. Die Kampfführung war eher traditionell, die Frontlinien blieben in Bewegung. Im Juni 1916 brachte schließlich eine heftige Angriffswelle der russischen Armee die deutschen Verbände in Bedrängnis. Die »Brussilow-Offensive«, geführt von einem erfahrenen Kommandanten im Zaren-Heer, war mit den westlichen Bündnispartnern abgestimmt; die wollten den Zweifrontenkrieg verschärfen. Alexej Brussilow ließ seine Truppen nicht mehr auf breiter Front gegen die feindlichen Linien stürmen, sondern konzentriert in bestimmten Abschnitten. Und er schickte seine Soldaten nicht ungeschützt ins offene MG-Feuer, sondern ließ Angriffe durch den Einsatz von Artillerie vorbereiten. Vor allem die österreichisch-ungarischen Linien brachte er dadurch ins Wanken. Zu deren Unterstützung ließ das deutsche Oberkommando etwa 100 000 Soldaten, die für die Front in Frankreich bestimmt waren, Richtung Osten marschieren – mit Folgen. Denn der Plan, im Westen einen Keil zwischen die Linien der Alliierten zu treiben, konnte dadurch nicht ausgeführt werden.

Anfang vom Ende

Am 12. Dezember 1916 unterbreitete Berlin im Namen der verbündeten Mittelmächte der Entente ein Friedensangebot: »Der furchtbarste Krieg, den die Geschichte je gesehen hat, wütet seit bald zweieinhalb Jahren in einem großen Teil der Welt. Diese Katastrophe, die auch das Band einer gemeinsamen tausendjährigen Zivilisation nicht hat aufhalten können, bringt die Menschheit um ihre wertvollsten Errungenschaften.« Zwar hatte sich die militärische Lage im Osten stabilisiert, die innenpolitische Situation im Reich aber weiter zugespitzt. Die Bevölkerung litt mehr denn je unter den Versorgungsengpässen, in der Rüstungsindustrie kam es zu ersten Streiks, und der Ruf nach einer Beendigung des Krieges wurde an der Heimatfront lauter. So erklärte sich die Reichsregierung zu Verhandlungen bereit – aber nur aus einer klaren Position der Stärke heraus. So konstatierte die Regierung: »Deutschland und seine Verbündeten haben in diesem Kampf ihre unüberwindliche Kraft erwiesen. Sie haben über ihre an Zahl und Kriegsmaterial überlegenen Gegner gewaltige Erfolge errungen.«

Verlesung des Friedensangebotes im Berliner Reichstag.

Das Angebot enthielt keine konkreten Bedingungen, zielte aber auf Vereinbarungen, die den Stand der gegenwärtigen territorialen Zugewinne im Osten und Westen berücksichtigten. Ansonsten waren die Mittelmächte bereit, »den ihnen aufgezwungenen Kampf nötigenfalls bis zum Äußersten fortzusetzen«. Dennoch von dem »Wunsche beseelt, weiteres Blutvergießen zu verhüten«, erging das Angebot, »alsbald in Friedensverhandlungen einzutreten«.

Die Entente wies die Offerte zurück – zu offensichtlich erschien dieser Schachzug, zielten die Gegner doch anscheinend darauf ab, den gegenwärtigen Stand ihrer Eroberungen zu sichern, wohl in der Vorahnung, weitere Kriegsziele nicht erreichen zu können. Reichskanzler Theobald von Bethmann-Hollweg markierte den Standpunkt Berlins später deutlicher: Ein »dauerhafter Friede« sei das Ziel, »der uns Entschädigung gewährt für alle erlittene Unbill und der einem starken Deutschland Dasein und Zukunft sichert«. Wie sehr dieses Denken von der Wirklichkeit eingeholt wurde, sollte im Deutschen Reich erst nach und nach bewusst werden.

Schicksale

Es gibt unzählige Lebensläufe, die von der Schlacht um Verdun geprägt wurden. Nicht wenige Schilderungen von Augenzeugen und Betroffenen machen deutlich, wie der Erste Weltkrieg auch die Saat für den Zweiten legte. Erst im Rückblick zeigt sich, wie diese beiden historischen Ereignisse sich in einzelnen Biografien zu einem roten Faden verwoben: General Henri Philippe Pétain galt in Frankreich während des Ersten Weltkriegs unumstritten als »Held von Verdun«. Niemand konnte damals ahnen, welche Rolle er im weiteren Verlauf dieses »Dreißigjährigen Krieges der zwanzigsten Jahrhunderts« noch spielen würde. Weil er 1940 zum Staatschef der Hitler-freundlichen Vichy-Regierung avancierte, erging nach Kriegsende ein Todesurteil gegen ihn. Nur seine Verdienste um Frankreich im Ersten Weltkrieg retteten ihm das Leben – er blieb unter Arrest im Gefängnis.

Auch für andere Verdunkämpfer war das Kapitel Krieg mit dem Ende der Kampfhandlungen noch nicht abgeschlossen. Freiherr Carl von Andrian bekam, was er wollte, unter anderem die höchste bayerische Auszeichnung für Tapferkeit, den »Militär-Max-Joseph-Orden«. Die Verluste in seiner Kompanie lagen bei etwa 70 Prozent. Im Zweiten Weltkrieg war er nach dem Überfall auf die Sowjetunion in Verbrechen der Wehrmacht verstrickt.

Sylvain Eugène Raynal, der Kommandant von Fort Vaux, überlebte in deutscher Kriegsgefangenschaft. 1919 wurde er Kommandant im französisch besetzten Mainz, wo sein Enkel heute lebt. In Frankreich wird er noch immer als Held verehrt, weil er seine Männer nicht sinnlos geopfert und dennoch Haltung bewahrt habe.

Französische Soldaten auf dem Weg in die Gefangenschaft.

Charles Delvert arbeitete später wieder als Lehrer. Er versuchte seinen Schülern die Vision eines friedlichen Europa zu vermitteln. »Wir sollten lieber Freundschaft schließen und das Elend hier endlich beenden!«, hatte er mitten im Krieg notiert. Bis heute finden sich in französischen Geschichtswerken Passagen aus seinen Kriegstagebüchern.

Karl Rosner hatte geschrieben, Krieg sei »die rücksichtsloseste Despotie gegen wehrlos gemachte Massen, denen die Verfügung über ihr eigenes Leben entzogen ist«. Der Münchner Jurist arbeitete nach der Gründung der Weimarer Republik als Rechtsanwalt. Seine klare Botschaft nach Verdun lautete: »Krieg dem Krieg.« Während der Hitler-Zeit verteidigte er Verfolgte des NS-Regimes. Nach 1945 war er einer der ersten Juristen, die ihren Beruf wieder aufnehmen durften.

Auch Personen wie Charles de Gaulle oder Hermann Göring wurden von den Kämpfen an der Maas geprägt – der eine war auf, der andere über den Schlachtfeldern von Verdun im Einsatz. De Gaulle hatte Anfang März 1916 bei der Festung von Douaumont gekämpft, war verletzt worden und in deutsche Gefangenschaft geraten. Er wurde zunächst in ein Krankenhaus nach Mainz gebracht und erlebte anschließend eine regelrechte Odyssee. Auf das Offiziersgefangenenlager in Osnabrück, wo er nach seiner Genesung untergebracht worden war, folgten weitere Stationen: Erst ein Straflager in Litauen, weil er angeblich flüchten wollte, dann, in den Jahren 1917 bis zum Kriegsende, war er Gefangener in Ingolstadt, in Rosenberg und auf der »Wülzburg« bei Weißenburg.

Der Offizier teilte das Schicksal vieler Soldaten. Bis Ende 1916 waren allein vor Verdun etwa 90 000 Deutsche und 100 000 Franzosen in Gefangenschaft geraten. Für de Gaulle stand von Anfang an fest, dass er fliehen wollte. Insgesamt fünf Fluchtversuche sind dokumentiert. Nicht an Mut habe es ihm gefehlt, beklagte er später, allein seine verräterischen Körpermaße hätten das Türmen vereitelt. Mit 1,95 Meter überragte der Sprössling einer militärisch geprägten Aristokratenfamilie das Durchschnittsmaß französischer Soldaten um mehr als 30 Zentimeter; er war schlicht eine zu auffällige Erscheinung. An seine Mutter schrieb de Gaulle im September des Jahres 1916: »Wir sind hier ausgesprochen guter Laune, unsere Kameradschaft ist für jeden die beste Hilfe. Natürlich ist für einen französischen Offizier der Zustand der Gefangenschaft der schlimmste von allen. Sicher nicht vom materiellen Standpunkt, aber vom Standpunkt der Moral aus.«

Charles de Gaulle, 1914 – er geriet im März 1916 nahe der Festung Douaumont in deutsche Gefangenschaft.

De Gaulle, ganz der militärischen Tradition seiner Familie verhaftet, nutzte die Zeit, um das Kriegsgeschehen intensiv zu verfolgen und zu analysieren. Im Offizierslager konnte er auf Zeitungen zurückgreifen, führte Gespräche mit seinen Bewachern, informierte seine Kameraden über den Verlauf der Kampfhandlungen, er hielt sogar Vorträge darüber. Für den Historiker Gerd Krumeich auch ein Indiz, dass es sich damals eben noch nicht um einen totalen Krieg handelte und dass gerade die Offizierskaste, zumindest im Westen, am Ehrenkodex festhielt. De Gaulle durfte sich in seinem Umfeld frei äußern, nahm kein Blatt vor den Mund und sagte 1917 voraus, dass die Deutschen den Krieg verlieren werden. Er konnte die Sprache seiner Gegner lesen, reflektierte und philosophierte über die militärische Entwicklung, aber auch über die künftige Führung von Kriegen. So brachte er später in einer seiner viel beachteten Schriften die Idee zu Papier, dass man künftig Bewegungskriege mit Panzern führen müsse und nicht länger aus befestigten Stellungen heraus.

In der Zwischenkriegszeit zeigte er sich gegenüber seinen Vorgesetzten als Querkopf. Diese setzten weiterhin auf starke Festungsbauten, sowohl André Maginot, nach dem später die Verteidigungslinie im Osten Frankreichs benannt wurde, als auch Marschall Pétain höchstpersönlich – ihm war Charles de Gaulle 1930 direkt unterstellt. Dass beide später zu erbitterten Feinden würden, der gefeierte Befehlshaber von Verdun und der Kriegsgefangene von Douaumont, war damals noch nicht absehbar. Der Vichy-Regierung, für die der ehemalige General zur Führungsfigur wurde, setzte de Gaulle das »freie Frankreich«, »la France libre«, entgegen und marschierte während der Befreiung Ende August 1944 unter großem Jubel der Bevölkerung in Paris ein.

De Gaulle berichtet aus der Gefangenschaft auch von Begegnungen mit einigen Deutschen, welche »die Tollkühnheit haben, uns von Zeit zu Zeit von einer Allianz ihrer Rasse mit der unseren nach dem Krieg zu sprechen!!! Man kann zu diesem Kapitel nichts erwidern [...] Wir sind darin beschränkt, auf unsere im Feuer verbliebenen Kameraden zu zählen, um ihnen klarzumachen, welche

Sicht der Dinge unser Frankreich dazu hat.« Das schrieb der Mann, der 1963 mit Adenauer den deutsch-französischen Freundschaftsvertrag unterzeichnen sollte.

Auch der Name eines weiteren Antagonisten de Gaulles ist mit den Kämpfen um Verdun verbunden: Hermann Göring, der als Kriegsverletzter einer badischen Kompanie 1915 nach einer neuen Aufgabe suchte. Er fand sie bei einer gerade aus der Taufe gehobenen Fliegerstaffel. Seine Aufgabe war es, in den Tagen vor Beginn der Schlacht die Feindlage zu erkunden. Die Luftbildaufnahmen wurden der Generalität präsentiert und dienten zur Vorbereitung für den Angriff im Februar. Nach einem Absturz infolge eines Luftgefechts konnte Göring hinter den eigenen Linien geborgen werden. Kaum genesen, fand er erneut Gelegenheit, sich »zu bewähren«. Als Jagdflieger gelang es ihm, bis Kriegsende 22 gegneri-sche Maschinen abzuschießen.

Hermann Göring in seinem Kartenzimmer, 1916.

Flieger-Asse wie Göring zählten bald zu den gefeierten Helden des Krieges. Er beerbte Manfred Freiherr von Richthofen, den »Roten Baron«, machte Karriere in der neuen Waffengattung. Schon 1916 erhielt er das damals selten verliehene Eiserne Kreuz Erster Klasse für seine Abschüsse und übernahm 1918 als Kommandant schließlich das Geschwader von Richthofens – der Schlüssel zu einer Popularität, die die nationalsozialistische Bewegung später zu nutzen wusste. Für Hermann Göring kam nach Kriegsende jedoch zunächst der Absturz. Mit der deutschen Niederlage konnte er sich, wie viele ehemalige Soldaten, nicht abfinden, zählte sich zu den Verlierern des Krieges.

Neue Helden
Der Luftkrieg

Deutscher Luftangriff auf Paris – die Schäden waren vergleichsweise gering.

Die ersten »Luftstreitkräfte« gewannen im Laufe der Kampfhandlungen erheblich an Bedeutung. Zunächst gab es europaweit etwa tausend Flugzeuge, die zu militärischen Zwecken taugten und schließlich an der Westfront eingesetzt wurden. 250 davon unter deutscher Flagge, die Franzosen verfügten über die doppelte Anzahl. Primäre Aufgabe war die Aufklärung. Es war wichtig, in Erfahrung zu bringen, wo der Gegner in welcher Stärke in Stellung ging, wo er aufmarschierte oder sich eingrub. All das wurde so weit wie möglich fotografiert. Da die bisher eingesetzten Fesselballons verwundbarer und weniger mobil waren, rückten die Flugzeuge nach und nach an ihre Stelle. Die Franzosen waren zunächst im Vorteil. Sie setzten bei Verdun erstmals ganze Geschwader ein. Viele Maschinen wurden mit Funk ausgerüstet, um Informationen direkt an die eigenen Truppen weitergeben zu können. Über diese Technik verfügten die Deutschen erst später. Mehr Aufmerksamkeit als die Aufklärungstätigkeit fand indes der Luftkampf »Mann gegen Mann«. Beschossen sich die Piloten anfangs noch mit Pistolen, wurden im weiteren Kriegsverlauf MGs auf Lafetten installiert; dann ermöglichte eine neue Technik, durch die Propeller zu schießen. Immer öfter waren auch Bodentruppen das Ziel. Anfangs wurden kleine Sprengkörper und Metallpfeile auf die Gegner herabgeschleudert, kleine, etwa zwanzig Zentimeter lange Metallspieße, die ihre Opfer fürchterlich zurichteten. Einmal bahnte sich ein solches Geschoss seinen Weg durch den Körper eines Soldaten vom Halsansatz bis zum Fuß. Bald wurden die ersten Bomben abgeworfen, zunächst per Hand, später wurden sie ausgeklinkt. Es gab französische Angriffe auf Freiburg, Köln und Düsseldorf, deutsche Angriffe auf London und Paris – im Vergleich zu den Feuerstürmen des Zweiten Weltkriegs waren dies allerdings nur »Nadelstiche«. Die Piloten waren überzeugt, einen anderen, sauberen Krieg zu führen. Es ging in der Luft vergleichsweise »ritterlich« zu, so zumindest der Mythos. ■

1922 lernte Hermann Göring Hitler kennen, plötzlich war eine Perspektive da. Beim »Hitler-Putsch« marschierte er in den vorderen Reihen mit. Wieder wurde er verwundet, doch die Teilnahme an diesem später zum heldenhaften nationalsozialistischen »Urerlebnis« stilisierten Umsturzversuch – obzwar kläglich gescheitert –, war die Eintrittskarte zum Kreis der engsten Paladine des zukünftigen Diktators.

Hitler selbst nahm ebenfalls immer wieder Bezug auf eigene Erfahrungen im Ersten Weltkrieg. Entgegen der späteren Legende sah er die vorderste Front allerdings nur selten aus nächster Nähe. Dennoch galt er bei den Kameraden als »tapferer Soldat«, der sich Auszeichnungen wie das Eiserne Kreuz Erster Klasse verdient habe, weil er mehrmals im Granatenhagel wichtige Meldungen überbracht hatte. Meldegänger zu sein, das entsprach offenbar seinem Naturell. Hitler blieb der Einzelgänger, der Sonderling, der oft stundenlang in einer Ecke des Unterstands kauerte. Er galt als Eigenbrötler, weil er Alkohol und Tabak, Frauen und Bordelle mied und jeden vehement beschimpfte, der sich auf solch »landesverräterische Weise« im Feindesland vergnügte. Trotz patriotischer Strenge kam er nicht über den Rang eines Gefreiten hinaus. Er habe sich aber auch nie ernsthaft darum bemüht – Offiziere seines Regiments erinnerten sich später an die wenig stattliche Körperhaltung, eine irgendwie umständliche weitschweifige Sprache, der Soldat Hitler habe schlicht nicht die Statur für eine militärische Führungsfunktion gehabt.

Dass er im Kameradenkreis seinerzeit schon heftig politisiert haben will, davon künden ausschließlich Quellen aus der Zeit nach 1933. In *Mein Kampf* schrieb er 1924 zu den Kriegsjahren lediglich: »Ich wollte von Politik nichts wissen.« Zumindest bis zu jenem Moment im Jahr 1918, der ihm angeblich die Augen geöffnet haben soll. Im Osten hatte der Waffenstillstand mit den Russen infolge der Oktober-Revolution das Ende des Zweifrontenkriegs besiegelt. Noch einmal wurden alle Kräfte an die Westfront geworfen, noch einmal gab es Zuversicht, die Illusion des Sieges, obwohl die Niederlage längst schon feststand.

In der Nacht vom 13. auf den 14. Oktober 1918 wurde Hitler Opfer eines Gasangriffs und erblindete vorübergehend. Im pommerschen Reservelazarett zu Pasewalk offenbarte sich dem kaum Genesenden im November schließlich die »Katastrophe«: Niederlage und die Revolution. Noch ganz benommen von der Gasverätzung und fassungslos und voller Wut stürzte er in schwere Depressionen. Verrat schien ihm im Spiel, die nationale Schmach mutete als Machwerk innerer Feinde an. Der Wahn vom »Dolchstoß« ergriff von Hitler Besitz. Pasewalk habe zu einer Entscheidung geführt: »Ich aber beschloss, Politiker zu werden.«

Hitler nach seiner Verletzung im Lazarett von Pasewalk – hier sei seine Entscheidung gereift, »Politiker« zu werden.

Als Hitler nach München zurückkam, fand er eine Welt vor, die nicht mehr die seine war. Er fühlte sich in jeder Hinsicht heimatlos, von Entschlossenheit keine Spur. Er teilte mit zahllosen Frontheimkehrern das bittere Empfinden, dass am Ende alle Opfer umsonst gewesen waren, und verstieg sich wie viele andere in der Behauptung, das Heer – angeblich im Felde unbesiegt – sei heimtückisch verraten worden. Dann der Zerfall der alten Ordnung, die Angst vor Bolschewismus und Chaos, die Entstehung der ungeliebten Republik; 1919 schließlich das Trauma des als Diktat empfundenen Friedens von Versailles, die Furcht vor dem Neuen, Ungewollten – all das empfanden mit Hitler Millionen Deutsche. Es sollte der Nährboden für radikale Ideen und Kräfte werden, doch vor allem Hitler sollte aus dem Erbe dieses verheerenden Krieges politisch Kapital schlagen.

U.S.

VÖLKERSCHLACHT

Mit einer groß angelegten Offensive im Westen, Deckname »Michael«, versuchte die deutsche Armeeführung im März 1918 das Blatt im festgefahrenen Stellungskrieg noch einmal zu wenden. Frische Kräfte von der Ostfront, wo nach einem Waffenstillstand mit Lenins neuem Revolutionsregime in Russland die Waffen ruhten, verstärkten das Aufgebot von insgesamt über einer Million deutscher Soldaten. Trotz gewaltiger Verluste gelangen den Angreifern rasche Geländegewinne wie seit 1914 nicht mehr. Doch der Angriffsschwung erlahmte bald, der Nachschub stockte. Von frischen US-Einheiten unterstützt, schlugen die Alliierten im Sommer zurück. Die in ihrer Hoffnung enttäuschten deutschen Soldaten ergaben sich scharenweise in Gefangenschaft. Für Deutschland war der Krieg verloren, wenngleich die Oberste Heeresleitung das zunächst nicht wahrhaben wollte – und nach Kriegsende auch rechtsnationalistische Populisten wie der Weltkriegsgefreite Adolf Hitler nicht.

Der Frühling des Jahres 1918 begann mit einem Paukenschlag. Pünktlich um 4 Uhr 40 am frühen Morgen des 21. März brach der Donner aus insgesamt 6608 Geschützen los, die die deutsche Armee auf einer Breite von 80 Kilometern in der französischen Region Picardie um Saint-Quentin – rund 150 Kilometer nordöstlich von Paris – postiert hatte. Aus ihren Rohren entlud sich einer der gewaltigsten Feuerstürme, die bis dahin entfesselt worden waren. Der in beinahe vier Jahren Krieg bereits mehrfach umgepflügte Boden in der Tiefebene entlang der Somme erzitterte wie bei einem Erdbeben.

Das grelle Mündungsfeuer all der unablässig röhrenden Kanonen riss die Nacht taghell auf, der übel riechende Pulverdampf

◀ Mit dem Kriegseintritt der USA wurde der europäische Konflikt endgültig zu einer »Schlacht der Völker«.

mischte sich mit Morgennebel und Giftgasschwaden. Auch auf die Angreifer wirkte das Höllenfeuer der eigenen Artillerie respektgebietend. »Über uns war ein ununterbrochenes Sausen der Geschosse«, beschrieb der deutsch-elsässische Unteroffizier Dominik Richert das ohrenbetäubende Spektakel. »Von drüben hörte man momentweise das Bersten der Granaten. Es war fast unmöglich, sich gegenseitig zu verständigen.« Doch zugleich weckte das dumpfe Donnergrollen bei den deutschen Soldaten Hoffnungen, die längst begraben schienen. »In jeder Mulde, in jedem Busch, in jedem Loch stehen Geschütze«, notierte ein Leutnant des Feldartillerieregiments 56 triumphierend in einem Brief, »dicht Rad an Rad, die Kanoniere arbeiten in Hemdsärmeln, sie schießen, was das Zeug hält. Was ist darin für eine Kraft konzentriert, welch gewaltiger eiserner Wille spricht hier! Der Wille des Heeres, verkörpert in der beherrschenden Persönlichkeit Ludendorffs, der Wille, den Feind zu zerschmettern.«

»Eiserner Wille« – General Erich von Ludendorff sollte die Frühjahrsoffensive des Jahres 1918 zum Erfolg führen.

Jener Wille der deutschen Militärführung, deren treibende Kraft seit 1916 General Erich von Ludendorff war, aus dem Weltkrieg als Siegermacht hervorzugehen, hatte bis dahin bereits über eineinhalb Millionen deutsche Soldaten das Leben gekostet, ohne dass sich am westlichen Frontverlauf seit 1914 nennenswerte Änderungen ergeben hätten. Auch Franzosen und Briten, unterstützt von ihren überseeischen Verbündeten, hatten stets von Neuem äußerst verlustreiche Vorstöße unternommen, um die gegnerischen Linien zu durchbrechen. Immer weiter perfektionierte Waffen, Bombenflugzeuge, Riesenkanonen, Giftgas, waren zum Einsatz gekommen. Nichts davon hatte am grundlegenden Dilemma etwas geändert: Das militärische Ringen der europäischen Nachbarstaaten war an der Westfront zu einem blutigen Stellungs- und Grabenkrieg erstarrt, der alle Beteiligten zu Verlierern machte.

Der geplante Kraftakt, benannt nach dem Erzengel »Michael«, sollte nach dem Willen seiner Planer das Blatt nun entscheidend wenden. Die zermürbten, ausgelaugten deutschen Soldaten, die den Durchbruch erzwingen sollten, waren, wie bei solchen Operationen üblich, nicht eingeweiht. Zwar wurden seit Anfang März erste Vorausabteilungen in die Nähe der geplanten Aufmarschlinie vorverlegt. Zwar näherten sich in den letzten Tagen der ersten Märzhälfte auch die Hauptkontingente der beteiligten Infanteriedivisionen per Bahn, mit dem Fuhrwerk oder zu Fuß bis auf zehn Kilometer der Front, insgesamt fast eine Million Mann. Auch war in dieser Zone jedes Haus bis unter das Dach belegt, standen in jedem Stall dicht gedrängt die Pferde, war unter Bäumen und Sträuchern versteckt, was an Fahrzeugen und Geschützen herangeschafft werden konnte. Doch bis zuletzt unterlag das Angriffsvorhaben strikter Geheimhaltung. Kein Soldat durfte vorzeitig erfahren, dass schon die nächste Marschetappe ihn in den – möglicherweise tödlichen – Kampfeinsatz führen konnte.

> »Der Tag der Abrechnung mit Engländern und Franzosen wird bald da sein. Schwere Tage werden's für uns; aber die nehmen wir schon auf uns.« *Feldpostbrief eines Leutnants des Feldartillerieregiments 56, 17. März 1918*

Dabei waren die Anzeichen für ein groß angelegtes Kommandounternehmen kaum mehr zu übersehen gewesen. Pioniere waren allerorten damit beschäftigt, Straßenbeläge auszubessern, Brücken zu befestigen und Feldflughäfen auszubauen. Seit der zweiten Märzwoche gab es im vorderen Frontgebiet plötzlich Kakao, mehr Fett, Kartoffeln und Fleisch auf das Essgeschirr und zusätzliche Haferrationen für die ausgemergelten Pferde. Den Kriegsgegnern, die sich nur wenige Kilometer entfernt verschanzt hielten, konnten die groß angelegten Vorbereitungen zur Offensive ebenfalls nicht verborgen bleiben, nicht einmal der wahrscheinliche Angriffstermin. In einem der Dörfer hinter der Front regneten in jenen Tagen Flugblätter aus britischen Flugzeugen auf die noch immer im Ungewissen verharrenden deutschen Soldaten mit der Botschaft: »Viel Glück zur Offensive am 21. März!«

Doch den Verteidigern war ein entscheidender Nachteil beschieden: Das Datum konnten sie vermuten – aber die Stelle, an der die Deutschen ihren Durchbruchsversuch unternehmen würden, blieb ihnen tatsächlich bis zuletzt verborgen. Die nördliche Frontlinie, eine Strecke von 158 Kilometern, kontrollierte das 62 Divisionen umfassende britische Expeditionskorps, bestückt mit Soldaten aus dem gesamten Empire: Engländer, Waliser, Schotten, Iren, Kanadier, Australier, Südafrikaner, Neuseeländer, Inder und Portugiesen. Außderdem hielten 109 französische Divisionen einen Sperrriegel, der sich nordöstlich vor der Hauptstadt anschloss und 580 Kilometer weit in den Süden ihres Landes reichte. Es lag nahe,

Briten und Franzosen verstärkten ihre Truppen durch Soldaten aus den Kolonien.

dass sich die geplante Offensive gegen diesen Abschnitt richten würde, und die deutsche Führung unternahm alles, um diese Annahme zu unterfüttern.

Zum Schein erhielten die Befehlshaber der weiter südlich postierten Armeen zwischen Reims und Verdun Anweisungen, Offensivvorbereitungen einzuleiten. Um den Bluff wirkungsvoll in Szene zu setzen, nahm man Verdun unter schweres Artilleriefeuer. Ein deutscher Beobachtungsballon – ausgestattet mit falschen Papieren –, trieb vermeintlich ungewollt, in Wirklichkeit aber gezielt, bis weit hinter die französischen Linien ab, und der preußische Kronprinz Wilhelm begleitete das Verwirrspiel mit widersprüchlichen Aussagen zu seinen Reiseplänen. Das Täuschungsmanöver gelang. Bis zuletzt gingen die Alliierten davon aus, dass sich der deutsche Hauptschlag gegen Stellungen im Vorfeld der französischen Hauptstadt richten würde. So ließen sie ihr Vorhaben, Reserven zur Rückendeckung hinter die südlichen Stellungen der Briten zu verlegen, wieder fallen.

Die Mutmaßungen, dass der Kriegsverlauf nach vielen Rückschlägen nun doch eine entscheidende Wendung erfahren könnte, fanden ihren Weg bald auch in die Heimat der deutschen Soldaten. Genährt durch Gerüchte über einen bevorstehenden Coup, keimten dort nach einem harten, entbehrungsreichen Winter wieder erste Sprossen der Hoffnung. In der Tat waren es eher Strohhalme, an die man sich an der Heimatfront klammerte. Denn dieser Krieg hatte der Bevölkerung mehr Entbehrungen abgerungen als jemals zuvor in der Neuzeit.

Schon seit Ende 1914 hatte die britische Flotte die deutschen Häfen blockiert – nicht allein mit dem Ziel, der Rüstungsindustrie Rohstoffe zu entziehen, sondern auch um die Bevölkerung auszuhungern und damit ihren Widerstandswillen zu brechen. In der Folge waren nicht nur die Nahrungsmittelpreise in die Höhe geschossen. Die wichtigsten Lebensmittel waren nur noch gegen Bezugsscheine oder in öffentlichen Volksküchen zu erhalten. »Wer hamstert, gehört ins Zuchthaus«, spottete der Volksmund, »wer aber nicht hamstert, gehört ins Irrenhaus.« Die Steckrübe, eigent-

Überall in Deutschland spitzte sich die Versorgungslage zu, über 700000 Menschen starben an Hunger und Epidemien.

lich als Viehfutter angebaut, musste fehlende Grundnahrungsmittel ersetzen; selbst Klöße, Koteletts oder Pudding wurden, mangels Alternativen, aus Kohl gefertigt. Es gab Butterersatz aus gefärbtem Quark, Ersatzmarmelade aus Gelatine oder das mit Kartoffelmehl gestreckte sogenannte K-Brot.

Die eklatante Versorgungslage hatte vor allem während der Wintermonate gravierende Folgen. Ein ganzes Volk nagte buchstäblich am Hungertuch. Bis 1918 starben über 700 000 Deutsche an Hunger und Epidemien; das waren mehr, als später im gesamten Zweiten Weltkrieg den Flächenbombardements der Alliierten zum Opfer fielen. Auch von 1914 bis 1918 gab es erste Luftangriffe auf grenznahe Städte wie Freiburg. Doch anders als in den Jahren nach 1939 schien das Land 1918 äußerlich weithin unversehrt. Für die Bevölkerung zeigte sich der Krieg noch wenig in seiner äußerlichen Zerstörungskraft, umso mehr hingegen in seiner auszehrenden Wirkung.

In einem auffallenden Gegensatz zum Chaos der Versorgungswirtschaft stand die Hochleistungsproduktion der Rüstungsindustrie, die 1918 noch einmal einen Rekordausstoß fabrizierte – dank der unzähligen Frauen, die anstelle von insgesamt 13 Millionen eingezogenen Männern in den Fabriken Schwerstarbeit leisteten. Sie waren es auch, die vielfach den Protest gegen Wucherpreise, Versorgungsnot, aber auch gegen Ausbeutung und die Weiterführung des Krieges vorantrieben. »Und nun frage ich die Männer: Wie lange wollt ihr es denn noch aushalten mit dem schlechten Lohn?«, empörte sich eine Frau während einer Zusammenkunft von Hamburger Hafenarbeitern. »Wie lange soll es noch dauern, dass ihr euch bei der langen Arbeitszeit die letzte Kraft aus den Knochen saugen lasst?«

Bei Protestbekundungen allein blieb es nicht. Ende Januar 1918 war die Streikwelle angeschwollen, mehrere Hunderttausend Werktätige hatten die Produktion zeitweise lahmgelegt; allein in Berlin, dem Zentrum der Rüstungsindustrie, waren bis zu 400 000 Menschen in den Ausstand gegangen. Wenngleich Polizeigewalt und Schneestürme die Proteste bald wieder aufgelöst hatten, so hatte die Streikbewegung doch offenbart, dass und vor allem wie sich die Kräfteverhältnisse in der wilhelminischen Gesellschaft zu verschieben begannen – Arbeiter und Frauen wurden zu einem wachsenden Machtfaktor im maroden Kaiserreich.

Hoffnungszeichen aus dem Osten

Manchen Oppositionellen mochte es wie eine Verheißung erschienen sein, was sich Anfang 1917 weiter im Osten vollzog. Im Februar (nach mitteleuropäischer Datierung im März) hatte eine Volksbewegung, angetrieben von Kriegsmüdigkeit, Verzweiflung und Hunger, den russischen Zaren Nikolaus II. gestürzt und eine bürgerliche Regierung an die Macht gebracht. Radikale Revolutionäre um Wladimir Iljitsch Uljanow, genannt Lenin, der mit heimlicher Unterstützung der deutschen Obersten Heeresleitung aus dem Schweizer Exil in sein Heimatland zurückkehren konnte, hatten in einem Staatsstreich die Republik ausgerufen. Das neue Regime,

Unterzeichnung des Waffenstillstands von Brest-Litowsk am 17. Dezember 1917.

das sich bald als bolschewistische Diktatur entpuppen sollte, stand sowohl gegenüber der eigenen Bevölkerung als auch gegenüber seinen deutschen Unterstützern unter Zugzwang, den Krieg baldigst zu beenden.

Seit Dezember 1917 schwiegen daher an der Ostfront die Waffen. Im weißrussischen Brest-Litowsk handelten Delegationen der kriegführenden Mächte einen Friedensvertrag aus, der am 3. März 1918 unterzeichnet wurde. Wegen der massiven Gebiets- und Entschädigungsansprüche des deutschen Reiches und seiner Verbündeten schuf der Vertrag zwar keinen stabilen Frieden im Osten. Doch das vertraglich fixierte Ende der Kampfhandlungen eröffnete der deutschen Führung die Möglichkeit, 200 000 kampferprobte Soldaten von Russland nach Frankreich zu verlegen. Damit gelang es den Mittelmächten im Herzen Europas erstmals, sich aus der aufreibenden Umklammerung eines Zweifrontenkrieges – in West und Ost zugleich –, zu lösen. Aufgefrischt durch die frei werdenden Divisionen, konnte die deutsche Armee nun rund 1,4 Millionen Soldaten für den geplanten Angriff aufbieten.

Russische und deutsche Soldaten feiern den Frieden von Brest-Litowsk.

Der frische Schub aus dem Osten kam der Obersten Heeresleitung, die ihr Hauptquartier im März 1918 in das belgische Kurbad Spa verlegt hatte, äußerst gelegen für ihr Vorhaben, nun in einer finalen Entscheidungsschlacht den Sieg zu erzwingen. Alle verfügbaren Kräfte sollten noch ein letztes Mal zusammengezogen werden, um mit geballter Macht den Durchbruch zu erzielen.

Doch darin erschöpfte sich der Plan auch schon. Ein detailliertes strategisches Konzept, auf welche Weise der Angriff zu einem dauerhaften Erfolg führen sollte, gab es nicht. Erich von Ludendorff, als »Erster Generalquartiermeister« formal Paul von Hindenburg, dem Chef der Obersten Heeresleitung, unterstellt, faktisch aber der maßgebliche Entscheidungsträger, brachte dieses Manko dem bayerischen Kronprinzen und Heerführer Rupprecht gegenüber auf einen verblüffend schlichten Punkt: »Das Wort ›Operation‹ verbitte ich mir. Wir hauen ein Loch hinein. Das Weitere findet sich. So haben wir es in Russland auch gemacht.«

Der Planer, der sich seine Meriten an der Seite Hindenburgs während der Schlacht bei Tannenberg zu Kriegsbeginn erworben hatte, setzte alle Erwartungen darauf, durch eine Abfolge massiver und gezielter Attacken den Schwachpunkt des gegnerischen Sperrriegels auszuloten und zu durchbrechen, um dann durch dieses Leck gleichsam »zu fluten«. Ausgehend von seinen Erfahrungen an der Ostfront hegte er die Erwartung, dass diese Art von Überwältigungstaktik die ohnehin zermürbte Kampfmoral der anderen Seite endgültig brechen und so einem Friedensschluss den Weg bereiten würde. Ein Plan B, falls dieses ehrgeizige Unterfangen misslingen sollte, lag nicht bereit – jedenfalls nicht als zukunftsweisende Option. Dem späteren Reichskanzler Max von Baden beschied Ludendorff auf die Frage, was im Falle eines Fehlschlags der Offensive geschehen solle, unwirsch: »Dann muss Deutschland eben zugrunde gehen.«

Auch wenn diese abfällige Bemerkung des feldgrauen gegenüber dem monarchischen Uniformträger gewiss etwas kraftmeierisch ausfiel, so schimmerte hier doch bereits eine Vorform jener Mentalität durch, die Hitler im Zweiten Weltkrieg zur universellen Devise erhob: Sieg oder Tod! Kampf bis in den Untergang! Wenn die Kampfkraft der Soldaten nicht genügte, verdienten sie einen glimpflichen Ausgang eben nicht. Doch Szenarien des Scheiterns bekümmerten die Oberste Heeresleitung einstweilen wenig. Sie erklärte den Sieg und den daraus resultierenden Sieg-Frieden zum Ziel. »Der Angriff ist noch immer die Fechtweise des Deutschen gewesen«, hatte General Ludendorff am 22. Februar 1918 in einem internen Schreiben feierlich bekundet. »Das deutsche Heer, das den Frieden genauso will wie die deutsche Heimat, freut sich der Aussicht, aus dem Stellungskrieg herauszukommen. Die Offensive wird nicht die ›Offensive des deutschen Generalstabes‹, sondern die Offensive des deutschen Heeres und so auch die des deutschen Volkes sein und darum, so Gott will, gelingen.«

Nicht nur die Aussicht auf einen Überraschungscoup trieb die Armeeführung in jenem Frühjahr zum Handeln. Sie stand unter Zugzwang. Denn die Frist, um eine Entscheidung zu erzwingen, schwand dahin. Provoziert durch den »uneingeschränkten U-Boot-Krieg«, welchen die deutsche Marine im Zuge der britischen Blockade ausgerufen hatte und der auch vor unbewaffneten Handelsschiffen neutraler Länder nicht haltmachte, waren die Vereinigten Staaten im April 1917 in den Krieg eingetreten. Hatten sie bis dahin die Entente der deutschen Kriegsgegner lediglich mit Wirtschaftsleistungen und Waffenlieferungen unterstützt, legten seit dem Sommer 1917 auch erste US-Transportschiffe mit kampfbereiten Truppen in französischen Häfen an.

Jung, unerfahren, schlecht ausgerüstet, aber hoch motiviert – amerikanische Soldaten warten auf ihren Einsatz.

Die Deutschen hatten zunächst wenig Anlass, die Schützenhilfe aus Übersee zu fürchten. Zu Beginn des Krieges hatten die USA über eine Berufsarmee von gerade einmal 100 000 wenig kriegserprobten Soldaten verfügt. Doch seit der Kriegserklärung wurden die Streitkräfte in einem einmaligen Kraftakt mit Freiwilligen und Wehrpflichtigen auf vier Millionen Mann aufgestockt, von denen etwa die Hälfte nach und nach zum Kriegseinsatz nach Europa verlegt wurde. Zwar mangelte es dem Riesenheer aus jungen Rekruten an Kampferfahrung, zudem erreichte es seine Einsatzgebiete zumeist nur leicht und unzureichend bewaffnet. Doch nach der Ausbildung vor Ort und der Ausstattung durch Franzosen und Briten, hatten die amerikanischen Waffenbrüder 1918 gute Aussichten, einen entscheidenden Vorteil in die Waagschale werfen zu können: Anders als die abgekämpften Stellungskrieger waren sie gut versorgt, ausreichend ernährt und frisch motiviert.

Diesem unerschöpflich scheinenden Nachschubreservoir hatte das deutsche Kaiserreich mittelfristig kein adäquates Potenzial entgegenzusetzen. Seine einzige Chance bestand darin, innerhalb kürzester Frist eine Kriegsentscheidung zu erzwingen. Noch schienen die Aussichten dafür nicht abwegig. Besonders die französischen Soldaten wirkten durch die seit vier Jahren wütende Materialschlacht, durch misslungene Offensivanstrengungen, die außer immensen Verlusten keinen Fortschritt erbracht hatten, regelrecht am Boden zerstört. Wie in den oft nur wenige Meter entfernten Schützengräben gegenüber, hatten die lang gedienten Verteidiger bereits unzählige Kameraden verbluten sehen und dabei doch im Ergebnis kaum einen Meter Boden wettgemacht. Dafür steckten sie, schlecht ernährt, in Dreck und Schlamm fest, mit wenig mehr Aussichten als Verwundung oder Tod. »Wir befinden uns in einer absolut ausweglosen Lage. Die einzige Perspektive ist ein gegenseitiges, nicht enden wollendes Massaker«, formulierte ein französischer Infanteriesoldat in einem Brief an seine Familie.

Noch pointierter fasste ein Artillerist die Auflösung der allgemeinen Kampfmoral in Worte: »Wofür sollen wir uns denn opfern? Wenn man uns dies wenigstens sagen und nicht mit Sprüchen abfertigen würde! Wir wissen jetzt, wie alles läuft. Aus unserer Sicht werden wir keinen Sieg über die Deutschen erringen und ebenso wenig wird es den Deutschen gelingen, uns zu schlagen.« Im Vorjahr war es in 68 Divisionen unter Frankreichs Trikolore zu kollektiven Befehlsverweigerungen gekommen. Der Wunsch nach einem Ende des organisierten Massensterbens entzündete 1918 auch hinter der Front eine ganze Welle von Streiks. Dennoch kehrten die nationalbewussten Arbeiter stets nach wenigen Tagen wieder an die Werkbank zurück, um nicht durch ihren Aufstand am Ende eine Niederlage ihres Landes heraufzubeschwören.

> »Man braucht eine Familie, an der man hängt. Ohne eine solche müsste man sich umbringen, um diesem Leid, diesem Elend zu entrinnen.« *Feldpostbrief eines Soldaten des französischen 8. Infanterieregiments*

Die Gerüchte über einen drohenden Offensivschlag der Deutschen weckten in den Reihen der Verteidiger paradoxerweise die verzweifelte Hoffnung, dass »die nächste Offensive die letzte große Anstrengung der Deutschen sei, mit der sie vor dem Eingreifen der Amerikaner eine Entscheidung herbeizuführen hofften. Und damit scheint der Frieden in greifbare Nähe gerückt«, so zitierten französische Briefzensoren eine gängige Erwartungshaltung.

Auch viele der Angreifer verspürten zunächst so etwas wie Erleichterung, als die Ahnung schließlich zur Gewissheit wurde. »Unser Kommandeur hielt eine Ansprache«, kommentierte Feldwebel Max Schulz, Angehöriger des 46. Infanterieregiments, den Einsatzbefehl. »Wir würden an einem großen Angriff teilnehmen, es werde die letzte – und entscheidende Schlacht sein. Wir vertrauten unseren Generälen und glaubten, was der Kommandeur sagte. Die Stimmung war ausgezeichnet. Ich dachte an meine Eltern und betete zu Gott, er möge mich gesund aus dieser Sache herausführen.«

Am Morgen des 20. März 1918 verzogen sich die dichten Regenwolken, es klarte auf, die Sonne lugte durch die Wolken, der Wind legte sich. Dem Angriff am folgenden Morgen stand nichts mehr im Wege. Auf einem schmalen Streifen von etwa zwölf Kilometern westlich der Orte St. Quentin und Cambrai warteten Hunderttausende deutsche Soldaten in Unterständen, Kellern zerschossener

Häuser und eilig ausgehobenen Gräben auf den Einsatzbefehl. Die Stimmung war angespannt, denn die Truppen befanden sich nun in Reichweite der britischen Artillerie. Kaum einer der Soldaten hatte während der vergangenen Nacht ein Auge zubekommen. »Ich hatte noch nie an einem Angriff teilgenommen – und ich war sehr nervös«, gab ein Infanterieschütze später seine Gefühlslage wieder. »Würden wir von den Maschinengewehren niedergemäht werden oder Mann gegen Mann kämpfen müssen? Würde ich verwundet werden? Viele hofften das. Natürlich wollte ich nicht von einem großen Splitter in die Brust oder in den Bauch getroffen werden oder einen Arm oder ein Bein verlieren. Dann wollte ich lieber den ›Heldentod‹ sterben. Schließlich gab ich meine düsteren Gedanken auf und vertraute auf mein Glück.«

Das Trommelfeuer, das im frühen Morgengrauen des 21. März die beklemmende Stille zerriss, währte diesmal lediglich fünf Stunden, dafür wütete es umso vernichtender. Als würden »Hunderte von Glashäusern in sich zusammenstürzen« und »Millionen von Bratpfannen auf dem Feuer brutzeln« oder schlicht als »Hölle«, so versuchten Überlebende die Gewalt der Einschläge in Worte

Deutsche Infanteristen stürmen aus den Gräben – Frühjahrsoffensive 1918.

zu fassen, der sie sich meist fast schutzlos ausgeliefert sahen. Ein Obergefreiter aus der mittelenglischen Region von Nottingham beschrieb den Augenblick des Feuerschlags: »Die Detonation warf uns in den Graben hinunter. Als der Staub und Schlamm sich gesetzt hatten, stellten wir fest, was geschehen war. Zwei Mann waren getroffen worden. Dem einen war der Kopf abgerissen, dem anderen ein Arm. Er war schon verblutet.«

> »Wenn man die schweren Kohlenkasten von Weitem sausen hört und man die Aussicht hat, in 3 bis 4 Sekunden vielleicht schon zerrissen in der Luft herumzufliegen, so spürt man Gänsehaut. Es ist keine Angst, denn wenn man stets in Lebensgefahr ist, so stumpft das ab, aber die Nerven werden kaputt, wenn man überhaupt welche hat. Mehreren ist das Trommelfell geplatzt, einer ist durch das Platzen einer Granate verrückt geworden, ohne aber einen Schuss zu bekommen. Ihr könnt euch denken, dass fast jeder einen Nervenkacks hat.« *Feldpostbrief eines deutschen Soldaten*

Insgesamt wurde die Hälfte aller gefallenen Soldaten dieses Weltkrieges Opfer von Kanonen, Bomben und Granaten. Besonders heimtückisch wirkten die vielerorts abgefeuerten Giftgasgeschosse, die durch Atemlähmung, Hautverätzungen und Lungenschäden auf qualvolle Weise ganze Kompanie-Einheiten lahmlegten. Neben der physischen Zerstörungskraft richtete das Kanonengewitter auch in der Psyche der Soldaten ganz erhebliches Unheil an. »Achilles war als Jüngling hinausgegangen«, beschrieb ein britischer Captain einen jungen Untergebenen. »Er hat sich von diesem Schock nie wieder erholt. Monatelang konnte er nur im Flüsterton sprechen. Am 21. März wurde er zum Wrack und konnte als Soldat nicht mehr verwendet werden.« Noch Jahre nach Kriegsende wurden Opfer des Kanonenorkans von Zitteranfällen regelrecht durchgeschüttelt. »Niemand konnte so ein Trommelfeuer länger als drei Stunden aushalten, ohne völlig abzustumpfen«, berichtete ein britischer Gefreiter. »Es wirkt ungefähr so wie eine Narkose. Danach kann der Feind alles mit dir machen, wenn er herüberkommt. Ich glaube, man hat uns geopfert.«

Sturm aus den Gräben

In der Tat bot sich den deutschen Infanteristen, als sie kurz nach halb zehn Uhr am Vormittag aus ihren Unterständen ins Niemandsland hinauskrochen, über weite Strecken ein Bild der Verwüstung. Wo sich zuvor ein verwinkeltes Grabensystem hinter Minenfeldern und Stacheldrahtverhau verborgen hatte, erstreckte sich nun eine einzige Granattrichterwüste. Die wenigen britischen Vorposten, die sich vor dem Trommelfeuer nicht mehr rechtzeitig – sie es auf Befehl oder eigene Faust – hatten retten können, waren tot, verwundet oder durch Schock und Giftgas gelähmt. Soweit sie dazu noch in der Lage waren, rissen die Verwundeten ihre Arme hoch, um nicht noch im Nahkampf oder mit einem Handgranatenwurf ihr Leben zu lassen.

Ein Sanitätssoldat bereitet sich auf den Einsatz vor – die Opfer des Gaskriegs litten unsägliche Qualen.

90 Prozent der gestürmten Verteidigungsanlagen wurden ohne nennenswerte Gegenwehr eingenommen. Schon eine Stunde nach Beginn des Angriffs befand sich die vorderste Linie der Briten nahe St. Quentin auf etwa 80 Kilometern Breite in deutscher Hand. An dieser Stelle hatten die alliierten Befehlshaber nicht mit der Hauptattacke gerechnet. Es blieben zwar noch einige befestigte Stellungen, deren Besatzungen sich heftig zur Wehr setzten, doch vielerorts wi-

chen die Angreifer dem Beschuss einfach aus, indem sie durch besser passierbare Lücken vorstoßend die Widerstandsnester isolierten, bis diese – vom Nachschub abgeschnitten –, aufgeben mussten. Die Witterung, die im Laufe des Tages umgeschlagen hatte, und das umgepflügte Gelände erleichterten den Deutschen ihr Vorhaben. »Es war von Pulverdampf und Giftgranaten so neblig«, gab ein britischer Leutnant später zu Protokoll, »dass ich eine von diesen schrecklichen Gasmasken tragen musste und nichts erkennen konnte. Ich sah nur wenige verschwommene Gestalten im Qualm, konnte aber nicht sagen, ob es Deutsche waren oder unsere Leute. Dann schoss ein Maschinengewehr über unsere Köpfe hinweg, und ich meldete es. Nun hörte man ein lautes Poltern auf den Stufen. Die Deutschen hatten eine Handgranate heruntergeworfen. Wir hatten genug. Wir saßen wie Ratten in einer Falle.«

Nach dem Einbruch ins gegnerische Vorfeld nahmen die deutschen Vorausabteilungen nun auch die weiter zurückliegende Gefechtszone in Angriff, die äußerst verbissen verteidigt wurde. Die Kämpfe richteten ein Blutbad an und dauerten bis zur Dämmerung an. Zu diesem Zeitpunkt waren die deutschen Infanteristen bis zu fünf Kilometer weit auf gegnerisches Areal vorgedrungen. Das war der größte militärische Erfolg im Westen seit dem Herbst 1914. Trotz der damit verbundenen Massaker war es keinem Angreifer mehr gelungen, in so kurzer Zeit soviel Boden gutzumachen. Der so zermürbende Stellungskrieg schien sich erstmals wieder in einen Bewegungskrieg zu verwandeln.

> »Durch die Kugel zu sterben, scheint nicht schwer; dabei bleiben Teile unseres Wesens unversehrt; aber zerrissen, in Stücke gehackt, zu Brei zerstampft zu werden ist eine Angst, die das Fleisch nicht ertragen kann.«
>
> *Feldpostbrief eines deutschen Soldaten*

Der Preis dafür war unermesslich hoch. Jener Frühlingstag war einer der blutigsten des gesamten Krieges. Als die Nacht hereinbrach, waren über 10 000 deutsche und 7500 britische Soldaten tot.

Erschossen, von Granaten zerfetzt, verstümmelt. Hinzu kamen über 28 000 Verwundete auf deutscher und 10 000 auf britischer Seite, die außerdem noch 21 000 Mann durch Gefangennahmen verlor. Jeder eroberte Quadratkilometer war mit Blut durchtränkt.

Am nächsten Morgen gingen die Kämpfe mit unverminderter Heftigkeit weiter. Wieder gelang es den Deutschen unter massiven Verlusten, den Frontverlauf um einige Hundert Meter, mancherorts gar um mehrere Kilometer westwärts zu drücken. Nach dem anfangs hart erkämpften Einbruch schob sich der deutsche Angriffskeil nun mit Wucht durch die alliierten Verteidigungsstellungen.

> »Wir sagten zu uns: ›Wir sind jetzt dabei, Geschichte zu schreiben.‹ Wir waren fest davon überzeugt, dass dieser groß angelegte Angriff – wir wussten ungefähr, wie viele Armeekorps beteiligt waren, – den Gegner zermürben und letzten Endes den Krieg zu einem siegreichen Ende bringen würde.« *Deutscher Soldat über die März-Offensive*

Während sich die britischen Truppen im nördlichen Abschnitt nach wie vor erbittert zur Wehr setzten, trieb die 18. deutsche Armee die beiden etwas weiter südlich positionierten französischen Heere regelrecht vor sich her. Nach nur einer Woche waren die Angreifer in einigen Frontabschnitten bis zu 60 Kilometer weit auf zuvor gegnerisches Gebiet vorgedrungen. Die Kämpfe wurden mit bestialischer Härte geführt. Nach einem »Hagelwetter aus Blei« registrierte der Generalstabschef der 17. Armee, Konrad Krafft von Dellmensingen: »Da draußen liegen zwei Drittel der Kompanie im ersten Ansprung zusammenkartätscht. In einer Minute.«

Die Landnahme war teuer erkauft. »Die Leichen vieler Gefallener«, so der Deutsch-Elsässer Dominik Richert, »lagen auf dem zerrissenen Gelände der Sperrfeuerzone. Viele wurden noch im Tode hin- und hergeschleudert und zerfetzt.« Trotz der immensen Verluste empfanden die noch kampffähigen Soldaten die Offensive wie den Ausbruch aus einer lähmenden Erstarrung. »Der Angriff

Der Angriffsschwung zu Beginn der deutschen »Frühjahrsoffensive« weckte Hoffnungen.

war in vollem Gange«, schilderte ein deutscher Rekrut die Situation. »Wohin man schaute, wimmelte alles von deutschen Soldaten, die vorwärts strebten. Infanterie, Maschinengewehre, leichte und mittlere Minenwerfer, – alles bewegte sich vorwärts. Ein ganzer Schwarm deutscher Flieger flog niedrig über uns, um mit Bomben, Handgranaten und MG-Feuer zum Gelingen des Angriffs beizutragen.«

Dieser militärische Erfolg befeuerte die lange brachliegende Kampfmoral der Truppen. »Dieses tägliche ›Vorwärts‹«, schreibt ein Unteroffizier in einem Feldpostbrief, »wirkt aufmunternd und belebend auf das durch die überlange Dauer des Stellungskampfs eingetrocknete Gemüt des Soldaten – weckt es doch von Neuem die Hoffnung, dass dieser neu begonnene Bewegungskrieg endlich die Entscheidung, die heiß ersehnte Rückkehr in die Heimat, zur lieben Familie, zur gewohnten friedlichen Arbeit bringen könnte. Und dieser schöne Preis, der aus der Ferne so verheißend winkt, stärkt Körper und Geist und lässt das ungeordnete Leben, das sich hier mit seinen immer gleichen Bildern an Elend, Kummer und Sorgen abspielt, leichter ertragen.«

Die Kunde vom deutschen Aufbruch aus dem Grabenkrieg drang bald in die Heimat der Soldaten. Nach all den Hiobsbotschaften, ausgelaugt durch Versorgungsengpässe, Hunger und Epidemien, fanden zuversichtlich stimmende Meldungen dort bereitwillige Aufnahme. »Wir passierten Berlin«, hatte Dominik Richert in jenem Frühjahr auf seinem Weg von der Ost- an die Westfront beobachtet, »als eben die ersten Siegesmeldungen aus dem Westen eintrafen. Diese Nachricht schien der halb verhungerten Bevölkerung neuen Mut gebracht zu haben, denn überall wurde uns gewaltig zugejubelt.« »Die Stimmung der Augusttage 1914 kehrt wieder«, konstatierte auch Karl Hampe, ein Hochschulprofessor aus Heidelberg. Und selbst das sozialdemokratische Parteiblatt *Vorwärts*, sonst auf Abstand zur amtlichen Kriegspolitik bedacht, proklamierte bereits den »baldigen vollen Sieg Deutschlands auch im Westen«. Kaiser Wilhelm II. wiederum zeigte sich derart angetan vom Verlauf der Operation »Michael«, dass er den Schülern des Reiches einen unterrichtsfreien Tag gewährte und seinen Chefstrategen Erich Ludendorff gleich mit dem höchsten preußischen Kriegsorden bedachte – dem Großkreuz des Eisernen Kreuzes. Der so Geehrte erklärte die »Kaiserschlacht«, wie die Zeitgenossen die Kämpfe ehrerbietend nannten, nach vier Tagen kurzerhand für »gewonnen«.

In der Bevölkerung nährten solche Nachrichten die Hoffnung auf ein baldiges Kriegsende, womöglich von einem deutschen Sieg gekrönt, der nach verbreiteter Ansicht viel des vorausgegangenen Leids wieder wettmachen würde. In Frankreich hingegen zeigten sich erste Anzeichen von Panik, besonders in frontnahen Städten und Dörfern. Selbst Paris geriet nun in die Reichweite von Ferngeschützen und Bombern der Deutschen, Frauen und Kinder flohen schutzsuchend aus der französischen Hauptstadt. Angesichts der massiven feindlichen Durchbrüche räumte der französische Generalstabschef Ferdinand Foch gegenüber Ministerpräsident Georges Clemenceau am 31. März ein: »Die Schwächung der alliierten Kräfte könnte bedeuten, dass wir diesen Krieg verlieren.«

Die ersten Einwohner verlassen die Stadt – Paris im März 1918.

In der Konsequenz erwog der britische Feldmarschall Douglas Haig ernsthaft, dem deutschen Kriegsgegner ein Friedensangebot zu unterbreiten und die eigenen Truppen in die Kanalhäfen zurückzuziehen. Das alliierte Oberkommando indes wollte von solchen Kurzschlussreaktionen nichts wissen – aus gutem Grund. Denn so durchschlagend die deutsche Offensive auf den ersten Blick auch schien, so sollte sie sich bald schon als Pyrrhussieg erweisen. Sie dehnte die alliierte Verteidigungslinie zwar wie ein Gummiband, konnte sie aber letztlich nicht sprengen. Der deutsche Einbruch in den Sperrriegel der Alliierten wurde nicht zum erhofften Durchbruch. Ausfälle und Kräftemangel konnten die Verteidiger bald schon mit frischen Reserven schließen. Denn sie verfügten über die notwendigen Eisenbahnverbindungen, Lastwagenkonvois und vor allem Nachschubkräfte. Anders die Angreifer. Was die Deutschen an Boden eroberten, vermochten sie nicht zu befestigen. Jeder Kilometer Geländegewinn erhöhte das Nachschubproblem. Die insgesamt gerade einmal 23 000 Lastwagen der deutschen Divisionen waren wegen des Gummimangels meist lediglich mit Eisenrädern ausgestattet, die Pferde waren durchwegs ausgemergelt, da sie wegen des Futtermangels noch viel schlechter verpflegt wurden als ihre Halter. Zudem rächte sich nun, dass zwar ein Plan für den Angriff existierte, aber keinerlei Strategie für die Absicherung des Erfolgs. Der Vorstoß war ins Leere gelaufen.

»Der Boden war mit Blut getränkt« – Überreste deutscher Soldaten in einem Granattrichter.

Am 5. April sah sich die deutsche Führung daher gezwungen, die »Operation Michael« einzustellen. Nach und nach verliefen bis Mitte Juli des Jahres 1918 auch flankierende Aktionen unter solch klangvollen Etiketten wie »Georgette«, »Blücher-Yorck«, »Gneisenau« oder »Marneschutz-Reims«, mit denen weitere Schwachpunk-

Die Gesichter gezeichnet von den schweren Kämpfen – deutsche Kriegsgefangene in einem französischen Lager.

te der gegnerischen Verteidigung durchbrochen werden sollten, im Sande. Die Wende des Krieges war militärisch nicht mehr zu erzwingen, trotz unermesslicher Opfer. Ihr vergebliches Anrennen gegen die alliierte Befestigung kostete die Deutschen bis Juli über 900 000 Opfer: Tote, Verwundete, Vermisste, Gefangene.

Ende aller Hoffnungen

Da die Angreifer sich während der Offensiven zwangsläufig aus der Deckung begeben hatten, erhöhte sich die Zahl der Kriegsgefangenen rapide. Doch längst nicht mehr alle gerieten im Lauf von Gefechten in alliierten Gewahrsam. Selbst in der für Disziplin und Gehorsam gerühmten deutschen Armee machten sich nun massive Auflösungserscheinungen bemerkbar. In immer größerer Zahl ließen sich die Soldaten ohne nennenswerte Gegenwehr gefangen nehmen oder liefen von sich aus zum Gegner über. Mit dem Scheitern der Frühjahrsoffensiven kippte auch die Stimmung in den

Reihen der feldgrauen Frontsoldaten. Gerade weil die letzten Kräfte noch einmal für diesen Gewaltakt mobilisiert worden waren, weil viele all ihre Hoffnungen auf diese finale Anstrengung gesetzt hatten, sank nun spürbar die Bereitschaft, Leib und Leben für einen als aussichtslos empfundenen Kampf zu riskieren. Die letzte Karte der Militärführung schien offenkundig verspielt. An die Stelle von Einsatzbereitschaft und Durchhaltevermögen trat vielfach Kriegsmüdigkeit und Schicksalsergebenheit. Im Lauf des Jahres entzogen sich bis zu einer Million deutscher Soldaten, mehr oder weniger gezwungen, dem Kampfeinsatz – allerdings in den wenigsten Fälle mit dem politisch begründeten Vorsatz, dem Massensterben ein Ende zu bereiten, sondern schlicht, weil sie des sinnlosen Gemetzels überdrüssig, weil sie erschöpft, angeschlagen oder ausgelaugt waren. »Sie gingen, den Kopf gesenkt, mit düsterem Blick, von ihrem Gepäck niedergedrückt, und trugen ihre mit Blut und Dreck bespritzten Gewehre am Riemen. Ihre Gesichtsfarbe hob sich kaum von der ihrer Mäntel ab.« Mit diesen Worten beschrieb ein französischer Leutnant deutsche Gefangene. »Sie sagten nichts, sie schimpften nicht einmal. Sie waren so kraftlos, dass sie sich nicht einmal mehr beschwerten. In ihren Blicken lag ein ungeheurer Abgrund von Schmerzen. Diese so stummen Gesichter schienen den unglaublichen Schrecken ihres Martyriums herausschreien zu wollen.«

Anders als später im Zweiten Weltkrieg, behandelte die Armeeführung Deserteure, derer sie habhaft werden konnte, noch vergleichsweise human. Nur 150 Hinrichtungen bis 1918 sind aktenkundig, während die Militärjustiz bis 1945 etwa 20 000 Todesurteile vollstreckte.

Ähnlich den Frontkämpfern erlebten auch deren Landsleute in der Heimat die wirkungslos gebliebene Militärkampagne wie eine bittere Niederlage: »Jetzt ist das Feld wieder frei für Kleinmütige und für missgünstige Gerüchte«, vermeldete etwa der Berliner Polizeipräsident im Mai. Einen Monat später, als das Debakel im Westen nicht mehr zu verkennen war, schien jede Siegeszuversicht verflogen, wie ein Polizeibericht konstatierte: »Im Volke wird nur noch eine Frage mit Interesse erörtert – die der Beendigung des Krieges.«

Der Rückhalt für die deutsche Militärführung schwand auch in der Etappe. Eine wachsende Zahl von Reservisten verweigerte sich dem Abmarschbefehl an die Front. Mancherorts kam es zu regelrechten Krawallen. Die Autorität der vormals sakrosankten Amtsträger des Kaiserreichs zerfiel unverkennbar. Skeptisch gewordene Untertanen leisteten den Anordnungen der Behörden nicht mehr wie früher unhinterfragt Folge.

> »Das Volk will aus diesem Elend, was kommt, ist alles egal, nur Friede. Ich weiß nichts weiter, als die Flinte ins Korn zu werfen, ich kann einfach nicht mehr.«
>
> *Feldpostbrief eines deutschen Soldaten, Oktober 1918*

Auch offizielle Verlautbarungen verloren den Nimbus eherner Gesetzestafeln. Viele Bürger, am ehesten Betroffene, die eine andere Wirklichkeit kannten, misstrauten den schöngefärbten Heeresberichten. »Keiner denkt mehr an Sieg. Was die Zeitungen schreiben, ist alles Lug und Trug«, zitierte ein Polizeispitzel aus einer Unterhaltung zweier Lazarettinsassen in Bremerhaven. »Wenn wir jetzt Schluss machen, können wir noch viel retten [...] Sollen wir uns denn die Knochen kaputt schießen lassen, nur weil die Oberen noch Lust haben an dieser wahnsinnigen Schlachterei?«

Da Hunger, Krankheiten, aber auch obrigkeitsstaatliche Überwachung und die Militarisierung des täglichen Lebens die Lebensbedingungen gleichzeitig verschlechterten, wuchs der Unmut über die bestehende Gesellschaftsordnung. Besonders unter Arbeitern war die Vorstellung populär, dass die kleinen Leute an der Front und an der Werkbank ihren Kopf letztlich zum Nutzen der wohlhabenden Schichten hinhalten würden. Die Sozialdemokraten, deren kriegsgegnerischer Flügel sich 1917 unter dem Kürzel USPD (Unabhängige Sozialdemokraten) abgespalten hatte, gewann zunehmend Einfluss in einer von Streiks und Unruhen geprägten Innenpolitik – allerdings in einem beständigen Zwiespalt: von national gesinnten Gegnern als »vaterlandslose Gesellen« diffamiert, von eigenen Parteigängern als zu staatstragend kritisiert. Auf viele Zeitgenossen wirkte die Erscheinungsform der wilhelminischen Gesellschaft unzeitgemäß, der Staat erschien handlungsunfähig.

Doch die populärer werdende Vorstellung von einem radikalen Umsturz der bestehenden Verhältnisse beschränkte sich vorerst auf Planspiele und Drohkulissen. Noch rüttelte im Sommer 1918 kaum jemand an der herrschenden Ordnung. Die Militärführung im belgischen Spa begegnete dem militärischen Debakel an der Westfront mit einer seltsam anmutenden Mischung aus Erstarrung und Wirklichkeitsverlust. Namentlich Ludendorff rettete sich während des Sommers mit Zweckoptimismus und Selbsttäuschung über die Einsicht in das Scheitern seiner Mission hinweg. »Die meisten Generale«, beschrieb der spätere Reichswehrminister Wilhelm Groener nach dem Krieg seine Generalstabskollegen, »blieben hängen mit ihren Gedanken an den schönen Erfolgen auf den Kampffeldern, sie waren stolz auf die Haltung und die Waffentaten ihrer Truppen und waren zum Teil geneigt, selbst schwere Rückschläge leicht zu nehmen. Welche Gefahren aber in dem Nichterreichen strategischer Ziele bei den Kampfhandlungen lagen, kam ihnen fast gar nicht zum Bewusstsein.« Unbeeindruckt vom offen zutage getretenen Verschleiß der Armee und ungeachtet von deren Zermürbung durch enttäuschte Erwartungen, hielt Ludendorff an weiteren Offensivplanungen fest, die anfangs noch die Entscheidung des Krieges erzwingen, dann aber wenigstens die Fortführung des Kampfes trotz Unterlegenheit sichern sollten.

Wende an der Westfront

Doch die Initiative oblag längst nicht mehr den Deutschen. Am 18. Juli gingen die Alliierten zum Gegenangriff über. Diesmal durch einen überraschenden Panzerangriff begleitet, gelang es französischen Streitkräften, die nahe der Marne vorgeschobene deutsche Frontlinie zurückzudrängen. Am 8. August überrannten – eben-

Britische Panzer beim alliierten Durchbruch auf der »Siegfried-Linie«.

falls von Panzern unterstützt – britische Truppen die deutschen Stellungen südlich von Amiens. Dieser »schwarze Tag«, wie er später genannt wurde, ließ erkennen, wie ausgelaugt und geschwächt das kaiserliche Heer in diesem Sommer bereits war, das auf immer jüngere Jahrgänge zurückgreifen und die älteren Soldaten zugleich an der Front belassen musste. In einem internen Bericht räumte die Oberste Heeresleitung denn auch schon am 14. August die aussichtslose Lage ein.

Die Westmächte ließen die Gelegenheit zum kriegsentscheidenden Durchbruch indes verstreichen. Um weitergehende Verluste zu vermeiden, scheuten sie vor einer massierten Großoffensive zurück, die die Niederlage ihrer Gegner hätte besiegeln können. Noch ging das alliierte Oberkommando davon aus, dass sich das militärische Ringen bis weit in das Jahr 1919 hinziehen würde, zumal die Angegriffenen sich weiterhin äußerst erbittert zur Wehr setzten. Die Wende löste schließlich auch nicht ein massiver militärischer Zusammenbruch aus, sondern ein eher symbolhafter Einbruch.

Britischer Aufmarsch – nahe St. Quentin gelang die entscheidende Wende zugunsten der Alliierten.

Ende September stießen britische Einheiten bei St. Quentin auf einer Breite von 17 Kilometern durch die besonders gesicherte »Siegfried«-Linie, deren Besatzungen sich auch hier bereitwillig in Gefangenschaft begaben. Erstmals hatte der Abwehrriegel, der das Reichsgebiet abschirmen sollte, ein Leck. Die deutsche Führung, die zudem mit der Niederlage Bulgariens an der Südfront einen Bündnispartner und damit die Vorherrschaft auf dem Balkan verlor, musste mit dem drohenden Zerfall ihres Westwalls rechnen.

In dieser Lage vollzogen Ludendorff und Hindenburg eine bemerkenswerte Kehrtwende. Plötzlich gestanden sie das militärische Debakel offen ein und drängten die kaiserliche Regierung, einen Waffenstillstand mit den Kriegsgegnern anzustreben. Und nicht nur das: Mit Verweis auf die Reformzugeständnisse, die der amerikanische Präsident Wilson zur Voraussetzung von Verhandlungen erklärt hatte, forderten sie die Einbeziehung der Mitte-Links-Parteien in die Regierung. Aus ihrem Hintergedanken machten sie kein Hehl: Bürgerlichen und sozialdemokratischen Politikern sollte am Ende der Makel des verlorenen Krieges anhaften. Die weißen Westen der Militärführer hingegen, die den Untergang letztlich verursacht hatten, sollten das Kriegsende unbefleckt überdauern.

Immerhin trugen die Befehlshaber durch ihren Rückzieher dazu bei, das sinnlose Gemetzel an den Fronten nicht noch weiter zu verlängern. Anders als Hitler 27 Jahre später, hielten sie nicht bis zum letzten Moment an der verheerenden Weisung vom Kampf bis in den Untergang fest. Allerdings war ihnen am Ende auch schlicht die Befehlsgewalt entzogen. Denn als Ludendorff Ende Oktober angesichts der alliierten Forderung nach einer deutschen Kapitulation nun plötzlich doch wieder zum militärischen Widerstand aufrief, wurde er auf Betreiben der neuen Regierung unter Kanzler Max von Baden schlichtweg abgesetzt. Die alten Mächte hatten ihre Macht verloren. Die große Mehrheit der kriegsmüden Frontsoldaten wäre damals auch kaum noch zu einem erneuten Militärschlag zu bewegen gewesen. Unter den zehn Millionen Toten dieses Krieges waren dreieinhalb Millionen Soldaten der deutschen Armee und ihrer Verbündeten.

Die meisten Soldaten hatten die Aussichtslosigkeit der Schlachten am eigenen Leib erfahren. Auch in der Heimat gab es kaum noch Familien, die nicht den Verlust eines Angehörigen zu beklagen hatten. Unter dem Eindruck der elementaren Wucht, mit der dieser Krieg den Alltag der Menschen aushebelte, erfuhren nun die Ereignisse eine ganz eigene Dynamik. Am 29. Oktober verließ der Kaiser die Reichshauptstadt, um noch einmal in das militärische Hauptquartier nach Belgien zu reisen. Am selben Tag erhielt die Hochseeflotte in Kiel und Wilhelmshaven den Befehl zum Auslaufen. Man habe so die Landtrup-

Exil in Holland – der Kaiser verlässt die Reichshauptstadt Berlin.

pen in Flandern entlasten wollen, sollte es später aus Marinekreisen heißen. In Wirklichkeit war der Auslaufbefehl weder mit der Obersten Heeresleitung noch der Regierung in Berlin abgesprochen. Unter den Mannschaften der betroffenen Geschwader verbreitete sich rasch das Gerücht, die Marineleitung plane ihren heroischen Untergang. Der Kommandant des Schlachtschiffs *Thüringen* wurde mit dem pathetischen Abgesang zitiert: »Wir verfeuern unsere letzten 2000 Schuss und wollen mit wehender Fahne untergehen.«

Jetzt, so kurz vor dem sich abzeichnenden Kriegsende, war den Matrosen allerdings an ehrenvollem Sterben keineswegs mehr gelegen. Die Mannschaften streikten, die Heizer löschten die Feuer unter den Kesseln. Noch dachte allerdings niemand an eine Revolution. Erst als die meuternden Matrosen verhaftet wurden, ihnen Kriegsgericht und Erschießung drohten, radikalisierte sich die Bewegung. Tausende demonstrierten jetzt in Kiel für die Freilassung ihrer Kameraden. Eine Militärpatrouille schoss in die Menge – neun Menschen starben.

Novemberrevolution 1918 – ehemalige Frontsoldaten versammeln sich vor einem Café Unter den Linden.

Das war das Signal zum Umschwung, nun wollten die Soldaten an die Macht. Rote Fahnen wurden auf allen Schiffen gehisst. Die Matrosen wählten den ersten Soldatenrat im Kaiserreich und entwaffneten ihre Offiziere. Ein Flächenbrand breitete sich aus: Mit roten Armbinden marschierten die Armeeangehörigen durch die Straßen, besetzten Rathäuser und Bahnhöfe und befreiten politische Gefangene. Überall schlossen sich Arbeiter der spontanen Aufstandsbewegung an. Nach Ansicht vieler Zeitgenossen hatten die Amtsträger versagt und sollten nun als Verantwortliche für die Misere ihrer Posten enthoben werden.

Die Kräfte des alten Regimes begegneten dem Aufstand wie gelähmt. Dabei war diese Revolution keineswegs gewalttätig. Racheakte oder gar Lynchjustiz an den bisherigen Machthabern fanden nicht statt. Der revolutionäre Akt erschöpfte sich im Hissen von roten Fahnen und bestenfalls der Demütigung von Offizieren, indem diesen die Kokarde abgenommen und die Epauletten von den Schultern gerissen wurden, die Symbole der Verbundenheit der Militärs mit der Monarchie.

Trotz des grassierenden Unmuts war der Kaiser für den von weiten Teilen der Bevölkerung eingeforderten Frieden nicht zu haben. In völliger Verkennung der Lage plante Wilhelm II., selbst an der Spitze des Heeres stehend, die Ordnung in der Heimat wiederherzustellen. Es blieb Ludendorffs Nachfolger Wilhelm Groener überlassen, dem Kaiser die neue Lage offen klarzumachen: »Unter seinen Führern und Generälen wird das Heer in Ruhe und Ordnung in die Heimat zurückmarschieren, nicht aber unter dem Befehl Eurer Majestät! Es steht nicht mehr hinter Eurer Majestät!« Der Monarch fühlte sich brüskiert.

Mittlerweile war die deutsche Delegation im Wald von Compiègne eingetroffen, dem Hauptquartier des französischen Marschalls Foch, der den Oberbefehl über die alliierten Streitkräfte innehatte. Im Auftrag der Regierung des deutschen Reiches nahm Zentrumspolitiker Matthias Erzberger in einem Eisenbahn-Salonwagen die harschen Waffenstillstandsbedingungen der Alliierten entgegen: Besetzung des linksrheinischen Gebietes, Fortdauer der Blockade über das Kriegsende hinaus, Ablieferung von Militärgut, vorerst keine Freilassung deutscher Kriegsgefangener. Verhandlungen auf gleichberechtigter Ebene mit der deutschen Delegation lehnten die Alliierten kategorisch ab.

Erzberger unterschrieb am 11. November den Waffenstillstandsvertrag im Auftrag von Hindenburg, der es jedoch vorzog, den Verhandlungen fernzubleiben. Die deutsche Delegation hatte keine Wahl, denn die Sieger drohten mit dem Einmarsch ins Reich. Es sei wohl das »erste Mal in der Weltgeschichte, dass nicht Militärs den Waffenstillstand abschließen, sondern Politiker«, bemerkte Hindenburg gleichwohl süffisant, der ebenjene Kalamität maßgeblich mitverursacht hatte. Rechtsgerichtete Kritiker, darunter der geschasste Armeeführer Ludendorff, sowie braune Populisten sollten später jene Legende lancieren, an der die Weimarer Republik von Anfang an sehr schwer tragen sollte: »Novemberverbrecher« hätten einem »im Felde unbesiegten Heer« mit ihrer Friedensbereitschaft einen Dolchstoß in den Rücken versetzt. Triumphgefühle mochten indes auch bei den Siegern nicht aufkommen. Der Erste Weltkrieg hinterließ einen Friedhof mit zehn Millionen Toten. Deutschland hatte den Krieg zwar verloren, aber seine Truppen standen im November 1918 noch tief im Feindesland. Die Heimat war weitgehend verschont geblieben von den Zerstörungen des Krieges – was der vermeintlichen Legende vom »im Felde unbesiegten Heer« noch Vorschub leistete.

Im Tod vereint – ein deutscher und ein französischer Soldat im Schützengraben.

Schon am Vortag der Unterzeichnung hatte der Kaiser, nachdem auch Hindenburg nicht mehr für seine Sicherheit garantieren konnte, das Hauptquartier in Spa verlassen und sich an die holländische Grenze begeben – vorher waren konspirative Vorkehrungen getroffen worden: Der offizielle Hofzug war nach Holland geleitet worden, während Wilhelm II., von nur wenigen Begleitern eskortiert, im Auto fuhr. Doch die befürchteten Überfälle aufständischer Soldaten blieben aus.

Unbehelligt am holländischen Grenzbahnhof Eijsden angelangt, bat der abgedankte Kaiser die überraschte niederländische Königin Wilhelmina um Asyl. Nach 24 Stunden durfte der prominente Flüchtling einreisen. In Amerongen fand er seine erste Unterkunft. »Jetzt müssen Sie mir eine Tasse heißen, guten englischen Tee geben lassen«, bat er den Majordomus seines Domizils bei der Ankunft. Im Haus Doorn bei Utrecht verbrachte Wilhelm II. fortan den Rest seines Lebens, in dem es ihm an nichts mangelt. Eisenbahnwaggonweise wurden ihm 1919 Möbel und Kleidung nachgesandt. Sein Exil wurde zum Mikrokosmos der früheren Hofhaltung. »Wir hatten erwartet, dass der Kaiser auf den Stufen des Thrones fallen würde«, kommentierte ein Veteran der Armee diese Flucht, »doch dazu war er nicht mutig genug – um nicht zu sagen: Er war feige.« Hindenburg dagegen sprang dem Ex-Monarchen später bei: »Seine Majestät der Kaiser und König ist nicht fahnenflüchtig geworden! Diese Verleumdung weise ich mit Entrüstung zurück! Der Kaiser ist von uns gegangen, weil ihn sein Volk verlassen hatte. Der Heldentod an der Spitze des Heeres war unmöglich, weil gerade der Waffenstillstand abgeschlossen wurde!«

Die Saat ist bereitet – Plakat der deutschnationalen DNVP.

»Alleinige Kriegsschuld«
Der Versailler Friedensvertrag

Die »großen Vier« – Emanuele Orlando, Lloyd George, Georges Clemenceau und Woodrow Wilson.

Von Januar 1919 an trafen sich die Siegermächte des Ersten Weltkrieges im Schloss von Versailles zu verschiedenen Konferenzen, die über die Nachkriegsordnung Europas entscheiden sollten. Über 10 Millionen Tote hat der Weltenbrand auf allen Seiten gefordert. Zwei Millionen Opfer hatte allein Frankreich zu beklagen, ganze Landstriche waren verwüstet. Aus der Sicht der Franzosen konnte nur die strikte Niederhaltung Deutschlands künftig Schutz vor dem Nachbarn bieten. In Deutschland führte das Ergebnis der Verhandlungen zu einem Aufschrei in der Bevölkerung: Das Reich verlor ein Siebtel seines Gebietes: Im Osten musste es Westpreußen und Posen dem neu gegründeten Polen überlassen, ebenso einen Teil Oberschlesiens. Im Westen erhielt Frankreich Elsass-Lothringen zurück. Das Saarland wurde unter internationale Kontrolle gestellt, französische, britische und belgische Truppen sollten auf Jahre das Rheinland besetzen. Die Armee wurde auf ein Berufsheer von 100000 Soldaten reduziert. Zudem verlor das Reich seine Kolonien, hatte für die Kosten des Krieges aufzukommen, sollte hohe Reparationen zahlen, deren Summe es noch festzulegen galt. Besondere Empörung jedoch rief die Zuweisung der alleinigen Kriegsschuld an das Deutsche Reich und seine Verbündeten hervor. Der amerikanische Außenminister Robert Lansing äußerte im Mai 1919 mit Blick auf die Ergebnisse von Versailles: »Hass und Erbitterung, wenn nicht Verzweiflung, müssen die Folgen derartiger Bestimmungen sein. Es mag Jahre dauern, bis diese unterdrückten Völker imstande sind, ihr Joch abzuschütteln, aber so gewiss, wie die Nacht auf den Tag folgt, wird die Zeit kommen, da sie den Versuch wagen. [...] Wir haben einen Friedensvertrag – aber er wird keinen dauernden Frieden bringen, weil er auf dem Treibsand des Eigennutzes gegründet ist.« Die Einsprüche der USA scheiterten jedoch am schroffen Veto Frankreichs. Deutschland hatte den Vertrag zu unterzeichnen, ansonsten drohte der Einmarsch ins Reich. Es hat, wie der Sozialdemokrat Wilhelm Hoegner es ausdrückte, von nun an »zwei neue Ordnungen« gegeben: eine innere, die Verfassung der Weimarer Republik, und »eine äußere, den Vertrag von Versailles«. Daraus ergab sich eine permanente Spannung von hoher politischer Sprengkraft. Keine Regierung konnte es sich leisten, die als Diktat verschrienen Auflagen der Sieger auf Dauer hinzunehmen.

Sosehr sich die Nation damals in politische Lager spaltete. Der Wille, den als »Diktat« empfundenen Vertrag rückgängig zu machen, galt als gemeinsamer Nenner aller Parteien. Die Frage war nur, auf welchem Weg die angestrebte »Revision« erfolgen sollte – durch Kooperation oder Konfrontation mit den Siegermächten. ■

Demonstranten protestieren gegen die Bedingungen des Versailler Vertrags.

Unfähig, die eigentlichen Gründe für die deutsche Niederlage zu akzeptieren, suchte der Thronflüchtling die Schuld am Zusammenbruch des Kaiserreichs ausgerechnet bei jenen, die mindestens proportional zu ihrem Anteil an der Bevölkerung und häufig mit großem Enthusiasmus für ihn ins Feld gezogen waren: den Angehörigen der jüdischen Minderheit. »Die tiefste und gemeinste Schande, die je ein Volk in der Geschichte fertiggebracht hat«, schrieb der Ex-Kaiser 1919 an den ehemaligen Generalfeldmarschall August von Mackensen, »die Deutschen haben sie verübt an sich selbst. Angehetzt und verführt durch den ihnen verhassten Stamm Juda, der Gastrecht bei ihnen genoss. Das war sein Dank! Kein Deutscher vergesse das je und ruhe nicht, bis diese Schmarotzer vom deutschen Boden vertilgt und ausgerottet sind. Dieser Giftpilz am deutschen Eichbaum!« So war der Waffenstillstand, vorwiegend in rechtsnationalen Bevölkerungskreisen, von Beginn an befrachtet durch Vorurteile und Vorbehalte gegenüber den Friedensstiftern.

> »Sie haben tapfer gekämpft. Jetzt sind Sie Gefangene. Aber vergessen Sie Ihr Vaterland nicht. In zehn Jahren wird es erneut Krieg geben – dann werden Sie die ganze Welt besiegen.« *Deutscher Offizier zu seiner Truppe*

Dabei war in diesem Herbst unter den Trägern der feldgrauen Uniform die Einsicht in ihre Niederlage durchaus verbreitet. Erst im Rückblick verschob sich das Bild des Krieges in der Sichtweise zahlreicher Zeitgenossen, besonders aus jener Generation, die für den Fronteinsatz noch zu jung gewesen war. Begünstigt wurde das Zerrbild eines zu Unrecht der Niederlage geziehenen Heeres durch rapide Umwälzungen, innere Unruhen und Wirtschaftskrisen im Nachkriegsstaat, der sich 1919 in Weimar eine Verfassung gab. Vor allem aber die überzogenen Bedingungen in den Versailler Friedensverträgen, die weitreichende Gebietsverluste, die hohen Sühnekosten und die Zuweisung der alleinigen Kriegsschuld enthielten, sorgten über die Parteigrenzen hinweg für Verbitterung.

Der allgegenwärtige Unmut bereitete Demagogen das Feld, die die Schuld an der Niederlage demokratisch gesinnten Kräften zuwiesen und Stimmung mit der dezidierten Forderung machten, sich nicht mit dem Ergebnis abzufinden. Dabei sollte ein politischer Aufsteiger ganz besonders vom Ruf nach einer Revision der deutschen Niederlage zehren: der Frontheimkehrer Adolf Hitler.

DER ZWEITE WELTKRIEG

ÜBERFALL

Als am 1. September 1939 die deutsche Wehrmacht Polen überfiel, begann der Krieg, den Hitler seit Langem gewollt hatte. Seit Jahren hatte er Deutschland aufgerüstet, militärische Gewaltandrohung war zum bevorzugten Mittel seiner Außenpolitik geworden. Ohne einen Schuss abzufeuern, hatte er 1938 das Sudetenland »heim ins Reich« geholt und den »Anschluss« Österreichs erzwungen. Die Siegermächte des Ersten Weltkriegs hatten tatenlos zugesehen. In Deutschland waren solche »Blumenkriege« populär, denn sie trieben die Revision der verhassten »Friedensordnung« von Versailles voran. Doch Hitler wollte mehr: Sein Konzept von der Gewinnung von »Lebensraum im Osten« sollte mit Waffengewalt umgesetzt werden. Mit der Besetzung und Annektierung der »Rest-Tschechei« im März 1939 begann die gewaltsame Expansion des Deutschen Reiches. Polen, der ungeliebte Nachbar im Osten, sollte Hitlers nächstes Ziel werden.

Das laute Hufgetrappel war ungewöhnlich für diese frühen Morgenstunden – ebenso ungewöhnlich wie das Bild, das sich in der Nacht vom 26. auf den 27. August 1939 in Potsdam bot: In langen Reihen trotteten Hunderte von Pferden über die kopfsteingepflasterten Straßen der Garnisonsstadt. Der Lärm weckte auch etliche Gäste des Palasthotels. Heinz Mittelstädt trat an das offene Fenster seines Zimmers und betrachtete die Prozession der Tiere und ihrer Besitzer. Er wusste sofort, was vor sich ging: Die Arbeits- und Reitpferde der brandenburgischen Bauern wurden eingezogen – zum Dienst als Zugtiere und Kavalleriepferde bei der deutschen Wehrmacht. Mittelstädt war klar, was das bedeutete. Denn so wie in Potsdam lief es in jenen Tagen überall im Reich ab: Insgesamt wurden

◄◄ Deutsche Truppen auf dem Vormarsch.
◄ Mit dem Überfall auf Polen begann der Zweite Weltkrieg.

»Heim ins Reich« – Kundgebung auf dem Marktplatz von Eger im Sudetenland.

400 000 Pferde requiriert, dazu noch 200 000 zivile Lastwagen. Fast 3 Millionen Reservisten hatten sich bei ihren Einheiten einzufinden. In Deutschland hatte die »Mobilmachung« begonnen, die nach detailgenauen Plänen ablief. Der 27-jährige Heinz Mittelstädt, der den Grundwehrdienst schon einige Jahre hinter sich hatte, ahnte, dass auch er bald wieder Soldat werden musste. In eine gewisse Alarmstimmung war er bereits am Tag zuvor verfallen. Am 26. August hatte er im Rathaus Schöneberg in Berlin standesamtlich geheiratet. Zu diesem Zeitpunkt war er noch glücklicher Besitzer zweier Flugscheine für eine Hochzeitsreise nach Capri gewesen. Kurz nach der Trauung aber hatte er erfahren, dass daraus nichts werden würde. Telefonisch hatte ihm ein Bediensteter des Flughafens Tempelhof mitgeteilt, dass über ganz Deutschland eine Flugsperre verhängt worden war. Und so hatte die Hochzeitsnacht des jungen Paares im Palasthotel Potsdam begangen werden müssen. Der Traum von Capri blieb unerfüllt, ebenso wie der von einem friedlichen Ende der Krise zwischen dem Deutschen Reich und seinem Nachbarland Polen.

Nach dem »Anschluss« Österreichs jubeln Hitler in Wien die Massen zu.

Der propagandistisch stark aufgeheizte Konflikt hielt den europäischen Kontinent seit Monaten in Atem. Dennoch hatte Mittelstädt, der als Journalist des *Königs-*

berger Tagblattes ein wacher Beobachter der Ereignisse war, bis zuletzt die Hoffnung gehegt, dass die aggressive und riskante Außenpolitik Hitlers gegenüber dem östlichen Nachbarn nicht in einen Krieg münden würde. Denn bisher hatte das Vabanque-Spiel des »Führers« immer die Ergebnisse gebracht, die sich die deutsche Seite gewünscht hatte. So hatte Hitler im März 1938 Österreich »heim ins Reich geholt«, im Herbst des gleichen Jahres das vormals tschechisch verwaltete Sudetenland angegliedert, im März 1939 den Rest der Tschechei zerschlagen und mit massiven militärischen Drohungen die tschechischen Politiker zu Vasallen des Deutschen Reiches gemacht. Seit Anfang des Jahres 1938 schon hatte eine gewisse Kriegsgefahr in der Luft gelegen, doch im Verlauf der intensiven diplomatischen Verhandlungen waren die äußerst kompromissbereiten Großmächte England und Frankreich ein ums andere Mal vor einem Krieg zurückgeschreckt. »All das führte dazu, dass wir allerhand gewöhnt waren an Gerüchten – wir waren in keiner Weise darauf eingestellt, dass es zum ernsten Krieg kommen könnte«, erinnert sich Heinz Mittelstädt.

Ende August 1939 jedoch war dieser »ernste Krieg« nicht mehr abzuwenden. Für den »Führer« und Reichskanzler Adolf Hitler war Krieg stets ein wesentlicher Bestandteil seines politischen Kalküls gewesen. So hatte er bereits vier Tage nach seiner Machtübernahme die oberste Generalität der Reichswehr im Berliner Bendlerblock versammelt. Bei einem abendlichen Treffen am 4. Februar 1933 nahm der neue Reichskanzler kein Blatt vor den Mund: Der »Aufbau der Wehrmacht« sei eines seiner zentralen Ziele. Mit Wohlgefallen notierte einer der Anwesenden, Generalleutnant Curt Liebmann, Stichworte zu dem, was Hitler damals zu sagen hatte: »Ausrottung des Marxismus mit Stumpf und Stiel, Kampf gegen Versailles.« Und schließlich: »Vielleicht Erkämpfung neuer Exportmöglichkeiten, vielleicht – und wohl besser – Eroberung neuen Lebensraumes im Osten und dessen rücksichtslose Germanisierung.«

Mit diesen Plänen, insbesondere mit seinem Kampf gegen den »Schandvertrag von Versailles«, rannte der Reichskanzler bei seinen Zuhörern offene Türen ein. Die deutsche Militärelite war durch die Kaiserzeit und den Ersten Weltkrieg geprägt und wollte die europäische Machtordnung, die mit dem Vertrag von Versailles 1919 festgeschrieben worden war, nicht hinnehmen. Während die demokratisch gewählten Politiker der Weimarer Republik versuchten, die außenpolitischen Realitäten der Zwanzigerjahre zu meistern, dachten die Generäle gar nicht daran, diese Realitäten zu akzeptieren. Sie blickten in die Zukunft. Und dort sahen sie ein ganz anderes, keineswegs schwaches, Deutschland. Ein neuer Krieg sollte ihnen die herbeigesehnte Revanche für die als unverdient empfundene Niederlage des Ersten Weltkriegs verschaffen.

> »Es gab damals eine Formel, um die Auswirkungen des Versailler Vertrags auf Deutschland und seine Verteidigungsfähigkeit zu charakterisieren: heerlos, wehrlos, ehrlos.«
>
> *Karl-Heinz Frieser, Historiker*

Doch dies war nur mit einer autoritären Regierung vorstellbar. Es lag auf der Hand, dass dieser Krieg, der die Vormachtstellung Deutschlands in Europa wiederherstellen sollte, nur mit einem massiven Aufrüstungsprogramm ermöglicht werden konnte. Das jedoch bedeutete, dass man die Bestimmungen von Versailles missachten und umgehen musste. Unter dem Eindruck der Ruhrbesetzung – 1923 hatten französische Truppen das Industriegebiet besetzt, um den Reparationsforderungen der alliierten Sieger Nachdruck zu verleihen – hatte die Heeresführung begonnen, systematische Pläne für eine zukünftige deutsche Armee zu erstellen.

1925 stand der sogenannte Große Plan: Er listete genau auf, wie der Personalbedarf und die Ausstattung einer kriegsfähigen Armee auszusehen hatte. Anstatt der erlaubten 100 000 Mann wollte man 2,8 bis drei Millionen Mann aktivieren können, statt der sieben Divisionen der Reichswehr sollten es 102 Divisionen sein, statt der 46 Reichswehrgeneräle sollten es in der zukünftigen Armee 252 sein. Der »Große Plan« war kein Hirngespinst, sondern eine klare Richtschnur und eine durchdachte Handlungsanleitung.

Und nach Hitlers Machtantritt wurde er tatsächlich fast wortgenau umgesetzt: Ende August 1939 verfügte die deutsche Armee über 2,8 Millionen aktive Soldaten, organisiert in 102 Divisionen und geführt von 252 Generälen.

Der erzwungene Krieg

Am 25. März 1939 gab der Diktator eine Weisung an die Oberbefehlshaber des Heeres aus: Er habe vor, unter günstigen Bedingungen die »Danziger Frage« und letztlich die »polnische Frage« mit militärischen Mitteln zu lösen. Am 11. April befahl Hitler seinen Generälen, Pläne für den »Fall Weiß«, so der Deckname für den Überfall auf Polen, auszuarbeiten. »Die Aufgabe der Wehrmacht ist es, die polnische Wehrmacht zu vernichten. Hierzu ist ein überraschender Angriff anzustreben und vorzubereiten«, formulierte er als Zielvorgabe. Das 1918/19 wiedererstandene Polen galt Hitler und vielen nationalistisch gesinnten Deutschen als »Fremdkörper« auf der europäischen Landkarte. »Während man in Polen nach über einem Jahrhundert der Teilungen die lang ersehnte Unabhängigkeit feierte, traumatisierten der verlustreich verlorene Krieg, die revolutionären Wirren und das abrupte Ende der Monarchie die deutsche Bevölkerung«, so analysiert Jochen Böhler vom Deutschen Historischen Institut in Warschau die Ausgangslage des Konflikts zwischen den Nachbarn.

Seit dem Ende des Ersten Weltkriegs hatte es Streit um die zwangsweise an Polen abgetretenen Gebiete gegeben, die bis 1918 zum Deutschen Reich gehört hatten. Im Raum Posen, an der Ostseeküste im Bereich der Weichselmündung sowie in den östlichen Teilen Oberschlesiens waren etwa eine Million Deutsche infolge der Versailler Verträge zu polnischen Staatsbürgern geworden. Darüber hinaus kontrollierte Polen einen Korridor, der ihm Zugang zur Ostsee verschaffte und die Landverbindung von Ostpreußen zum Deutschen Reich abschnitt. Am nordöstlichen Rand dieses Korridors lag die ehemals deutsche und nun »Freie Stadt Danzig«, die unter Verwaltung des Völkerbundes stand. Die Hafenstadt mit ihren 430 000 vorwiegend deutschen Einwohnern war damit eine exterritoriale Enklave, die vertraglich verpflichtet war, ihren Hafen für den polnischen Seehandel zur Verfügung zu stellen.

> »Ich habe mir vorgenommen, die deutsche Frage zu lösen, d. h. das deutsche Raumproblem zu lösen. Nehmen Sie es zur Kenntnis, dass, solange ich lebe, dieser Gedanke mein ganzes Dasein beherrschen wird.« *Hitler am 10. Februar 1939 vor Truppenkommandeuren*

Diese komplizierten Regelungen des Versailler Vertrags zu revidieren war seit Langem ein zentrales Anliegen der Außenpolitik des Deutschen Reiches gewesen. Auch militärische Planspiele hatten schon in den Zwanzigerjahren einen Konflikt mit dem Nachbarn Polen zugrunde gelegt. Der damalige Chef der deutschen Heeresleitung, General Hans von Seeckt, sprach wohl für viele seiner Standesgenossen, als er 1922 feststellte: »Polens Existenz ist unerträglich, unvereinbar mit den Lebensbedingungen Deutschlands.« Ein Jahrzehnt später war Hitler an der Macht – und nahm sich der »polnischen Frage« auf seine Weise an. Er versuchte, Polen zu Zugeständnissen in territorialen Fragen zu bewegen, indem er unter anderem verlangte, eine Transitautobahn durch den polnischen Korridor bauen zu lassen, die das Reich mit der Enklave Ostpreußen verbinden sollte; vor allem aber wollte er die Polen dazu bewegen, Danzig wieder an Deutschland abzutreten.

Doch weder Diplomatie noch Drohungen führten zu einer Lösung der Differenzen. 1939 setzte Hitler den Streit mit Polen erneut auf die Tagesordnung. Die Wehrmacht war inzwischen zu einer Stärke aufgerüstet, die ihm auch eine militärische Lösung der »polnischen Frage« sowie die Umsetzung weitergehender Pläne erlaubte. Die gleichgeschaltete Presse im Land erhob lautstark die Forderung, dass nun auch Danzig »heim ins Reich« geholt werden müsse. Hitler indes erklärte im Mai 1939 gegenüber seinen Generälen ganz offen, dass Danzig nur ein Vorwand für den Krieg sei:

Geheime Aufrüstung
Landespolizei und Heimwehr

Die »Heimwehr« im Kampf um das Postamt.

Deutsche Soldaten durfte es in der entmilitarisierten Stadt eigentlich nicht geben, junge Männer aus Danzig unterlagen auch nicht der allgemeinen Wehrpflicht. Dennoch gab es in Danzig zeitweise eine »Landespolizei«, die als Bereitschaftspolizei vorgesehen war. Sie wurde ab Mai 1939 reaktiviert und auf vier Bataillone aufgestockt. Sie rekrutierte sich aus aktiven Wehrmachtssoldaten, die aus Danzig stammten und freiwillig im Reich, zumeist im benachbarten Ostpreußen, dienten. Diese Männer reisten in Zivil nach Danzig oder wurden ab Juni 1939 heimlich in kleinen Gruppen per Schiff in die Stadt verfrachtet. Auch viele Studenten der Technischen Hochschule meldeten sich freiwillig zur neuen Landespolizei – zur Immatrikulation an dieser Hochschule waren ohnehin nur »gediente« Reservisten mit technischer Spezialausbildung zugelassen. Dazu rekrutierte man weitere Reservisten, die ihren Wehrdienst bereits freiwillig abgeleistet hatten, sowie noch taugliche Offiziere des Ersten Weltkriegs. Diese »Landespolizei« war in der Kaserne Langfuhr stationiert und wurde mit heimlich eingeschleusten Waffen bis hin zu schwereren Infanteriegeschützen ausgerüstet. Aus diesen Einheiten formierte sich nun die »Kampfgruppe Eberhardt«, benannt nach ihrem Kommandeur Generalleutnant Friedrich-Georg Eberhardt. Zusätzlich zur »Landespolizei« gab es ab Juni 1939 die »SS-Heimwehr«, die organisatorisch der SS-Totenkopfdivision angeschlossen war; außerdem stellte die SA einen »Verstärkten Grenz-Aufsichtsdienst«. All diese Einheiten schlugen in Danzig los, als die »Schleswig-Holstein« den Beschuss begann. Zeitgleich eröffnete die »Landespolizei« aus ihren Stellungen an der Grenze das Feuer auf polnisches Territorium. Die SS-Leute der »Heimwehr« griffen derweil innerhalb der Stadt polnische Einrichtungen an – so etwa die Niederlassung der polnischen Post, die in der »Freien Stadt Danzig« symbolträchtig vertreten war. ■

Die polnische Regierung informiert die Bürger des Landes über die allgemeine Mobilmachung.

»Danzig ist nicht das Objekt, um das es geht. Es handelt sich für uns um die Erweiterung des Lebensraums im Osten und die Sicherstellung der Ernährung.«

Um diese wahren Absichten zu verschleiern, entwarf die deutsche Propaganda systematisch ein Bedrohungsszenario. Reißerisch wurde von »polnischen Übergriffen« gegen die »volksdeutsche« Minderheit in Polen berichtet. Zwar gab es in bestimmen Regionen Bestrebungen, die deutsche Minderheit zu »polonisieren«, doch die wirklich ernsten polnischen Zwangsmaßnahmen richteten sich im Sommer 1939 gezielt gegen »Volksdeutsche«, die sich von SS und deutscher »Abwehr« rekrutieren ließen, um den polnischen Staat zu destabilisieren. Immerhin gut 10 000 deutsche »Freiheitskämpfer« standen als »fünfte Kolonne« des Reiches bereit; für sie waren mit deutscher Hilfe sogar geheime Waffenlager angelegt worden.

Schon im März 1939 hatte es in Polen eine Teilmobilmachung gegeben – Reaktion auf die Annektierung der »Rest-Tschechei«, die von der Wehrmacht ohne Kampfhandlungen besetzt worden war. Im Frühjahr und Sommer spitzte sich die Lage weiter zu. Ab Mitte August wurden die Mobilmachungspläne vorangetrieben.

Wirklich ernst wurde es für Polen, als der deutsche Außenminister Joachim von Ribbentrop am 22. August 1939 nach Moskau reiste. Dort einigten sich Hitlers Deutschland und Stalins Sowjetunion, eigentlich eingeschworene Erzfeinde, überraschend auf einen Nichtangriffspakt sowie auf eine punktuelle wirtschaftliche Zusammenarbeit. Einen Tag später wurde in Moskau der »Hitler-Stalin-Pakt« unterzeichnet. In einem geheimen Zusatzabkommen wurde festgehalten, dass die Sowjetunion bei einem deutschen

Überfall auf Polen Zugriff auf dessen östliche Landesteile erhalten solle; damit gab die Sowjetunion Hitler praktisch freie Hand für einen Angriff auf das Nachbarland.

In der Folge des Hitler-Stalin-Pakts veranlasste die polnische Regierung eine »Alarmmobilmachung« in den an Deutschland grenzenden Wehrbezirken. Am 25. August befahl Hitler, dass Polen am Folgetag angegriffen werden sollte. Doch dann wurden die Truppen in den Bereitstellungsräumen an der deutschen Ostgrenze in letzter Minute angehalten. Hitler reagierte mit dem Rückzieher auf eine erneute Garantieerklärung Großbritanniens: Man wolle sich, so hieß es aus London, vom deutsch-sowjetischen Pakt nicht davon abschrecken lassen, im Falle eines deutschen Angriffs Polen militärisch beizustehen. Obwohl zu diesem Zeitpunkt offiziell noch verhandelt wurde, befahl Hitler mit Wirkung zum 26. August 1939 für die Wehrmacht den »X-Fall«: Das Heer wurde in einer geschickt geplanten »verschleierten« Mobilmachung innerhalb weniger Tage durch drei Millionen Reservisten fast verdoppelt.

Am 28. August hielt das polnische Militär die Lage schließlich für so ernst, dass der Generalinspekteur dem Staatsoberhaupt Edward Rydz-Smigly nahelegte, für den 30. des Monats die »allgemeine Mobilmachung« zu verkünden. Doch bereits am Nachmittag des darauffolgenden Tages intervenierten Polens Verbündete Frankreich und Großbritannien. Beide Mächte hatten Beistandsabkommen mit der polnischen Regierung für den Fall eines Krieges abgeschlossen. Nun, da ein Krieg ganz unmittel-

Ein NS-Propaganda-Plakat, das die Ziele klar formuliert.

bar drohte, baten sie die Polen, die Mobilmachung um 24 Stunden zu verschieben – so könne man die letzte Chance für den Erhalt des Friedens wahren. An einer diplomatischen Lösung in letzter Minute war Adolf Hitler indes nicht mehr interessiert. Als dies dem Botschafter Großbritanniens klar wurde, bekamen die Polen grünes Licht. Am 30. August wurde dort die allgemeine Mobilmachung angeordnet.

Lunte am Pulverfass

In Danzig herrschte in den letzten Augusttagen eine angespannte Stimmung; in der Nähe der Stadt wurden polnische Truppen zusammengezogen. »Wir wussten, wir stehen im Fokus der Weltgeschichte«, erinnert sich der damals 15-jährige Danziger Joachim Scholz. »Wir wollten, nachdem Österreich und das Sudetenland angegliedert worden waren, auch zu unserem Vaterland, zu Deutschland, zurück. Und so verdichteten sich im Laufe des Sommers die Gerüchte, und die Spannung wuchs.« Joachim Scholz erlebte jenen 31. August 1939 als herrlichen Sommertag. »Es war ein wunderbarer Abend, wir saßen auf dem Balkon, tranken ein Gläschen Wein. Wir hofften, es werde keinen Krieg geben, irgendeine Lösung würde sich schon finden. Wir ahnten nicht, dass das der letzte Tag der Freien Stadt Danzig sein würde und der letzte Tag des Friedens. Am nächsten Morgen um 4 Uhr 45 erzitterte der Briefkasten an unserem Haus, die Fensterscheiben klirrten, und ich wusste sofort: Das ist der Krieg!« Wenige Augenblicke zuvor an

Die »Schleswig-Holstein« eröffnet das Feuer auf die Westerplatte.

jenem Freitag, den 1. September 1939, hatte Kapitän zur See Gustav Kleikamp an Bord des deutschen Kriegsschiffs *Schleswig-Holstein* den Befehl zur »Feuererlaubnis« gegeben: Die vier schweren 28 cm-Geschütze sowie zahlreiche leichtere Kanonen des Schiffes, das eigentlich im Rahmen eines »Freundschaftsbesuchs« im Hafen der Freien Stadt Danzig lag, eröffneten kurz darauf das Feuer auf die polnischen Befestigungen auf der Westerplatte am Rande des Hafenbeckens. Beinahe zeitgleich überquerten die ersten Einheiten der Wehrmacht ohne Kriegserklärung die Grenze zu Polen.

> »Ich gebe Ihnen mein Soldatenehrenwort, dass ich nicht im Geringsten daran zweifle, dass Frankreich Polen, falls es angegriffen würde, mit seinen Streitkräften zur Seite stehen wird. Ich gebe Ihnen aber auch mein Ehrenwort dafür, dass die Regierung der Republik bis zum letzten Augenblick alles tun wird, was in ihrer Macht steht, um den Frieden zu bewahren.«
>
> *Der französische Botschafter gegenüber Hitler, 25. August 1939*

Der Donner der Schiffsartillerie weckte auch Joachim Scholz – und der war hin- und hergerissen: Ab in den Keller oder lieber der auf dem Dachboden die Lage sondieren? »Jeder Danziger hatte einen Koffer gepackt mit den notwendigsten Dingen und einigen Wertpapieren, dazu hatte jeder eine Volksgasmaske bekommen. Man rechnete unter Umständen damit, dass die Polen Danzig beschießen würden oder mit der Luftwaffe angreifen würden. Die Koffer standen im Herrenzimmer. Ich, in kurzer Hose und Hemd, dachte: So, jetzt ist meine Bewährungszeit gekommen! Ich stürze also mit den Koffern runter in den Keller.« Doch dann obsiegte die Neugier. »Da schrie schon jemand vor dem Haus oben: ›Die *Schleswig-Holstein* schießt!‹ Und ich bin natürlich rauf auf den Dachboden. Da standen wir nun und sahen die berühmten Schüsse von der *Schleswig-Holstein*.« Mit jenen fatalen Salven, die die Menschen in Danzig brachial aus dem Schlaf gerissen hatten, begann der Zweite Weltkrieg.

Hitler verkündet im Reichstag den Krieg gegen Polen, 1. September 1939.

Am 1. September 1939 trat Adolf Hitler um 10 Uhr morgens vor den Reichstag in der Kroll-Oper. Mit heiserer Stimme berichtete er von »Zwischenfällen«, die sich in der vorangegangenen Nacht an der Grenze zu Polen ereignet hätten. »Polen hat den Kampf gegen die Freie Stadt Danzig entfesselt! Polen hat heute Nacht zum ersten Mal auf unserem eigenen Territorium auch durch reguläre Soldaten geschossen. Seit 5 Uhr 45 wird jetzt zurückgeschossen.« Die falsche Uhrzeit war nicht die einzige gezielte Desinformation. Geschossen wurde zwar, doch es waren die Deutschen, die das Feuer eröffnet hatten. Die Aktivitäten der Polen auf deutschem Territorium, die Hitler als Rechtfertigung vorschob, waren am Vorabend von SS-Männern in polnischen Uniformen inszeniert worden. Um 22 Uhr hatte der deutsche Rundfunk scheinheilig gemeldet: »Gegen 20 Uhr wurde der Sender Gleiwitz durch einen Trupp polnischer Aufständischer überfallen und vorübergehend besetzt. Die Polen drangen mit Gewalt in den Senderaum ein. Es gelang ihnen, einen Aufruf in polnischer und zum Teil in deutscher Sprache zu verlesen, doch wurden die Eindringlinge schon nach wenigen Minuten von der Polizei überwältigt.« All das war reine Inszenierung der Deutschen, die einen Anlass für den Kriegsbeginn vortäuschen wollten. Derartige Feinheiten aber blieben den Hörern an den Volksempfängern im Reich verborgen – sie bekamen nur die Sicht der Dinge vermittelt, die staatlich erwünscht war und von den gelenkten Medien verbreitet wurde. Der Königsberger Journalist Heinz Mittelstädt, der 1939 zur beruflichen Weiterbildung in Berlin weilte, hörte die Meldung im Kreise seiner Kollegen. »Ich war in irgendeiner Redaktion, als die Übertragung am Vormittag mit Hitlers Rede stattfand. Als ich die Nachricht hörte am 1. September – da war plötzlich eine Beklommenheit wie bei einem Gewitter, wenn man nicht weiß, wann es sich entladen wird und wo es einschlagen wird. Dass es jetzt nun wirklich zum Kriege kommen würde, wenn auch zunächst nur mit Polen! Aber dahinter stand ja immer der Gedanke, dass die anderen Staaten, die für Polen Garantieversprechen abgegeben hatten, dann auch eintreten würden. Es war wie eine dunkle Gewitterwolke um einen herum. Man tat zwar noch normal seine Pflicht, aber es herrschte eine schlimme Stimmung.«

So wie Heinz Mittelstädt reagierten unzählige andere Deutsche auf das Geschehen, die am Radio der Rede Adolf Hitlers gelauscht hatten – schweigend und bedrückt. Als Hitler nach seiner Ansprache von der Kroll-Oper in die Reichskanzlei zurückfuhr, tummelten sich rund um das Brandenburger Tor nur ein paar bestellte Jubler. Der Unterschied zum August 1914, als zumindest in den großen Städten zahllose Menschen den Kriegsausbruch freudig begrüßt hatten, war frappierend.

Die symbolträchtigen Salven der *Schleswig-Holstein* lieferten zwar eindrucksvolle Wochenschaubilder, die bis heute untrennbar mit dem Beginn des Zweiten Weltkriegs verbunden sind. Doch die militärische Bedeutung der Kämpfe in und um Danzig verblasst angesichts der Gesamtoperationen, die ab dem 1. September von der Wehrmacht durchgeführt wurden. Fünf deutsche Armeen griffen zwischen Ostsee und Karpaten auf einer Länge von 1500 Kilometern an, schnelle Panzerverbände rollten über die Grenze und schlugen Breschen für die nachfolgenden Infanteriedivisionen. Die

Luftwaffe – unter der Führung von Hermann Göring – bombardierte Verkehrsknotenpunkte und Flugplätze in ganz Polen. Außerdem griffen »Stukas« und Bomberverbände unmittelbar vor den Panzerspitzen liegende Verteidigungsstellungen an und bombten den Panzern den Weg frei.

> »Die polnische Armee war zahlenmäßig nicht wesentlich schwächer als die Wehrmacht. Aber sie war altmodisch ausgerüstet und wurde ebenso geführt. Sie hatte keine Chance gegen eine moderne Armee, die bereits einen mechanischen Bewegungskrieg führte.« *Karl-Heinz Frieser, Historiker*

Die polnische Armee hatte etwa eine Million Mann für den Fronteinsatz zur Verfügung. Die Masse der polnischen Truppen war an der Westgrenze konzentriert worden. »Sie sollten den deutschen Vorstoß so lange aufhalten, bis – das war ja die politische Konstellation, von der man in Warschau ausging – im Westen Frankreich und England das Deutsche Reich angreifen und somit dazu zwingen würden, Teile der nach Osten geworfenen Truppen abzuziehen und im Westen aufzustellen, um dort einem Einmarsch der Westalliierten entgegenzuwirken«, meint der Historiker Jochen Böhler. Doch weder die Franzosen noch die Briten griffen militärisch ein, sie fielen den Deutschen nicht von Westen in den Rücken. Das polnische Militär blieb vollkommen auf sich allein gestellt.

Deutsche Infanterie vor Warschau.

Am Sonntag, den 3. September 1939, hatte sich der damals 24-jährige Unteroffizier Antoni Olik mit seiner Gruppe bei Chorzel an der Grenze zu Ostpreußen zur Verteidigung eingerichtet. »Es

»Demoralisierende Wirkung« – nach Bombenangriffen ergaben sich zahlreiche Einheiten der polnischen Armee.

war ein schöner sonniger Tag. Wir fanden einen Bauernhof vor, der menschenleer zu sein schien, die Hühner spazierten frei auf dem Hof. Am Abend haben wir uns zur Verteidigung verschanzt«, berichtet Olik. Sein 13. Infanterieregiment, verstärkt mit Reservisten, bildete mit drei weiteren Regimentern, einem Artillerieregiment und berittenen Ulanen die 8. polnische Infanteriedivision, die diesen Frontabschnitt halten sollte. Kurz darauf traf es diese Truppen mit voller Wucht, die gesamte 8. Division wurde in wenigen Stunden zerschlagen. »Ich hörte den Krach der Artillerie, ich sah den Staub und den Qualm der Artilleriegeschosse, und die Menschen rannten um ihr Leben. Wir wurden sofort auseinandergeschlagen. Vom 3. bis zum 4. September liefen wir nur davon«, berichtet der polnische Veteran. »Wir erreichten die Wälder irgendwo hinter Ciechanów – da waren wir nur noch ein paar Mann. Von dem Waldstück hatten wir Sicht auf eine Senke. Dort, auf den für die Ernte reifen Feldern, entdeckten wir dreißig deutsche Panzer. Und wir erhielten den Befehl, sie zu bekämpfen. Im Morgengrauen am 4. September flogen die ersten Geschosse in Richtung unseres

Waldstücks. Von unserer Kompanie, die ursprünglich 224 Soldaten zählte, waren nur noch 94 am Leben. Und nun sollten wir mit den paar Mann gegen den Feind ankommen. Dazu erhielten wir Verstärkung von einer Kompanie, die noch 72 Soldaten zählte. Der Zugführer der anderen Kompanie sagte: ›Ich schick doch nicht meine Männer in den sicheren Tod, in ein Gemetzel.‹ Er marschierte los und ließ uns allein zurück. Und dann musste ich mit ansehen, wie das Blut meiner Männer floss. Der Kampf dauerte von 12 bis ungefähr 17 Uhr.«

Fast überall brachen die polnischen Linien unter der geballten Wucht der deutschen Panzer- und Luftwaffenangriffe ein. »Innerhalb kürzester Zeit verloren Truppenteile den Anschluss zu anderen Einheiten. Die Taktik, die in solchen Fällen angewandt wird, ist in der Regel ein Zurückziehen der Verteidigung. Das heißt, das polnische Oberkommando befahl an den Stellen, wo die Positionen nicht mehr zu halten waren oder wo zu erwarten war, dass man dem Ansturm nichts mehr würde entgegensetzen können, den taktischen Rückzug, um anschließend eine Verteidigungslinie weiter östlich im Landesinneren aufzubauen«, analysiert der Experte für den deutsch-polnischen Krieg, Jochen Böhler.

Panzerverbände der Heeresgruppe Süd erreichten schon am 10. September den Stadtrand von Warschau, drangen aber noch nicht in die Stadt ein. Teile der polnischen Truppen waren inzwischen westlich der Weichsel eingekesselt. Sie versuchten in den folgenden Tagen, die deutschen Linien zu durchbrechen und sich nach Osten abzusetzen. Nördlich von Lodz griff ab dem 13. September die Luftwaffe massiv in die Bodenkämpfe ein. Sie attackierte unablässig die dicht gedrängten

Nach massiven Bombardements der deutschen Truppen lag die polnische Hauptstadt in Trümmern.

Hitler nimmt die »Siegesparade« am 1. Oktober 1939 in Warschau ab.

Marschkolonnen der Polen. Die polnischen Verbände aber gaben noch nicht auf – sie wollten mit aller Macht den Ausbruch aus dem Kessel erzwingen. Beinahe brachten sie die Linien der 10. Armee, die ihnen den Weg nach Osten versperrte, ins Wanken. Doch am 16. September griffen 820 Flugzeuge mit 328 000 Kilogramm Bomben die polnischen Truppen an. Die Wirkung war so demoralisierend, dass die polnischen Soldaten ihre Waffen fortwarfen – deutsche Kommandeure baten die Luftwaffe, ihre Angriffe auf den inzwischen völlig wehrlosen Gegner einzustellen. Am 18. September ging die Kesselschlacht westlich von Warschau allmählich zu Ende – 120 000 Mann ergaben sich.

Todesstoß für Polen

Am Tag zuvor hatte ein anderes Ereignis den Polen bereits den Todesstoß versetzt: Stalins Rote Armee überquerte die Ostgrenze des Landes, so wie es die Sowjets mit den Deutschen im Hitler-Stalin-Pakt vereinbart hatten. Alle polnischen Truppen, die sich östlich der Weichsel befanden, kämpften plötzlich gegen einen weiteren überlegenen Gegner; Polen stand mit einem Mal im Krieg gegen zwei übermächtige Nachbarn.

Die deutschen Verbände sollten auf Befehl Hitlers östlich der Weichsel vom 20. September an sämtliche Kämpfe einstellen und keine Verluste mehr riskieren; der deutsche Rückzug auf das Westufer der Weichsel sollte zwei Tage später erfolgen. Gleichzeitig konzentrierte sich die Wehrmacht darauf, »ihren« Teil Polens endgültig zu erobern. Der Großraum Warschau wurde massiv bombardiert, der Angriff auf die Stadt selbst, die zur Festung erklärt worden war, begann nur fünf Tage später, am 25. September. Die Luftwaffe flog schwere Bombenangriffe auf Warschau, auch Bodentruppen griffen an. Schwere Artillerie beschoss unablässig die Metropole; Infanterie-Einheiten eroberten die erste Fortlinie am Rande der Stadt. Am 27. September 1939 wurde eine Waffenruhe ausgehandelt; der Oberbefehlshaber der deutschen 8. Armee, Generaloberst Johannes von Blaskowitz, forderte die bedingungslose Kapitulation. Am Tag darauf ergab sich die polnische Hauptstadt mit ihrer Festungsbesatzung von 120 000 Mann. Die deutsche Seite sicherte den polnischen Offizieren zu, dass sie ihre Degen behalten durften, den Soldaten wurde in Aussicht gestellt, nach kurzer Gefangenschaft entlassen zu werden.

Am 1. Oktober übergab der Festungskommandant von Warschau förmlich seine besiegten Truppen an Generaloberst von Blaskowitz. Einen Tag später verfolgte Adolf Hitler persönlich den Einmarsch der deutschen Truppen in die polnische Hauptstadt. Vier Tage später endete landesweit der organisierte Widerstand der polnischen Armee, die bei den Kämpfen 70 000 Tote zu verzeichnen hatte. Der Krieg ging so formlos zu Ende, wie er begonnen hatte: Es gab keine Kapitulationsurkunde, keinen Waffenstillstands-Vertrag. Der Feldzug gegen Polen schockierte die Welt und schuf einen Mythos, an den bald die Deutschen wie auch ihre Gegner glaubten – dass die Wehrmacht eine kaum zu bezwingende, hochmoderne Kampfmaschine sei. Allerdings darf der blitzartige Sieg gegen Polen nicht darüber hinwegtäuschen, dass die Wehrmacht im Kampf gegen diesen Gegner bereits an ihre Grenzen stieß. Über 16 000 deutsche Soldaten waren gefallen. Die entscheidende Schwächung lag indes auf einem anderen Gebiet: Die Divisionen hatten bis zu 50 Prozent Ausfälle an Fahrzeugen gehabt. Es sollte bis zum Frühjahr 1940 dauern, bis die Lücken wieder geschlossen waren. Außerdem hatten die Deutschen einen Großteil ihrer Munitionsvorräte verschossen. An ein rasches Auffüllen der Lager war nicht zu denken, da die Kapazitäten der deutschen Industrie nicht mit den Bedürfnissen der Wehrmacht Schritt halten konnten. Nur die Tatsache, dass der Kampf nach dem 18. September eigentlich schon gewonnen war, hatte die Deutschen vor ernsten Engpässen an der Front gerettet – etwa bei der Luftwaffe, deren Unterstützung den raschen Sieg erst möglich gemacht hatte; sie hätte lediglich für weitere 14 Tage mit Bomben versorgt werden können.

Nach außen hin aber zählte nur der rasche Erfolg der Wehrmacht. Er beeindruckte das Volk in der Heimat und versetzte die Welt in Schock. Was Außenstehende indes noch nicht wussten, war, dass dieser Krieg auch auf anderen Gebieten eine neue, verheerende Dimension annehmen sollte: Polen bekam nun die volle Wucht des nationalsozialistischen Terrors zu spüren. In der »Proklamation an die Polen« vom 1. September, verfasst vom Chef des Oberkommandos des Heeres (OKH), Walther von Brauchitsch, hatte es noch geheißen, dass die Wehrmacht die Bevölkerung des Landes nicht für ihren Feind halten würde und man alle völkerrechtlichen Abkommen einhalten wolle. Die Realität sah anders aus. So etwa am 4. September in Tschenstochau. Als acht deutsche Soldaten angeblich aus dem Hinterhalt getötet wurden, befahl der Kommandeur des Infanterieregiments 42, Tausende Zivilisten zusammenzutreiben. Mindestens hundert Polen ließ er sofort erschießen, darunter viele Juden. Später stellte sich heraus, dass die Schüsse auf seine Soldaten im Chaos des Vormarsches wahrscheinlich von anderen deutschen Einheiten abgegeben worden waren.

Derlei »Repressalien« und Aktionen gegen »Geiseln« sind mehrfach belegt. »Wir wissen, dass deutsche Soldaten die in Polen einmarschierten, in eher unübersichtlichen Situationen oder Situationen, in denen Schüsse fielen und sie nicht wussten, wer diese abgefeuert hatte, sofort mit der Erklärung aufwarteten, das seien die hinterhältigen Slawen und Juden gewesen, vor denen man sie schon vor Beginn des Angriffs gewarnt habe«, charakterisiert der Historiker Jochen Böhler die Stimmung in dieser Phase. Viele deutsche Soldaten reduzierten Polen auf einen einfachen Nenner: die Heimat von Slawen und Juden. »Und das waren Bevölkerungsteile oder ethnische Gruppen, gegen die die nationalsozialistische Propaganda natürlich in den Dreißigerjahren massiv gewettert hat.

Massenerschießung wie in Tschenstochau oder Ciepielów (im Bild) gaben einen schrecklichen Vorgeschmack auf das, was noch kommen sollte.

In jeder Ausgabe des *Stürmers* finden sich etliche Karikaturen dazu, man kennt diese Bilder und die antislawischen und antisemitischen Ressentiments, die älter sind als der Nationalsozialismus: Sie bewirkten, dass in den Augen der 1939 eingesetzten deutschen Soldaten die Bevölkerung, die sie in Polen antrafen, als minderwertig angesehen wurde«, so Jochen Böhler. In seinem Buch »Auftakt zum Vernichtungskrieg. Die Wehrmacht in Polen 1939« zitiert der Historiker auch aus einem Merkblatt des Oberkommandos der Wehrmacht mit dem Titel »Polen – Staatsgebiet und Bevölkerung«. Darin heißt es, die Polen seien »willkürlich und rücksichtslos« gegen andere und von »Grausamkeit, Brutalität, Hinterlist und Lüge« sowie »Hassgefühlen« sowie »blindem Fanatismus« geprägt. Mit derartigen »Warnungen« im Hinterkopf seien, so Böhler, deutsche Soldaten der polnischen Bevölkerung begegnet. Dazu kamen Befehle, die »größte Härte« forderten und die bei den Truppen weitverbreitete Furcht vor Partisanen. Die große Nervosität, verbunden mit althergebrachten Vorurteilen, hätten zu Exzesstaten der kriegsunerfahrenen deutschen Soldaten – wie in Tschenstochau und an zahlreichen anderen Orten – geführt.

Was unter deutscher Herrschaft alles möglich sein sollte, zeigte sich bald. Denn mit dem Einmarsch der Wehrmacht begann besonders für die jüdische Bevölkerung Polens ein langer Leidensweg. Fünf sogenannte Einsatzgruppen, bestehend aus Sicherheitspolizei und SS, sollten im besetzten Polen eine »volkstumspolitische Flurbereinigung« vornehmen. Der dafür verantwortliche Leiter des

Reichssicherheitshauptamts, Reinhard Heydrich, setzte diese tödliche Maschinerie »gemäß Sonderbefehl des Führers« in Gang. Es handelte sich um Mordaktionen, denen zuerst die polnische Intelligenzia und Teile der jüdischen Bevölkerung zum Opfer fielen. Doch das war erst der Auftakt. In Polen wurde geübt, was später in noch größerem Maßstab in die Tat umgesetzt werden sollte: Es begann mit der planmäßigen Erfassung und Absonderung der jüdischen Bevölkerung in Ghettos und sollte wenige Jahre darauf in der systematischen Ermordung der Juden in Vernichtungslagern zu perverser Perfektion geführt werden.

Aufmarsch an der Westfront

Nach dem Sieg über Polen befand sich das Reich weiterhin im Kriegszustand. Zwar hatten Großbritannien und Frankreich nicht direkt militärisch eingegriffen, doch politisch hatten sie ihrer Bündnisverpflichtung Folge geleistet und dem Deutschen Reich zu Hitlers Überraschung am 3. September 1939 den Krieg erklärt. Seitdem hatten die Briten knapp 400 000 Soldaten, darunter gut 250 000 Mann an Kampftruppen, nach Frankreich verschifft. Wie schon im Ersten Weltkrieg wurden diese Truppen als »Britische Expeditionsstreitkräfte« bezeichnet. Und genau wie 1914 nahmen diese Einheiten Aufstellung im Norden der Westfront. Während sie damals aber eine Woche nach Ausbruch der Feindseligkeiten eingetroffen waren und in Belgien direkt in die Kämpfe eingegriffen hatten, war diesmal mehr Zeit, sich zur Verteidigung einzurichten. Da Belgien neutral war, nahmen die Briten auf französischem Boden, westlich der belgischen Grenzen, defensive Positionen ein. Dennoch erinnerte so manches an die Ausgangslage zu Beginn des Ersten Weltkriegs.

Südlich des britischen Kontingents sollte das Gros der französischen Armee die Verteidigung übernehmen, auch dies ähnelte stark der Arbeitsteilung in den Jahren von 1914 bis 1918. Anders als im Ersten Weltkrieg wähnten sich die Franzosen allerdings sicher hinter ihrer »Maginot-Linie«, einem System von Befestigungsbauwerken, das entlang der gemeinsamen Grenze mit Deutschland besonders dicht und vermeintlich undurchlässig ausgebaut worden war. Die französische Kriegsdoktrin setzte also auf eine statische Verteidigung, auf ein Halten gut ausgebauter Defensivanlagen. Der Erste Weltkrieg, aus dem Frankreich als Sieger hervorgegangen war, hatte gezeigt, dass dies ein erfolgversprechendes Konzept war.

Für die nun bevorstehende Auseinandersetzung mit den Westmächten gab es bei den Deutschen noch keine Operationspläne. Bereits am 9. Oktober aber verfasste Adolf Hitler eine Denkschrift, in der er den Angriff auf Frankreich ankündigte. Er plane, den »großen Schlag« noch vor Weihnachten des Jahres 1939 zu führen: Als vorläufigen Angriffstermin nannte er den 25. November. »Wenn wir das nicht fertigbringen, verdienen wir, verprügelt zu werden«, verkündete er vollmundig.

> »Die Idee Mansteins zum Sichelschnitt war so atemberaubend, klang so verrückt wie der Alpenübergang Hannibals mit Elefanten – man hätte das eher der Phantasie eines Jules Verne, aber nicht dem methodisch-pedantischen Denken eines deutschen Generals zugetraut.«
>
> *Karl-Heinz Frieser, Historiker*

Die Militärführung war entsetzt, sie kannte die Schwächen der Wehrmacht nach dem Polenfeldzug nur zu genau. Der Generalität gelang es immerhin, durch die Beschwörung »ungelöster Sachfragen« die Entscheidung zum Angriff immer wieder hinauszuzögern. Zu Hilfe kam ihr dabei, dass im Winter 1939/40 die Witterungsbedingungen denkbar ungünstig für eine Offensive waren. Immer wieder wurde der Termin zum Losschlagen im Westen verschoben – am Ende bis zum 10. Mai 1940. Bis dahin blieb der Wehrmacht Zeit, einen Plan für den Kampf gegen die Westmächte auszuarbeiten. Nach den zahlenmäßigen Maßstäben war dieser Krieg ohnehin kaum zu gewinnen: Die Alliierten schienen den Deutschen in jeder Hinsicht überlegen: Sie hatten mehr Soldaten,

Generalleutnant Erich von Manstein konzipierte die legendäre »Sichelschnitt«-Operation.

mehr Panzer, Flugzeuge und insgesamt mehr Ressourcen. Die gewaltige Aufgabe, die nun vor der Heeresleitung lag, empfand Generalleutnant Erich von Manstein, Chef des Generalstabs der Heeresgruppe A, als Herausforderung.

In Koblenz stationiert, entwickelte er einen verblüffenden Plan: Seine Heeresgruppe sollte genau dort vorstoßen, wo der Gegner es am wenigsten erwartete – im bewaldeten und hügeligen Gebiet der Ardennen. Dieser Abschnitt der französischen Ostgrenze, im Grenzgebiet zu Luxemburg und Belgien, galt den Franzosen als »bestes Panzerhindernis in Europa«. Hier hatten sie ganz bewusst den Ausbau ihrer »Maginot«-Bunkerlinie vernachlässigt. Genau an dieser Stelle aber sollten die konzentrierten Panzerkräfte der Wehrmacht nun vorrücken.

Die Wahl des ungewöhnlichen Vormarschweges war nicht das eigentlich Neue an Mansteins Plan – neu war der zweite Teil seines Konzepts: Die Panzerstreitmacht sollte die Maas bei Sedan überwinden, sich dann von der nur langsam vorrückenden Infanterie »abnabeln«, um mit hoher Geschwindigkeit und in einem großen Bogen bis zur Kanalküste vorzustoßen. Zweck der Aktion war die Entzweiung der alliierten Kräfte und die Einkesselung der britischen Hauptstreitmacht, die im Norden von Frankreich und Belgien stand.

Der Plan hatte viel für sich: Überraschung des Gegners, ständige Bewegung und eine hohe Geschwindigkeit, eindeutige Konzentration auf eine Hauptangriffsspitze und das Ziel, den Gegner zu umfassen. Doch der Plan war keineswegs Ausdruck einer von langer Hand entwickelten expansiven »Blitzkrieg«-Strategie. Im Gegenteil. So »stellte er vielmehr eine operative Verzweiflungsaktion dar, um aus einer strategisch eigentlich aussichtslosen Situation herauszukommen«, so etwa die Einschätzung des Militärhistorikers Karl-Heinz Frieser in seinem Buch »Die Blitzkrieg-Legende«.

Erich von Manstein bekam bald Gelegenheit, sein Konzept vor dem »Führer« darzulegen. Hitler zeigte sich begeistert – und nahm später dreist für sich in Anspruch, Mit-Urheber der Idee gewesen zu sein. Mansteins Plan, der später von Churchill als »Sichelschnitt«-Operation bezeichnet wurde, diente als Grundlage für die Operationen der Wehrmacht im Westen. Alle Angriffe der Heeresgruppe B in Belgien und Holland, inklusive der vielbeachteten Luftlandungen, sollten den Gegner im Norden täuschen und binden. Derweil sollten die Panzerkolonnen der Heeresgruppe A durch die Ardennen vorstoßen und in vier Tagen die Maas bei Sedan erreichen.

»Blitzkrieg« – Einfall deutscher Truppen in Holland und Belgien, Mai 1940

Am 10. Mai 1940 um 5 Uhr 35 griff die deutsche Heeresgruppe B die neutralen Staaten Holland und Belgien an; während die Bodentruppen die Grenzen überschritten, attackierte die Luftwaffe Ziele im Hinterland. Umgehend bat die belgische Regierung Großbritannien um Unterstützung, die gewährt wurde. So rückte noch am ersten Tag des Krieges im Westen das britische Expeditionscorps auf belgisches Territorium vor, um sich den Deutschen entgegenzustellen. Damit tat man der Wehrmacht genau den Gefallen, auf den Manstein gehofft hatte; die britische Streitmacht fiel auf das Täuschungsmanöver herein. Wie vorgesehen, wurde nun das zweite Element des Konzepts umgesetzt. In den Ardennen setzte sich die

»Auf der Flucht vor den Deutschen« – liegengebliebener Leiterwagen in Belgien.

»Panzergruppe Kleist« – drei Divisionen mit 1222 Kampfpanzern sowie ein motorisiertes Infanterieregiment, alles in allem fast 40 000 Fahrzeuge – in Bewegung. Dass sie von den gegnerischen Fliegern unentdeckt blieben und nicht angegriffen wurden, gilt als abenteuerlicher »Zufall« der Kriegsgeschichte. Die vorderste Angriffswelle stand unter dem Kommando von Generaloberst Heinz Guderian. Die Spitzen des deutschen Angriffskeils erreichten am 13. Mai die Maas bei Sedan. »In drei Tagen an die Maas, am vierten Tag über die Maas!«, war Guderians Vorgabe gewesen – und sie wurde eingehalten. Für die einfachen Soldaten waren solche Formeln nebensächlich, wenn sie auf den Gegner trafen. Justus Habermann, Soldat in der 10. Panzerdivision, erinnert sich an den Schrecken der Schlacht: »Die französische Artillerie war in Teilen wahrscheinlich noch intakt, die haben uns manchmal enorm beharkt. Ich weiß noch, da liefen unsere Soldaten herum, und die schrien nach Mama und Papa. So hart fing das da an zu scheppern.« Seine damaligen Erfahrungen fasst er so zusammen: »Die Angst ist dann am stärksten, wenn man unbeteiligt ist und beschossen wird. Wenn man dichter dran ist und handeln kann, ist das weg. Dann geht es um die eigene Haut.« Und der damals 21-jährige Walter Henlein, Fahnenjunker bei der 2. Panzerdivision, die vor Sedan stand, erinnert sich: »Vor allem beim Maas-Übergang haben wir gemerkt, dass auch ein Gegner da ist. Wir haben ganz schön Zunder gekriegt. Haben auch die ersten Toten gehabt. Und dann guckt man schon, was ist da los? Der Krieg ist ja letztlich doch kein Spaziergang.«

An der Maas-Schleife bei Sedan bekamen es die französischen Verteidiger nun mit der ganzen Schlagkraft von Hitlers Luftwaffe zu tun. Bislang hatte sich die Luftwaffe nur im Norden bei der Heeresgruppe B in die Kämpfe eingeschaltet, auch, um den Gegner über den eigentlichen Schwerpunkt des Angriffs zu täuschen. Doch am 13. Mai unterstützten die Flieger mit sämtlichen ihnen zur Verfügung stehenden Maschinen die »Panzergruppe Kleist«. In mehreren Angriffswellen nahmen Stukas und Bomber stundenlang die französischen Stellungen vor Sedan unter Beschuss – insgesamt waren 1500 deutsche Flugzeuge im Einsatz.

Die psychologische Wirkung dieser Angriffe war wesentlich größer als die physische Vernichtung, die sie hinterließen. An drei Stellen überwand die Wehrmacht nach dem Bombardement den Fluss. Die Angreifer eroberten und hielten drei Brückenköpfe – so ermöglichten sie den Bau von Behelfsbrücken, über die am 14. Mai 60 000 Mann und 22 000 Fahrzeuge vorrückten. Aber nach dem erfolgreichen Durchbruch an der Maas, den Hitler als »Wunder« titulierte, griff der »Führer« den angreifenden Truppen in die Speichen. »Sichelschnitt« hin oder her, der Diktator erließ Weisung, anzuhalten und mit allen vorhandenen Kräften die soeben erkämpften Brückenköpfe zu sichern. Der Ausbruch der Panzerkräfte in Richtung Kanalküste erschien ihm und etlichen seiner konservativen Militärberater als viel zu riskant. Sie sahen die Gefahr, dass die vorrückenden Panzer dem Gegner ihre offenen Flanken präsentierten. Einem rasch reagierenden Gegner hätte dies eine willkommene Gelegenheit zum Gegenstoß gewährt – doch schnelle Reaktionen waren nicht die Stärke der Westalliierten.

Heinz Guderian gilt als der Mann, der den Frankreichfeldzug »entschied«.

Das wusste auch der Mann, der zuvor an vorderster Front den Maasübergang befehligt hatte: Generaloberst Heinz Guderian. Er entschied eigenmächtig, den Erfolg sofort zu einem weiteren Angriff zu nutzen. Den wertvollen Brückenkopf an der Maas ließ er lediglich schwach gesichert zurück. Ein Risiko, das er auf sich nahm, um eine einmalige Chance zu nutzen. In der neueren Militärgeschichte stellt Guderians eigenmächtige Aktion einen Wendepunkt dar, so Karl-Heinz Frieser: »Das aus dem Jahr 1918 stammende Kriegsbild des ›Stellungskrieges‹ wurde abgelöst durch das moderne Bild des ›operativen Bewegungskrieges‹.« Guderian gilt als derjenige, der so den »Frankreichfeldzug« entschied: »Mit seinem Handeln löste er einen Lawineneffekt aus, denn er riss auch die Panzerdivisionen mit sich. Diese formierten sich zu einem operativen Stoßkeil, der völlig isoliert auf die Kanalküste zustrebte.«

Nicht nur Guderian brach aus, sondern auch das Panzerkorps Hoth, das 30 Kilometer weiter nördlich einen Maasübergang erkämpft hatte. Die deutschen Panzertruppen setzten zur Umfassung des Gegners an. In der Kriegsgeschichte war dies der erste »operative« Einsatz der Panzerwaffe: Ganze Divisionen rollten weit vor und setzten auf »handstreichartige« Überraschung. Es galt nicht mehr, wie noch im Ersten Weltkrieg, durch einige Panzer eine örtliche taktische Überlegenheit zu erzielen, sondern die überlegene und weitgreifende Beweglichkeit als Trumpf auszuspielen.

Feldherrenträume eines Diktators

Dennoch wurde die Chance nicht so konsequent genutzt, wie Guderian es sich wünschte. Schon am 17. Mai bekamen seine Panzer den Befehl, bei Montcornet anzuhalten – diese Anweisung kam von Adolf Hitler persönlich. Um den Panzerkeil sowie die nachfolgenden motorisierten Unterstützungstruppen gegen Angriffe in seine entblößte Flanke zu schützen, sollte die »alte Wehrmacht«, die Infanterie und die mit Pferden bespannte Artillerie, aufrücken. Denn in Frankreich kämpften in der Uniform der Wehrmacht eigentlich zwei Armeen: Die modernen, motorisierten und gepanzerten Verbände machten nur zehn Prozent der Gesamtstärke aus. Der größte Teil des Heeres bewegte sich in einer Geschwindigkeit, die eher den napoleonischen Kriegen entsprach. Die endlosen Kolonnen der Infanterie marschierten zu Fuß, die Trosse und die Artillerie waren auf Zugpferde angewiesen. Die Wehrmacht als Ganzes war also keineswegs eine »stählerne Lawine«, die unaufhaltsam durch Frankreich rollte. Sie war eher mit einer Lanze zu vergleichen: die gefährliche Spitze war aus Stahl, doch der lange Schaft bestand aus Holz.

Am 19. Mai konnte Generalstabschef Halder seinen »Führer« dazu bewegen, den Halt-Befehl aufzuheben, Guderians Panzer rollten wieder auf die Kanalküste zu. Doch wenige Tage später kam eine Order, die als berühmtester »Halt-Befehl« in die Geschichte des Zweiten Weltkriegs eingehen sollte. Die deutschen Panzerspitzen hatten die Kanalküste erreicht, sie standen 15 Kilometer vor Dünkirchen, dem letzten Seehafen, der noch in alliierter Hand war. Mit dem »Sichelschnitt« war es gelungen, die Briten und einen beträchtlichen Teil der französischen Verbände einzukesseln. Nun galt es, die Truppen im Kessel anzugreifen, um ein Entkommen über den Hafen von Dünkirchen zu verhindern. Franzosen und Briten kämpften noch gegen die deutsche Heeresgruppe B und hatten keine Chance, die Gefahr, die in ihrem Rücken lauerte, zu bannen. Doch dann erging an Guderians Panzer der Befehl zum Anhalten; zuerst vom Oberbefehlshaber der Heeresgruppe A, Generaloberst Gerd von Rundstedt – er wollte am 23. Mai die Panzer anhalten lassen, um den Umfassungsarm, der ihm noch schwach erschien, entscheidend zu stärken und wiederum die Infanterie »aufschließen« zu lassen.

Hitler bestätigte Rundstedts Befehl zum Anhalten der Panzer. Am 24. Mai erfolgte jener »Führerbefehl«, der als »Hitlers Halt-Befehl vor Dünkirchen« in die Geschichtsbücher Eingang fand. Die Panzer blieben vor Dünkirchen stehen. Angeblich sollten die Panzerkräfte geschont werden für weitere Operationen in Richtung Süden. Göring versprach, dass die Luftwaffe allein die eingeschlossenen Gegner vernichten könne – ein absurder Vorschlag, denn die Luftwaffe hatte in den ersten zwei Wochen des Westfeldzugs bereits tausend Flugzeuge verloren. Sie hätte Schonung gebraucht, nicht die Panzertruppe.

»Weichenstellung« – der Hafen von Dünkirchen nach dem Abzug der Briten.

Die Ereignisse bei Dünkirchen gelten heute als eine vorentscheidende Weichenstellung in der Geschichte des Zweiten Weltkriegs. Der Großteil des britischen Expeditionskorps wurde nicht, wie Göring versprochen hatte, von der deutschen Luftwaffe vernichtet, sondern entkam über den Ärmelkanal. Etwa 120 000 französische und fast 250 000 britische Soldaten – gut ausgebildete reguläre Truppen – konnten durch die »Operation Dynamo« gerettet werden. Eben diese erfahrenen britischen Offiziere und Soldaten sollten die Kader bilden, um die herum bald eine größere, modernere und schlagkräftige britische Armee aufgebaut werden konnte. Sie würde später Rommel in Afrika besiegen und von den Stränden der Normandie bis an den Rhein vormarschieren, um schließlich an der Seite der Amerikaner den Norden und Westen Deutschlands zu besetzen.

Das Entkommen der britischen Expeditionsstreitkräfte war für Großbritannien politisch und psychologisch extrem wichtig. Churchill konnte auch in der Stunde der Niederlage im Sommer 1940 seinem Volk einen Funken Hoffnung bieten: das »Wunder von Dünkirchen«. Zwar hatten die Briten fast 70 000 Mann an Toten, Verwundeten und Gefangenen zu verzeichnen, 64 000 Fahrzeuge und fast 2500 Geschütze hatte man aufgeben müssen, doch es gelang Churchill, aus der Niederlage einen indirekten Sieg zu machen. Zu Verhandlungen hatte er jetzt keinen Anlass: Seine trotzige Insel würde weiterkämpfen, und bald – so hoffte er – würden die Amerikaner an der Seite der Briten in den Krieg eintreten.

Die ganze Tragweite der Ereignisse von Dünkirchen konnte auf deutscher Seite damals wohl nicht erkannt werden. Dennoch verstanden gerade die Soldaten vor Ort nicht, warum der Angriffsschwung gebremst wurde, erinnert sich Walter Heinlein: »Wir haben gedacht, warum geht es nicht weiter? Wir haben alle Mittel da, wir haben unsere Panzer da, wir können doch die Engländer alle ins Wasser schmeißen. Aber das durften wir nicht. Und dann kam die Luftwaffe, die hat dann natürlich die Schiffe bombardiert. Viel haben sie nicht getroffen, das ging damals technisch noch nicht.«

Der Sieg im Westen schien dennoch eindrucksvoll: 1,5 Millionen Franzosen gingen in Gefangenschaft, 85 000 waren getötet worden. Doch die Deutschen hatten den Erfolg teuer bezahlt, denn auch mindestens 27 000 Wehrmachtsoldaten waren ums Leben gekommen. Das hinderte Deutschland nicht daran, das »Wunder von 1940« zu feiern. Die Legendenbildung war nicht aufzuhalten, und schon bald hieß es, Adolf Hitler selbst habe die revolutionäre Strategie des »Blitzkriegs« erfunden; seine Generäle hätten sie lediglich auf dem Schlachtfeld umgesetzt. Tatsächlich aber beruhte der »Sichelschnitt«-Plan nicht auf einer systematisch entwickelten

Doktrin, sondern war eine aus der Not geborene Improvisation General von Mansteins. Sie machte den Krieg in Frankreich zu einem Blitzkrieg, der allerdings eher aus Zufall zum Erfolg wurde. Doch für die Öffentlichkeit war es Hitler, der diesen unerwarteten Sieg über den Angstgegner Frankreich möglich gemacht hatte. Vielen Älteren stand deutlich vor Augen, dass in den Jahren 1914 bis 1918 kein Durchbruch gegen die Westalliierten erzielt werden konnte. Stattdessen war man im jahrelangen Stellungskrieg aufgerieben worden. Umso größer war nun die Überraschung: Nur 22 Jahre nach der bitteren Niederlage von 1918 schienen alle Scharten, die der Friedensschluss von Versailles geschlagen hatte, ausgewetzt.

Hitler und Göring (rechts) bei ihrer Ankunft im Wald von Compiègne am 22. Juni 1940.

Als am 17. Juni des Jahres 1940 in Hitlers Gefechtsstand das Waffenstillstandsgesuch der französischen Regierung einging, erklärte Generaloberst Keitel seinen »Führer« zum »größten Feldherrn aller Zeiten«. Der stand nun im Zenit seiner Macht – und genoss den Triumph über Frankreich, das ihm und vielen Deutschen als »Erzfeind« galt. Hitler hatte zwischen 1914 und 1918 in Frankreich den Ersten Weltkrieg erlebt, war Zeuge des quälenden Stellungskrieges geworden und hatte die Niederlage 1918 als tiefe Schmach empfunden. Der letzte Akt des Westfeldzuges 1940 war deshalb von hoher Symbolik für ihn: Im selben Waggon, in dem am 11. November 1918 bei Compiègne eine deutsche Delegation mit dem Waffenstillstand die deutsche Niederlage besiegelt hatte, empfing Hitler am 22. Juni 1940 eine französische Delegation. Nun ließ er sie einen Waffenstillstand unterzeichnen – zu den Bedingungen, die der siegreiche »Führer« des Deutschen Reiches ihnen auferlegte.

21

VERNICHTUNGS-KRIEG

Polen, Norwegen, Frankreich, Jugoslawien, Griechenland – all diese Angriffsziele waren letztlich nur Ouvertüren für die Auseinandersetzung um den »Lebensraum im Osten« und den Kampf gegen den »jüdischen Bolschewismus«. Hitlers Ziel war ein »Großgermanisches Reich« vom Atlantik zum Ural. Schon in seinem Pamphlet »Mein Kampf« hatte er die Eroberung Russlands als »deutsche Mission« ausgegeben. Deshalb begann für den nationalsozialistischen Kriegsherrn der Zweite Weltkrieg eigentlich erst am 22. Juni 1941 mit dem Überfall auf die Sowjetunion. Es war kein Präventivkrieg, wie noch heute manche meinen. Der Feldzug im Osten war ein Vernichtungskrieg, bar jeder Rücksichtnahme auf alle Regeln der Zivilisation.

Als die Tür des Bunkers mit einem Ruck aufgerissen wurde, wusste der General, dass diese Schlacht unwiderruflich zu Ende war. Vor ihm stand ein russischer Soldat, die Waffe im Anschlag. Walther von Seydlitz-Kurzbach, General der Artillerie und Kommandeur des deutschen LI. Armeekorps in Stalingrad, übergab seine Pistole – und war von diesem Moment an Kriegsgefangener. Draußen sammelten sich kurz darauf unter dem Befehl eines russischen Offiziers die deutschen Gefangenen und machten sich in langen Viererkolonnen auf den Marsch – Seydlitz ging an der Spitze des Zuges. »Keiner sprach ein Wort«, erinnerte er sich später. »Schweigen umgab dieses elende kleine Gefangenenhäuflein, das langsam die kahle Straße entlangzog.« Doch plötzlich drehte sich der russische Offizier um. Am Straßenrand lag ein grausam zerrissener Leichnam eines deutschen Soldaten. Zornig rief er, auf die

◀ Deutsche Panzer beim Vormarsch auf Moskau, Dezember 1941.

Leiche zeigend: »Großdeutschland!« – »Ja, da lag er – ein gefallener unbekannter deutscher Soldat, offenbar von einer Mine gespalten«, notierte General Walther von Seydlitz-Kurzbach später. »In diesem Augenblick durchzuckte es wohl einen jeden von uns nach den gerade hinter uns liegenden Tagen des Lebens und Sterbens unserer 6. Armee in Stalingrad. Sollte unserer Heimat nun wirklich ein solches Schicksal beschieden sein?«

Walther von Seydlitz (links) und Friedrich Paulus, Oberbefehlshaber der 6. Armee, Oktober 1942.

Kaum ein anderer Ort ist in unseren Köpfen so fest mit dem Zweiten Weltkrieg verknüpft wie Stalingrad. Und kaum ein Ereignis der gesamten Kriegsgeschichte hat sich so traumatisch in das Bewusstsein der Deutschen eingegraben wie die Katastrophe an der Wolga. Stalingrad, jenes sprichwörtliche Massengrab der Wehrmacht, sollte in diesem Weltkrieg nicht das einzige bleiben. Doch es war aus deutscher Sicht das erste. Beinahe schockartig macht es den Menschen an der Front und in der Heimat klar, dass die Entscheidung, wer den Krieg gewinnen würde, gefallen war. Von nun an ging es nicht mehr vorwärts – sondern nur noch zurück. Stalingrad geriet zum Wendepunkt eines mörderischen Krieges, so brutal und menschenverachtend wie kein anderer zuvor. Denn was sich an der Ostfront abspielte, war kein »normaler« Krieg im herkömmlichen Sinne, sondern ein von langer Hand geplanter Vernichtungskrieg.

Eine selbstbewusste, kraftstrotzende Wehrmacht war anderthalb Jahre zuvor in die Sowjetunion eingefallen. Auf mehr als 1600 Kilometern Frontlinie, die von Ostpreußen bis zum Donaudelta reichte, stand das deutsche Heer mit 3,3 Millionen Mann, über 600 000 Fahrzeugen, 3650 Panzerkampfwagen, 7184 Geschützen und 1830 Flugzeugen. Dieser gewaltige Truppenaufmarsch war die größte militärische Kraftentfaltung der deutschen Geschichte.

> »Man musste sicher damit rechnen, dass die Sowjetunion Deutschland einmal angreifen würde – vor allen Dingen, wenn es nach einer Auseinandersetzung mit den Westmächten geschwächt dastehen würde. Aber ein solcher Angriff wäre im Sommer 1941 aus sowjetischer Sicht verfrüht gewesen.« *Ulrich de Maizière, Generalstabsoffizier*

War es ein Präventivkrieg, wie die deutsche Propaganda damals den Menschen glauben machen wollte? Die Wehrmacht sei lediglich einem sowjetischen Angriff zuvorgekommen, hieß es in den Verlautbarungen des Goebbels-Ministeriums. Das Deutsche Reich befände sich in einem »aufgezwungenen« Krieg. Propagandaphrasen, die bis heute fortwirken und auch in der Gegenwart noch für heftige Debatten sorgen. Befeuert werden derartige Thesen von der massierten Aufstellung der Roten Armee an der Westgrenze zu

Der rasche Vormarsch im Sommer 1941 nährte die Illusion eines weiteren erfolgreichen »Blitzkriegs«.

Hitlers Imperium. Denn so gewaltig die deutsche Militärmaschinerie auch anmutete – rein zahlenmäßig war die Wehrmacht ihrem Gegner weit unterlegen. Bei den Panzern betrug das Missverhältnis beispielsweise eins zu fünf. Zudem besaßen die Sowjets mehr als doppelt so viele Flugzeuge und ein Viertel mehr Geschütze als die Deutschen und ihre Verbündeten. Mehr als 4,7 Millionen Rotarmisten standen unter Waffen. Plante Stalin womöglich selbst einen Angriff auf das Deutsche Reich?

Chronik eines angekündigten Krieges

Nach der russischen Revolution von 1917 wollten die Bolschewiki den Umsturz in Russland zum Fanal einer weltumfassenden kommunistischen Fevolution machen. Doch dieses Ziel erwies sich schon Mitte der Zwanzigerjahre als Schimäre. Nach dem Tod Lenins 1924 legte die sowjetische Führung deshalb ihr Hauptaugenmerk darauf, den Sozialismus zunächst im eigenen Land aufzubauen – auf einer Fläche, die immerhin ein Sechstel der Erde umfasste, wie die kommunistische Propaganda nicht müde wurde zu betonen. Gleichwohl rechnete Josef Stalin, der sich aus der ursprünglich im Kollektiv agierenden Führungsriege zunehmend zum Diktator und Alleinherrscher aufgeschwungen hatte, mit einem »Krieg der imperialistischen Mächte« – gemeint waren damit Frankreich, Großbritannien, Deutschland und die USA –, die wie schon im Ersten Weltkrieg um die materiellen Ressourcen der Welt ringen würden. Erst wenn sich diese potenziellen Gegner gegenseitig geschwächt hätten, wollte er als »lachenden Dritter« die Arena betreten.

Zu dieser Zeit war die Sowjetunion jedoch weit davon entfernt, den Großmächten als ebenbürtiger militärischer Gegner entgegentreten zu können. Es galt, Zeit zu gewinnen, den als »unvermeidbar« angesehenen Konflikt möglichst lange hinauszuzögern – und derweil die eigene Militärmacht auszubauen. Nach Jahren der politischen Isolation schlug daher Mitte der Zwanzigerjahre denn auch die Stunde der Diplomatie. Verschiedene Handels- und Wirtschaftsabkommen sollten die Sowjetunion international wieder salonfähig machen. Besonders enge Beziehungen, die auch in eine militärische Zusammenarbeit mündeten, bestanden zum international ebenfalls isolierten Deutschen Reich.

> »Das Ende der Judenherrschaft in Russland wird auch das Ende Russlands als Staat sein.« *Hitler, »Mein Kampf«*

Die Achse Berlin-Moskau zerbrach nach Hitlers Machtantritt 1933. Stalin hatte Hitlers *Mein Kampf* gelesen und wusste um die außenpolitischen Intentionen des neuen Reichskanzlers, der in seinem Pamphlet der Ostpolitik ein eigenes Kapitel gewidmet und die Eroberung Russlands als »deutsche Mission« ausgegeben hatte: »Wir stoppen den ewigen Germanenzug nach dem Süden und Westen Europas und weisen den Blick nach dem Land im Osten. Wir schließen endlich ab die Kolonial- und Handelspolitik der Vorkriegszeit und gehen über zur Bodenpolitik der Zukunft. Wenn wir aber heute in Europa von neuem Grund und Boden reden, können wir in erster Linie nur an Russland und die ihm untertanen Randstaaten denken.« Politische Hirngespinste oder konkrete Zielvorgaben? Stalin entschied sich für Letzteres.

> »Jetzt haben wir gezeigt, wozu wir fähig sind. Glauben Sie mir, Keitel, ein Feldzug gegen Russland wäre dagegen nur ein Sandkastenspiel.«
> *Adolf Hitler nach dem Sieg über Frankreich, 1940*

Tatsächlich erläuterte Adolf Hitler schon wenige Tage nach seiner »Machtergreifung« 1933 vor führenden Militärs den Endzweck seiner Politik: Die Eroberung von »Lebensraum« im Osten und dessen, wie er sagte, »rücksichtslose Germanisierung«. Das war – neben der »Vernichtung des Judentums« – eines seiner Hauptlebensziele, dem er alles andere unterordnete. Indem er das bolschewistische Regime in Russland als »Judenherrschaft« identifizierte, verschmolzen die beiden Grundbestandteile seiner kruden »Weltanschauung« zu einem untrennbaren Amalgam.

Unmittelbar nach dem Ende des Frankreichfeldzugs wurden erste Pläne für einen Angriff auf Russland gemacht. »Entschluss: Im Zuge der Auseinandersetzungen muss Russland erledigt werden«, notierte Generalstabschef Halder am 31. Juli 1940 nach einer Besprechung mit dem »Führer« in sein Tagebuch. »Beginn des Feldzugs: Mai 1941. Fünf Monate. Ziel: Vernichtung der Lebenskraft.« Gleichwohl war damit die Entscheidung zum Angriff im darauffolgenden Frühjahr keineswegs gefallen. Dies lag vor allem am letzten verbliebenen Kriegsgegner: Die Briten wollten sich mit der ihnen von Hitler zugedachten Rolle als »Juniorpartner« partout nicht abfinden. Der Diktator hatte ursprünglich auf eine Teilung der Interessenssphären mit dem von ihm bewunderten britischen Empire gehofft – Deutschland fungierte in diesen hochfliegenden Plänen als weltweit führende Kontinentalmacht, England als dominierende Seemacht.

Die nationalsozialistische Propaganda agitierte seit Hitlers Machtantritt gegen den »Feind im Osten«.

Nach dem Sieg über Frankreich hoffte Hitler, London zu Friedensverhandlungen zwingen zu können. Der Kreigsherr schätzte zum einen die Erfolgsaussichten einer Invasion der britischen Inseln als gering ein. Zum anderen drohte, je länger sich der Konflikt hinzog, ein Kriegseintritt der USA auf Seiten Englands. Und das hätte eine gravierende Verschiebung der militärischen Kräfteverhältnisse bedeutet – zuungunsten des Deutschen Reichs. Doch wie waren die Briten am besten an den Verhandlungstisch zu bekommen? Hitler tendierte zum »Umweg« über Russland, auf das die britische Führung seiner Meinung nach starke Hoffnungen setzte. Vor allem in Marinekreisen kursierten dagegen Vorstellungen, zunächst die britische Machtbasis im Mittelmeer auszuschalten. Tatsächlich wurden in den folgenden Monaten Schritte unternommen, diese »Peripheriestrategie« in die Tat umzusetzen. Letztlich jedoch scheiterten die ehrgeizigen Pläne an einer zu diesem Zweck viel zu kleinen deutschen Kriegsmarine und an unauflösbaren Interessengegensätzen im fragilen deutschen Bündnissystem im »Mare Nostrum«: Zugeständnisse an Francos Spanien hätten Vichy-Frankreich vor den Kopf gestoßen; ein Entgegenkommen gegenüber den Franzosen hätte wiederum Mussolini aufs Äußerste verärgert. So wurde im November 1940 die Mittelmeerstrategie stillschweigend zu den Akten gelegt.

> »Ich selbst sah keine Notwendigkeit, Russland anzugreifen. Ich sah auf der anderen Seite, dass Russland sich an seinen Vertrag hielt und seine Lieferungen, auf die wir angewiesen waren – Lebensmittel, Rohstoffe und so weiter –, pünktlich und zuverlässig lieferte.« *Bernd Freiherr Freytag von Loringhoven, Generalstabsoffizier*

Hitler hatte sich jetzt endgültig entschieden, Russland im Frühjahr 1941 anzugreifen. Es war sein originärer Entschluss. Nicht einer seiner Militärführer hatte ihm zugeraten oder gar den Angriff gefordert. Ganz im Gegenteil: Bis zuletzt hatten der Generalstabschef Franz Halder und der Oberbefehlshaber des Heeres, Walther von Brauchitsch, dazu geraten, auch weiterhin freundschaftliche Beziehungen zur Sowjetunion aufrechtzuerhalten – nicht zuletzt, weil sie das Damoklesschwert eines Zweifrontenkriegs über Deutschland schweben sahen. Denn nichts fürchtete die deutsche Militärelite so sehr wie den gleichzeitigen Kampf im Osten und im Westen, der das Reich schon im Ersten Weltkrieg in eine fatale Lage gebracht hatte.

Weisung Nr. 21

Der »Fall Barbarossa«

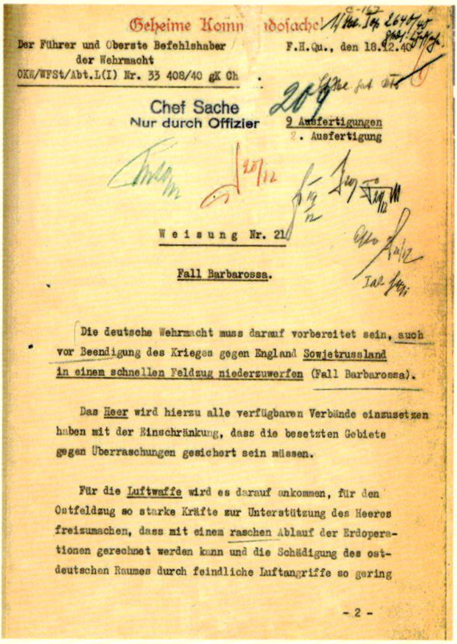

Geheime Komm dosache

Der Führer und Oberste Befehlshaber der Wehrmacht

OKW/WFSt/Abt.L(I) Nr. 33 408/40 gK Ch

F.H.Qu., den 18.12.40

Chef Sache
Nur durch Offizier

9 Ausfertigungen
2. Ausfertigung

Weisung Nr. 21

Fall Barbarossa.

Die deutsche Wehrmacht muss darauf vorbereitet sein, auch vor Beendigung des Krieges gegen England Sowjetrussland in einem schnellen Feldzug niederzuwerfen (Fall Barbarossa).

Das Heer wird hierzu alle verfügbaren Verbände einzusetzen haben mit der Einschränkung, dass die besetzten Gebiete gegen Überraschungen gesichert sein müssen.

Für die Luftwaffe wird es darauf ankommen, für den Ostfeldzug so starke Kräfte zur Unterstützung des Heeres freizumachen, dass mit einem raschen Ablauf der Erdoperationen gerechnet werden kann und die Schädigung des ostdeutschen Raumes durch feindliche Luftangriffe so gering

- 2 -

»Geheime Kommandosache« – mit der »Weisung 21« wurde der Angriff auf die Sowjetunion besiegelt.

Die Deutsche Wehrmacht muss darauf vorbereitet sein, auch vor Beendigung des Krieges gegen England Sowjetrussland in einem schnellen Feldzug niederzuwerfen (Fall Barbarossa).

Das Heer wird hierzu alle verfügbaren Verbände einzusetzen haben mit der Einschränkung, dass die besetzten Gebiete gegen Überraschungen gesichert sein müssen.

Für die Luftwaffe wird es darauf ankommen, für den Ostfeldzug so starke Kräfte zur Unterstützung des Heeres freizumachen, dass mit einem raschen Ablauf der Erdoperationen gerechnet werden kann und die Schädigung des ostdeutschen Raumes durch feindliche Luftangriffe so gering wie möglich bleibt. Diese Schwerpunktbildung im Osten findet ihre Grenze in der Forderung, dass der gesamte von uns beherrschte Kampf- und Rüstungsraum gegen feindliche Luftangriffe hinreichend geschützt bleiben muss und die Angriffshandlungen gegen England, insbesondere seine Zufuhr, nicht zum Erliegen kommen dürfen.

Der Schwerpunkt des Einsatzes der Kriegsmarine bleibt auch während eines Ostfeldzuges eindeutig gegen England gerichtet.

Den Aufmarsch gegen Sowjetrussland werde ich gegebenenfalls acht Wochen vor dem beabsichtigten Operationsbeginn befehlen.

Vorbereitungen, die eine längere Anlaufzeit benötigen, sind – soweit noch nicht geschehen – schon jetzt in Angriff zu nehmen und bis zum 15.5.41 abzuschließen.

Entscheidender Wert ist jedoch darauf zu legen, dass die Absicht eines Angriffes nicht erkennbar wird. ■

Dennoch nahmen die Generäle den Angriffsbefehl letztlich ohne Widerspruch hin. Halder und von Brauchitsch legten dem Diktator am 5. Dezember 1940 einen Entwurf vor, der zwei Wochen später als Angriffsplan abgesegnet wurde. In der Chronologie der »Führer«-Befehle ist er als »Weisung Nr. 21« registriert. Der Text von elf Seiten Länge mit der Überschrift »Fall Barbarossa« sollte zu einem der folgenschwersten Dokumente des Zweiten Weltkriegs werden. In ihm wurden auch die Richtlinien für den Feldzug festgelegt. »Das Endziel der Operationen ist die Abschirmung gegen das asiatische Russland auf der allgemeinen Linie Wolga-Archangelsk« – mehr als 2000 Kilometer von der deutschen Grenze entfernt. In acht bis zehn Wochen, so rechnete Hitler, sei das Ziel zu erreichen.

Franz Halder (links) und Walther von Brauchitsch – auf ihrem Entwurf beruhte der Angriffsplan auf die Sowjetunion.

Der Überfall

Am 22. Juni 1941, um 3 Uhr 15 in der Morgendämmerung, schlug an der Grenze zwischen Hitlers und Stalins Europa die Stunde X. Mit einem gewaltigen Feuersturm aus Hunderttausenden Rohren begann der Kampf um den »Lebensraum« im Osten. »Feuer frei«, »vorwärts«, »Marsch« oder einfach nur »los« – die deutsche Angriffsmaschine rollte unerbittlich an. MG-Salven überzogen die Grenzposten, Handgranaten schlugen in sowjetische Unterstände ein, die Gegenwehr der völlig überraschten Verteidiger war schnell gebrochen. Solche Szenen wiederholten sich Tausende Male entlang der Frontlinie.

Eigentlich hätte das Unternehmen bereits mehr als einen Monat vorher starten sollen, doch unvorhergesehene Zwischenfälle verzögerten den Beginn: Der ohne Konsultationen mit Berlin vom Zaun gebrochene Feldzug Italiens gegen Griechenland drohte nun endgültig zum Fiasko zu werden und damit die südliche Flanke von »Barbarossa« zu gefährden. Gleiches galt für den Staatsstreich in Jugoslawien Ende März 1941.

Also rollten die deutschen Panzerverbände am 6. April statt nach Osten zunächst nach Süden. Es dauerte nur elf Tage, bis die jugoslawische Armee kapitulierte; und auch über der Akropolis in der griechischen Hauptstadt Athen wehte schon wenig später die Hakenkreuzflagge. Dennoch war entscheidende Zeit verloren gegangen. Fünfeinhalb Wochen, die über den Ausgang des Feldzugs gegen Russland entscheiden konnten. Für die deutschen Soldaten war erst am Vorabend des Angriffstags das Rätselraten zu Ende gegangen, was der gewaltige, in striktester Heimlichkeit vollzogene Truppenaufmarsch an der Ostgrenze zu bedeuten hatte.

Vom 27. April 1941 an wehte die Hakenkreuzflagge auf der Akropolis.

»Durchmarsch zu den Ölquellen in Persien«, »Vorstoß nach Palästina und Vereinigung mit den Einheiten von Rommels Afrikakorps« oder »Unterstützung einer Konterrevolution in Russland«, so hatten einige der Parolen gelautet – schließlich gab es ja einen Nichtangriffsvertrag mit der Sowjetunion! Kaum jemand rechnete mit einem Überfall. Doch spätestens, als an diesem Abend ein Armeebefehl Adolf Hitlers verlesen wurde, wussten die Männer der »Ostfront« (es war das erste Mal, dass dieser Begriff verwendet wurde), was die Stunde geschlagen hatte: »In diesem Augenblick vollzieht sich ein Aufmarsch, der in Ausdehnung und Umfang der größte ist, den die Welt bisher gesehen hat. Von Ostpreußen bis zu den Karpaten reichen die Formationen der deutschen Ostfront. Die Aufgabe dieser Front ist nicht mehr der Schutz einzelner Länder, sondern die Sicherung Europas und damit die Rettung aller. Deutsche Soldaten! Damit tretet ihr in einen harten und verantwortungsschweren Kampf ein. Denn: Das Schicksal Europas, die Zukunft des Deutschen Reiches, das Dasein unseres Volkes liegen nunmehr allein in eurer Hand. Möge uns allen in diesem Kampf der Herrgott helfen!«

> »Für den Fall eines Scheiterns der Blitzkriegsstrategie gab es keinen Plan B. Die Blitzkriegsstrategie musste funktionieren – andernfalls wäre der deutschen Kriegführung ihre strategische Grundlage entzogen.«
>
> *Bernd Wegner, Militärhistoriker*

Vielen Soldaten fuhr bei diesen Worten der Schreck in die Glieder. Nicht wenige hegten schon angesichts der schieren Größe des russischen »Kolosses« zwiespältige Gefühle. Die Geschichtsbeflissenen unter ihnen erinnerten sich zudem daran, dass 129 Jahre zuvor just am selben Tag Napoleon den Befehl zum Angriff auf Russland erteilt hatte – zu einem Feldzug, der nach wenigen Monaten in einer Katastrophe endete. Die allermeisten Soldaten und Offiziere der Wehrmacht jedoch verscheuchten derartige Gedanken mit der Erinnerung an die »Blitzkriege« gegen Polen und Frankreich: »Es wird wohl wieder eine kurze Sache werden!«

> »Die Russen waren für uns Bestien. Sie wurden gleichgesetzt mit Kommunismus. Kommunismus war das schlimmste Übel dieser Zeit. Es wollte die ganze Welt beherrschen.«
>
> *Vincenz Griesemer, deutscher Soldat*

Die permanente und auch nach dem Nichtangriffspakt von Sommer 1939 kaum weniger starke antibolschewistische Berieselung durch die Goebbels-Propaganda hatte zudem in vielen Köpfen die entsprechenden Feindbilder verankert: Zahlreiche Soldaten waren durchdrungen von der NS-Ideologie und glaubten tatsächlich, eine historische Mission zu erfüllen – Deutschland und Europa vor dem Bolschewismus zu bewahren und die Welt im Sinne des Nationalsozialismus umzugestalten.

Die deutsche Angriffsfront gliederte sich in drei Abschnitte: Die Heeresgruppe Nord sollte die sowjetischen Truppen im Baltikum vernichten und Leningrad einnehmen. Für die Heeresgruppe Süd sah die Planung vor, die Truppen der Roten Armee in Galizien und der Westukraine auszuschalten und dann über den Dnjepr hinweg Richtung Kiew vorzurücken. Der Hauptschlag jedoch sollte nördlich der Pripjet-Sümpfe in Weißrussland erfolgen, im Kampfraum der Heeresgruppe Mitte. Auf 400 Kilometern Frontlinie ballte sich mit zwei Panzergruppen die eiserne Streitmacht des »Blitzkriegs«, die auch von einer großen Zahl von »Stukas« unterstützt wurde. Mit ihrer Hilfe sollte eine gewaltige Bresche über Minsk und Smolensk nach Moskau geschlagen werden.

Während sich die Feldzüge gegen Polen und Frankreich blitzkriegartig entwickelt hatten, weil die deutschen Panzertruppen aufgrund des günstigen Verlaufs der Operationen rasch vorgestoßen waren, sollte das »Unternehmen Barbarossa« der erste bewusst geplante Blitzkrieg der Wehrmacht werden. Freilich waren die geografischen Gegebenheiten in der Sowjetunion dafür nicht gerade geeignet. Die Entfernungen waren riesig, es gab kaum befestigte Straßen, auf denen die Panzer hätten rasch vorstoßen können. Die russischen »Rollbahnen« waren zumeist nicht mehr als staubige Pisten, die sich im Herbst in bodenlose Matschlandschaften verwandelten, ehe sie der Winter vollends unpassierbar machte. Bei allen Vorbesprechungen und Planspielen betonten die Militärs deshalb stets den Zeitfaktor: Alles kam darauf an, dass die Panzer schnell und ungestüm vorpreschten, um – wie in Polen und Frankreich – beim Gegner jene Panik auszulösen, die dessen Verteidigung wie ein Kartenhaus zusammenstürzen ließe. Spätestens zum Einbruch des Winters musste der Feldzug gewonnen sein.

Nur Provokationen?

In Stalins Datscha in der Nähe von Moskau klingelte in den frühen Morgenstunden des 22. Juni 1941 das Telefon. Am Apparat war der Chef des Generalstabs, General Georgij Schukow, der mit Nachdruck verlangte, Stalin zu sprechen. Trotz einer gegenteiligen Weisung wagte es Stalins Ordonnanz tatsächlich, im Morgengrauen an die Tür des Schlafzimmers zu klopfen. Hastig meldete der Offizier dem Diktator, Schukow sei am Telefon. Stalin nahm mürrisch den Hörer in die Hand, dann folgte ein äußerst gespenstischer Dialog.

Stalin: »Ich höre.«

Schukow: »Ich rufe auf Befehl des Verteidigungskommissars an. Die Deutschen bombardieren unsere Städte!« – Schweigen.

»Haben Sie mich verstanden, Genosse Stalin?«

Wieder langes Schweigen. Erst nach einer endlos erscheinenden Pause presste Stalin mit schwerer Stimme hervor: »Kommen Sie in den Kreml mit Timoschenko.«

Auch das Politbüro der KPdSU wurde herbeibeordert. Um halb sechs Uhr Moskauer Zeit – gut eine Stunde nach Beginn des Angriffs – war die Runde komplett. Verteidigungskommissar Semjion Timoschenko gab einen ersten Lagebericht ab, soweit das überhaupt möglich war. Die Informationen flossen spärlich, da schon viele Telegrafenleitungen gekappt worden waren. Als er seinen Vortrag beendet hatte, fragte Stalin immer noch ungläubig: »Glaubt ihr nicht, dass das alles nur Provokationen sein könnten?«

General Georgij Schukow (rechts) und Marschall Semjion Timoschenko bei einem Manöver nahe Kiew, 1940.

Das war symptomatisch für die Haltung des sowjetischen Diktators. Nicht, dass er ernsthaft auf den deutsch-sowjetischen Freundschaftspakt von 1939 gebaut hätte: Wie für seinen Gegenspieler Hitler war der Vertrag für ihn lediglich ein Fetzen Papier. Gut, um die dringend benötigte Zeit zu gewinnen – nicht mehr und nicht weniger. Dennoch hatte Stalin alle Hinweise auf einen bevorstehenden Angriff der Deutschen ignoriert. Dabei war er gleich mehrfach gewarnt worden. Schon Ende des Jahres 1940 hatten sich Meldungen eigener und fremder Nachrichtendienste verdichtet, dass sich an der sowjetischen Westgrenze ein gewaltiger Aufmarsch an deutschen Truppen anbahne. Doch immer wieder hatte Stalin abgewiegelt. Stets witterte er Provokationen, sah darin die Taktik kapitalistischer Mächte, die ihn aus Eigeninteresse in einen Krieg gegen Hitler verwickeln wollten. Stalin hielt es für unwahrscheinlich, dass sich Hitler auf das Wagnis eines Zweifrontenkriegs einlassen würde. Aber der »Führer« handelte als Hasardeur – Stalin agierte eher als vorsichtiger Machtmensch.

> »Stalin war sich im Klaren darüber, dass die Rote Armee nicht auf einen Krieg vorbereitet war, und auch darüber, dass die von ihm befohlenen Säuberungen 1937 / 38 fast das gesamte Offizierkorps ausgerottet hatten. Wenn es jetzt keinen Krieg geben konnte, dann deshalb nicht, weil es keinen geben durfte. Stalins Weisung lautete deshalb: sich ruhig verhalten und durch diplomatisches Entgegenkommen jede Konfrontation mit dem Deutschen Reich vermeiden.«
>
> *Dmitrij Wolkogonow, Historiker, damals Leutnant der Roten Armee*

Die obersten sowjetischen Militärs teilten Stalins Auffassung nicht und hatten selbst die Initiative ergriffen. Mitte Mai 1941 hatten Schukow und Timoschenko dem Kremlchef einen Plan vorgelegt, der davon ausging, dass man »auf keinen Fall der deutschen Militärführung die Initiative der Kampfhandlung überlässt, dem Feind beim Aufmarsch zuvorkommt und die deutsche Armee in dem Moment angreift, wenn sie sich im Entfaltungsstadium befindet«. Ein Plan, der kurzfristig angesichts der umfangreichen deutschen Truppenbewegungen entstanden war. Stalin indes hatte ihn entrüstet zurückgewiesen. Er soll den beiden Generälen sogar gedroht haben: »Wenn ihr da an der Grenze die Deutschen reizt, wenn ihr ohne Genehmigung Truppen verschiebt, dann rollen Köpfe!« Entscheidende militärische Vorbereitungen zur Abwehr eines deutschen Einmarschs waren unterblieben – sehr zum Groll Schukows. Noch am Abend vor dem Überfall hatten er und Timoschenko von Stalin eine Direktive gefordert, die Grenztruppen in volle Alarmbereitschaft zu versetzen; Befehlshaber vor Ort hätten konkrete Hinweise auf einen Überfall noch in derselben Nacht. Stalin warnte: »Bloß nichts überstürzen.« Was immer geschehe, alles müsse doch irgendwie auch noch friedlich zu regeln sein.

Niemand war sich mehr im Klaren darüber als Stalin, dass die Rote Armee trotz ihrer numerischen und materiellen Überlegenheit noch immer nicht auf einen Krieg vorbereitet war. Ein Großteil des Führungskorps der Roten Armee war den vom Kremlchef persönlich initiierten »großen Säuberungen« der Jahre 1937/38 zum Opfer gefallen – genauso wie Hunderttausende einfache Sowjetbürger sowie Zehntausende Kader aus Partei und Staatsapparat. Achtzig der 101 Mitglieder der obersten Militärführung waren damals ermordet worden, darunter drei von fünf Marschällen der Sowjetunion. Insgesamt waren mehr als 22 000 Offiziere der Roten Armee erschossen worden oder blieben auf Dauer verschwunden. Stalins Alleinherrschaft war nach der großen Terrorwelle zwar unangreifbar geworden, die Enthauptung der Armee hatte jedoch verheerende Folgen für die Schlagkraft der Truppe. Während die Nomenklatur von KP und Staatsapparat verhätnismäßig rasch wieder aufgefüllt werden konnte, ließen sich militärische Führungskenntnisse und technisches Fachwissen nicht so einfach ersetzen.

Wie erbärmlich der Zustand der Roten Armee war, hatte schon der sowjetisch-finnische Winterkrieg 1939/1940 gezeigt: Gegen den zahlenmäßig weit unterlegenen Gegner hatten sich die unzureichend geführten russischen Verbände bis auf die Knochen blamiert. »Damals rechnete die ganze Welt mit einer sowjetischen

Niederlage«, so die Einschätzung des Historikers Richard Overy. »In Washington gab Präsident Roosevelt den Russen höchstens ein paar Wochen. In Großbritannien war das Vertrauen in die Fähigkeiten der Roten Armee ebenfalls begrenzt. Denn wenn die Wehrmacht die französische Armee in sechs Wochen besiegen konnte – was sollten ihr die Russen da entgegensetzen können?«

Blitzkrieg

Ungewohnte Töne rissen die Deutschen in der Heimat am Morgen des 22. Juni 1941 aus den Betten. Zum ersten Mal erklang das wuchtige Thema aus Franz Liszts »Les préludes«, das künftig die Sondermeldungen von der Ostfront einleiten sollte. Dann erklang aus den Volksempfängern die Stimme des Propagandaministers – Joseph Goebbels verlas eine Erklärung Hitlers. Die meisten Menschen waren betroffen, als sie die Worte ihres »Führers« hörten: »Ich habe mich heute entschlossen, das Schicksal des Deutschen

Am 22. Juni 1941 begann der Feldzug gegen die Sowjetunion. Für Stalin kam der Angriff überraschend, trotz zahlreicher Warnungen über deutsche Truppenbewegungen.

Reiches und unseres Volkes wieder in die Hände unserer Soldaten zu legen.« Goebbels wusste genau, dass die moralische Mobilmachung der Bevölkerung diesmal noch schwieriger sein würde als bei den vorherigen Feldzügen. In den streng geheimen »Meldungen aus dem Reich« des SS-Sicherheitsdienstes sind die Reaktionen der Bevölkerung festgehalten: Bald nach dem Angriff dominierten bei vielen Überraschung, Bestürzung, ja eine Art kollektiver Schock und Angst vor den Folgen.

Erst am 3. Juli reagierte Stalin – mit dem Aufruf zum »Großen Vaterländischen Krieg«.

Geschockt waren die Menschen auch in Moskau und der gesamten Sowjetunion. Hatte es nicht eine Woche zuvor noch in einer Meldung der amtlichen Nachrichtenagentur TASS geheißen, alle Gerüchte über einen bevorstehenden Krieg entbehrten jeglicher Grundlage? Außenminister Wjatscheslaw Molotow fiel die undankbare Aufgabe zu, die Bürger über den deutschen Überfall zu informieren. In einer Rundfunkrede am Mittag des 22. Juni 1941 sprach er von einem »in der Geschichte der zivilisierten Völker beispiellosen Treubruch«, angezettelt von den »blutrünstigen faschistischen Machthabern Deutschlands«.

Stalin dagegen hatte sich wie benommen in seine Datscha zurückgezogen. Fast zwei Wochen lang blieb er für die Öffentlichkeit unsichtbar. Erst am 3. Juli meldete er sich zurück. In einer flammenden Rundfunkansprache rief er das ganze sowjetische Volk zum »Großen Vaterländischen Krieg« gegen die faschistischen Okkupanten auf. Es war ein völlig neuer und für die Sowjetbürger ungewohnter Ton, den der Kremlherr in seiner Rede anschlug. Nicht als »Genossinnen und Genossen«, sondern als »Brüder und Schwestern« sprach er seine Hörer an. Ein neues Gefühl der Zusammengehörigkeit sollte entstehen, gemeinsam sollte der Feind geschlagen werden. Seinen Truppen befahl Stalin schlicht: »Halten oder sterben!« Das war auch nötig, denn an diesem Tag überquerten die deutschen Panzer bereits die Beresina und rollten Richtung Smolensk. Und damit geriet auch die Hauptstadt Moskau immer mehr in Gefahr.

Am selben Tag notierte tausend Kilometer weiter westlich im »Führerhauptquartier« Generalstabschef Halder in seinem Tagebuch: »Es ist wohl nicht zu viel gesagt, wenn ich behaupte, dass der Feldzug gegen Russland innerhalb von 14 Tagen gewonnen wurde.« Vorausgegangen war ein regelrechter Sturmlauf der Wehrmacht, der die Blitzkriege gegen Polen und Frankreich noch in den Schatten zu stellen schien. Beinahe überall hatten die sowjetischen Grenzbefestigungen zügig überwunden werden können. Auch die russische Luftwaffe wurde zum Großteil schon am Boden vernichtet. Die deutschen Panzerverbände stießen vor und überrollten an der gesamten Front die Truppen der Roten Armee. Den raschen Vorstößen der Panzer folgten die Infanteriedivisionen. Das Tempo, das die Deutschen vorlegten, schien unglaublich. Bei Minsk und Bialystok hatte sich schon vier Tage nach Beginn des Feldzugs der Belagerungsring um zwei komplette sowjetische Armeen mit insgesamt 43 Divisionen geschlossen. Die erste große Kesselschlacht des Russlandfeldzugs endete mit einem beispiellosen Triumph für die deutschen Truppen: Mehr als 320 000 Rotarmisten gerieten in Gefangenschaft, 3300 Panzer und 1800 Geschütze gingen verloren.

Bereits in den ersten Tagen gerieten zahllose Rotarmisten in deutsche Gefangenschaft.

Die großen Zangenbewegungen der deutschen Wehrmacht mündeten in den darauffolgenden Wochen immer wieder in vernichtenden Kesselschlachten. Ganze Heeresgruppen – mit Hunderttausenden von sowjetischen Soldaten – wurden zunächst eingekreist, dann abgeschnitten und unter massivem Einsatz von Artillerie und Luftwaffe vernichtend geschlagen. Tod, Verwundung, Gefangenschaft – dieses Schicksal erlitten über eine Million Rotarmisten schon in den ersten Wochen.

> »Die Kriegsgefangenen, bei denen das Verpflegungsproblem kaum zu lösen ist, sind teilweise sechs bis acht Tage ohne Nahrung und kennen in einer durch den Hunger hervorgerufenen Apathie nur noch eine Sucht: zu etwas Essbarem zu gelangen … Eine Abhilfe dieser chaotischen Zustände ist bei dem durch den Vormarsch bedingten vordringlichen Menschen- und Transportraumbedarf nicht möglich.«
>
> *Franz Xaver Dorsch, Leiter des Zentralamts der »Organisation Todt«, 10. Juli 1941*

Diejenigen Rotarmisten, die das Gemetzel der Kesselschlachten überlebt hatten, traten den Weg in eine düstere Zukunft an. In endlosen Schlangen zogen sie gen Westen. Die meisten marschierten in den sicheren Tod. Von deutscher Seite waren keinerlei Vorkehrungen getroffen worden, die Massen auch versorgen zu können. Man nahm billigend in Kauf, dass die Männer im wahrsten Sinne des Wortes verrecken mussten. Allein bis Februar 1942 starben fast zwei Millionen sowjetische Kriegsgefangene in deutschem Gewahrsam – ein Los, das später auch die deutschen Gefangenen in den sowjetischen Gulags noch ereilen sollte. Erst danach kam es bei den Deutschen zumindest stellenweise zu einem Umdenken: Dann wurden die meisten der gefangen genommenen sowjetischen Soldaten – freilich nicht mehr solche Massen wie im Sommer des Jahres 1941 – zumindest notdürftig verpflegt, nach Deutschland gebracht und als billige Arbeitskräfte für die deutsche Kriegswirtschaft eingesetzt.

Der »Schwenk nach Süden« brachte der Roten Armee eine verheerende Niederlage bei.

Der Wendepunkt

Anfang August standen die deutschen Angriffsspitzen bereits 280 Kilometer vor der russischen Hauptstadt Moskau. Walther von Brauchitsch und Franz Halder plädierten weiter für einen raschen Vormarsch der Heeresgruppe Mitte auf die Kremlmetropole. Sie dachten in traditionellen militärischen Kategorien: Nach diesen wurde ein Land erobert, indem man die Hauptstadt des Feindes einnahm. Doch Hitler zögerte. Die Schlachten in der Mitte und im Norden des riesigen Landes hielt er schon fast für entschieden. Lediglich im Süden, in der Ukraine, machte er noch heftigeren Widerstand aus – dort, wo sich auch das stärkste Industriepotenzial der gesamten Sowjetunion befand. Gleichzeitig galt die Region auch als Kornkammer des Landes. Hitler habe eigentlich das modernere Kriegsbild gehabt, so der Militärhistoriker Bernd Wegner. »Er wusste, dass ein moderner, industrialisierter Krieg nicht allein auf den Schlachtfeldern entschieden wird, sondern in den Produktionsstätten. Und darum war für ihn das Entscheidende, dass diese

Produktionsstätten erobert würden und der Sowjetunion so die Fähigkeit zur weiteren Kriegführung entzogen würde.«

Folgerichtig hieß es denn auch in einer »Führerweisung« vom 21. August 1941: »Das wichtigste, noch vor Einbruch des Winters zu erreichende Ziel ist nicht die Einnahme von Moskau, sondern im Süden die Fortnahme der Krim, des Industrie- und Kohlengebiets am Donez sowie die Abschnürung der russischen Ölzufuhr aus dem Kaukasus.« Die Heeresführung war empört, Halder dachte gar an Rücktritt. Hitler beharrte indes auf seiner Meinung.

Der Schwenk nach Süden brachte einen weiteren spektakulären Schlachtenerfolg für die deutschen Truppen: Bei Kiew konnten sie Mitte September vier sowjetische Armeen mit mehr als einer Dreiviertelmillion Soldaten einkesseln. Für die Rote Armee endete der Kampf mit einem Debakel ohnegleichen. 665 000 Gefangene meldete das Oberkommando der Wehrmacht, selbst nach sowjetischen Angaben waren es noch 450 000 Mann.

> »Wir stehen vor der traurigen Tatsache, dass die oberste Führung den Bogen überspannt hat, den Meldungen über die sinkende Kampfkraft der Truppe nicht glauben wollte, immer neue Forderungen stellte, für die harte Winterszeit nicht vorsorgte und nun durch die russische Kälte überrascht wurde.«
>
> *Heinz Guderian in einem Brief, 8. Dezember 1941*

In der Heeresführung herrschte nach dem gewaltigen Sieg bei Kiew Hochstimmung. Obwohl die herbstliche Schlammperiode und der gefürchtete russische Winter schon vor der Tür standen, rückte nun das Angriffsziel Moskau wieder in den Blick. Wichtig bleibt festzuhalten: Der erneute Vorstoß nach Moskau war keine einsame »Führerentscheidung« über den Kopf der Militärs hinweg. Obwohl die Generäle um die Erschöpfung der Truppe wussten und sich auch über mögliche Gefahren eines solchen Vormarschs in dieser Jahreszeit im Klaren waren, trieb vor allem Halder den Angriff voran. Die Rote Armee, so das Kalkül, sei derart geschwächt,

Der Winter setzte der Wehrmacht oft mehr zu als die Truppen der Sowjetarmee.

dass eine kleine Anstrengung genügen würde, um ihr endgültig den Todesstoß zu versetzen. Das bedeutete freilich für die Soldaten: Statt Verpflegung oder Winterbekleidung wurden nun Waffen, Betriebsstoffe und Munition an die Front geschickt.

Mitte Oktober aber schlug das Wetter um. Der Herbstregen verwandelte die Wege in Schlammwüsten. Nicht Gefechte mit der Roten Armee bremsten den Vormarsch – die Masse der deutschen Verbände blieb einfach im Morast stecken. Die Sowjets dagegen setzten den Panzer T-34 ein, der sich mit seinen breiten Ketten auch auf schlammigem Untergrund fortbewegen konnte. Kurz darauf ergriff »General Winter« das Zepter. Bei Temperaturen bis zu 50 Grad unter null im freien Feld waren die »Landser« dem eisigen russischen Winter schutzlos ausgeliefert. Jetzt rächte sich die Überheblichkeit der deutschen Militärführung. Nicht alle hatten es so offen ausgesprochen, gedacht und gehandelt hatten sie wie Propagandaminister Joseph Goebbels, der getönt hatte: »Im Winter? Da sitzen wir in warmen Quartieren von Leningrad und Moskau!« Nun jedoch beklagte Panzergeneral Guderian, dass er doppelt so viele Soldaten durch Erfrieren verliere wie durch feindliches Feuer.

Am 5. Dezember des Jahres 1941 begann die Rote Armee eine gewaltige Gegenoffensive. An der gesamten Frontlänge mussten sich die deutschen Soldaten dem massiven Druck der Sowjets entgegenstemmen. Die langgezogene Front war jedoch viel zu schwach, um den anstürmenden Truppen lange standhalten zu können. Vielerorts wurden die deutschen Truppen zum überstürzten Rückzug gezwungen, wenn sie nicht abgeschnitten und eingekesselt werden wollten. Oft mussten sie einen Großteil ihres Materials opfern, um wenigstens einen kleinen Rest zu retten. Panzer, Geschütze und Zugmaschinen blieben liegen – wegen Benzinmangels oder weil sie der Frost eisern festhielt.

Es gehört zu den populären Meinungen über den Ostfeldzug, dass allein Hitler für die Winterkrise vor Moskau verantwortlich sei. Dabei hatte Hitler seit Anfang September – fast drei Monate lang – überhaupt nicht mehr in das operative Geschehen eingegriffen. Es war die deutsche Heeresführung selbst, die, nachdem sie jahrelang kühne Offensivaktionen geplant hatte, nun mit der Defensive überfordert war. Zum ersten Mal in diesem Krieg mit einem massiven Gegenschlag konfrontiert, konnten sich Heeresleitung und Oberbefehlshaber vor Ort zu keiner einheitlichen Position entschließen. Aussitzen und halten oder absetzen und erobertes Terrain aufgeben? Wie Aufzeichnungen verschiedener hochrangiger Generäle zeigen, bauten in dieser ausweglos erscheinenden Situation nicht wenige noch immer auf das »Genie« Hitlers, dem man allein zutraute, das Ruder noch einmal herumreißen zu können. In diesem Sinne wurde es anfangs von den meisten Militärs auch begrüßt, dass Hitler Generalfeldmarschall von Brauchitsch kurze Zeit

Erst Schlamm, dann Schnee – im November 1941 blieb der deutsche »Blitzkrieg« vor den Toren Moskaus stecken.

vor Weihnachten 1941 in den Ruhestand schickte und selbst den Oberbefehl über das Heer übernahm.

Die fortschreitende Entmachtung der deutschen Militärelite bereitete indes den Boden für die Legenden, mit denen die Generäle nach 1945 hausieren gingen: Hitler wurde als der »kleine Gefreite« hingestellt, der den professionellen Militärs ins Handwerk gepfuscht habe. Hitlers berüchtigter Haltebefehl vom 18. Dezember 1941, der die Truppe zum »fanatischen Widerstand in ihren Stellungen [...] ohne Rücksicht auf durchgebrochenen Feind in Flanke und Rücken« zwang, war jedoch nur die bittere Konsequenz einer verfehlten Operationsführung der vorangegangenen Monate. So oder so: Der »Blitzkrieg« mündete im Dezember 1941, als die Vorhuten den Kreml bereits im Visier hatten, in ein Debakel, von dem sich die Wehrmacht nicht mehr erholte. Napoleons Armeen hatten Moskau noch erreicht, die Wehrmacht musste vor den Toren der Hauptstadt kehrtmachen. Damit zerbrach der selbst geschaffene Mythos von der eigenen Unbesiegbarkeit.

Das Öl des Kaukasus

Zu Beginn des Jahres 1942 schwächte sich der Angriffsdruck der Roten Armee zunächst wieder ab. Stalin und die sowjetische Militärspitze hatten nach den Erfolgen der vorangegangenen Wochen zu viel zur gleichen Zeit gewollt und sich in zu vielen Einzeloperationen verzettelt. Die russische Winteroffensive geriet so deshalb erst einmal ins Stocken. Nur an wenigen Stellen wurde noch erbittert gekämpft, so im Bereich der Heeresgruppe Nord am Ilmensee, gut 250 Kilometer südlich von Leningrad. Hier wurden im Februar 1942 zum ersten Mal im Verlauf des Krieges größere Truppenverbände der Wehrmacht eingekesselt. Sechs Divisionen mit etwa 95 000 Soldaten saßen in der Falle. Die nächsten deutschen Einheiten waren 35 Kilometer entfernt. Versorgt werden konnte der Kessel von Demjansk nur aus der Luft. Verpflegung, Munition und Ersatzeinheiten mussten unter ständigem heftigem Beschuss eingeflogen werden – bei Temperaturen von 40 bis 50 Grad minus. Angesichts der starken russischen Übermacht schien die Vernichtung der eingeschlossenen Truppen nur eine Frage der Zeit zu sein. Natürlich wollte die deutsche Militärführung eine Aufgabe des Kessels um jeden Preis verhindern. Doch erst im April 1942 gelang es einer aus mehr oder weniger zufällig zusammengewürfelten Armee-Einheiten bestehenden »Stoßgruppe« unter Führung von Generalleutnant Walther von Seydlitz-Kurzbach, zu den Eingeschlossenen durchzustoßen und einen schmalen Zugangskorridor freizukämpfen. Für den aus einer traditionsreichen preußischen Militärfamilie stammenden Seydlitz war das ein großer operativer Erfolg. Allerdings glaubte man in Kreisen der Heeresleitung nun, auch größere Armeeverbände eine Zeit lang aus der Luft versorgen zu können. Das sollte sich später noch fatal auswirken.

Der erste »Kessel« – über Wochen mussten die deutschen Soldaten bei Demjansk aus der Luft versorgt werden.

Im Frühjahr 1942 herrschte in der deutschen Militärführung indes zunächst wieder Optimismus. »Die Sowjets werden im kommenden Sommer zerschmettert. Eine Rettung gibt es für sie nicht mehr«, verkündete Hitler. Tatsächlich war die Wehrmacht nur noch zu einer begrenzten Offensive mit einer der drei Heeresgruppen in der Lage. Denn die deutschen Verluste betrugen inzwischen eine Million Mann. Jeder dritte deutsche Soldat, der im Juni 1941 die Grenze zur Sowjetunion überschritten hatte, war tot, verwundet, in Gefangenschaft oder galt als vermisst. Nur noch fünf Prozent aller Divisionen wurden als »voll angriffsfähig« eingestuft.

Dennoch war die Fortsetzung des Kampfes nicht von vornherein aussichtslos. Auch die Sowjets hatten im Verlauf des Feldzugs hor-

Der Ausbruch gelang den Eingekesselten erst im April 1942. Der Erfolg der Luftwaffe bei diesem Unternehmen sollte noch fatale Folgen haben.

rende Verluste erlitten. Ein Großteil der sowjetischen Industrie und Landwirtschaft befand sich in deutscher Hand. Hitler konnte auf die Ressourcen der besetzten Gebiete Europas zurückgreifen. Und die Konzentration der Hauptkräfte auf lediglich ein Operationsziel erhöhte die Erfolgsaussichten des Feldzugs ganz erheblich.

Der Hauptakzent der militärischen Aktionen lag jetzt im Süden der Front. Hier sollten die Kräfte der Roten Armee zwischen Donez und Don vernichtet werden, die Kaukasuspässe gewonnen und die Ölgebiete am Kaspischen Meer erobert werden. Am 28. Juni 1942 fiel der Startschuss für die Operation »Blau«, den deutschen Vormarsch Richtung Kaukasus. Die Wehrmachtstruppen gewannen zügig an Boden. Diese Tatsache sowie die geringe Zahl an gemachten Gefangenen deuteten die deutschen Militärs als Schwäche der Sowjets. Eine fatale Fehleinschätzung. Denn tatsächlich wich die Rote Armee den Angreifern einfach aus und ließ deren Truppen ins Leere laufen.

Operation »Blau«

Der Krieg um das Öl

Öl war der wichtigste Rohstoff für alle kriegführenden Länder. Im Bild ein deutscher Bordwart beim Auftanken einer JU-52.

Kampf um »Lebensraum im Osten«, Vernichtung des »jüdischen Bolschewismus« – Hitlers Eroberungsfeldzug gegen Russland wird oftmals allein unter ideologischer Hinsicht betrachtet. Der Angriff hatte jedoch ebenfalls einen starken ökonomischen Aspekt, der auch Hitler stets präsent war: Der angestrebte Kampf um die Weltherrschaft erforderte den Besitz gewaltiger Ressourcen – vor allem von Erdöl, aus dem Treibstoff für die Panzer, Flugzeuge, Kriegsschiffe usw. gewonnen werden konnte. Da das Deutsche Reich in dieser Hinsicht wenig gesegnet war und die Kapazitäten etwa der rumänischen Quellen nicht ausreichten, blieb nur ein Ausweg: Man müsse »das, was man benötigt und nicht hat, erobern«, so Hitler wenige Tage vor Beginn des Russlandfeldzugs im Juni 1941. Paradoxerweise rollte die deutsche Angriffswalze in den ersten Kriegswochen mit dem Treibstoff, der aus sowjetischen Öllieferungen im Zuge des Hitler-Stalin-Pakts stammte. Doch spätestens 1942 war es zwingend notwendig, neue Ölquellen zu erschließen, wollte man nicht auf Dauer in die Defensive geraten. »Wenn ich das Öl von Maikop und Grosny nicht bekomme, dann muss ich diesen Krieg liquidieren«, teilte Hitler seinen Generälen vor dem Beginn der Operation »Blau« mit. »Hätten die Wehrmachtstruppen die Ölfelder des Kaukasus erobert, wäre die Treibstoffversorgung selbst für einen Krieg gegen Amerika gesichert gewesen«, so der britische Historiker Richard Overy. Für die Sowjetunion, die 90 Prozent ihres Rohölbedarfs aus der Kaukasus-Region deckte, wäre es vermutlich der endgültige Todesstoß gewesen.

Als Fernziel planten die deutschen Militärstrategen sogar eine Vereinigung mit den aus Richtung Ägypten vorstoßenden Verbänden von Rommels Afrikakorps – und damit die Eroberung weiterer Ölquellen im Nahen Osten. Dies hätte zumindest vom Gesichtspunkt des Treibstoffs eine Fortführung des Krieges auf mehrere Jahre gesichert. ■

Die rasante Geschwindigkeit des Vormarschs und die chronische Unterschätzung des Gegners verführten Hitler zu einer Änderung der ursprünglichen Planung. Statt nacheinander sollten nun zwei Hauptziele des Feldzugs gleichzeitig erreicht werden: der Vorstoß in den Kaukasus und der Angriff auf die Wolgametropole Stalingrad. Aber je weiter sich die Schere zwischen den beiden deutschen Stoßkeilen öffnete, desto größer wurde auch das Risiko des Scheiterns der Offensive, da die riesigen Zwischenräume nur durch schwache Sicherungseinheiten besetzt werden konnten.

Kampf um Stalingrad

Am 4. September 1942 drangen die ersten Panzer der 6. Armee in die Vororte Stalingrads ein. Um jedes Haus, um jeden Keller wurde erbittert gekämpft. Knapp 14 Tage später hatten sich die ersten Soldaten ins Zentrum vorgearbeitet. Nach vier Wochen hartnäckiger Gefechte waren die sowjetischen Verteidiger eingeschlossen und standen mit dem Rücken zur Wolga.

Die Eroberung Stalingrads war für Hitler zur fixen Idee geworden. Die Einnahme der Stadt sei »aus psychologischen Gründen dringend notwendig«. Neben der kriegswirtschaftlichen Bedeutung als Industrie- und Rüstungszentrum und der strategischen Lage als Nadelöhr des Öltransports besaß die Wolgametropole aber auch für seinen Gegenspieler symbolischen Wert. Hier hatte er während des russischen Bürgerkriegs die ersten blutigen Meriten erworben. 1924 hatte die Stadt dann seinen Namen erhalten. Es war daher für den Diktator auch eine Frage des persönlichen Renommees, Stalin-

Häuserkampf in Stalingrad.

grad nicht in die Hände der Deutschen fallen zu lassen. Stalin indes hatte aus dem ersten Kriegsjahr eine andere Schlussfolgerung als Hitler gezogen: Er überließ die operative Führung des Krieges mehr und mehr seinen Militärs, die fortan freier entscheiden konnten, wann und wo sie ihre Kräfte einsetzten. Mitte September des Jahres 1942 präsentierten Generalstabschef Wassilewski und sein Stellvertreter Schukow ihre Pläne für eine sowjetische Gegenoffensive an der Wolga. Mit einer aus zwei Armeen gebildeten »Zange« sollten die deutschen Verbände umschlossen und alle Verbindungsstränge nach Westen durchtrennt werden. Es war das deutsche Modell der Kesselschlachten – nur mit vertauschten Rollen.

> »Es war ein Kampf Mann gegen Mann, so wie er bisher im Krieg weder in Polen, geschweige denn in Frankreich oder sonst irgendwo jemals vorgekommen ist.«
>
> *Gerhard Dengler, Hauptmann in Stalingrad*

Am 19. November 1942 begann der sowjetische Gegenangriff. In dichtem Schneegestöber überrannten die zahlenmäßig weit überlegenen Truppen der Roten Armee die Schwachstellen der deutschen Front – rumänische Stellungen nordwestlich und südlich von Stalingrad. Nur vier Tage später war der Ring um die Stadt geschlossen. Damit saßen gut 250 000 Soldaten in der Falle.

Schon vor der Schließung des Kessels hatte der Oberbefehlshaber der 6. Armee, Generaloberst Friedrich Paulus, um »Handlungsfreiheit« gebeten. Mit anderen Worten: Aufgabe von Stalingrad, Rückzug zu den eigenen Linien. Doch Hitler blieb hart, die Parole für die Soldaten an der Wolga hieß »ausharren«. Für den Diktator besaßen sie selbst in ihrem desolaten Zustand noch eine strategische Funktion. Denn auch an der Kaukasusfront war die Lage äußerst prekär. Der »Führer« versprach sich vom Hinauszögern der Niederlage in Stalingrad eine Bindung sowjetischer Truppen an diesen Kriegsschauplatz. Außerdem hatte Göring versprochen, dass die Luftwaffe die Versorgung der Eingeschlossenen gewährleisten könne. Doch die Wirklichkeit sah anders aus.

Walther von Seydlitz-Kurzbach, im Frühjahr 1942 als Befreier des Kessels von Demjansk gefeiert, wusste, Stalingrad war damit nicht vergleichbar: Zu den äußeren Bedingungen kam, dass mehr als doppelt so viele Soldaten eingeschlossen waren wie noch im Frühjahr. Der Kessel war auch sehr viel weiter von den deutschen Linien entfernt, die russische Übermacht bei Stalingrad um ein Vielfaches größer. Tatsächlich kam nur ein Drittel von dem, was die Luftwaffenführung zugesagt hatte, bei der Truppe an – und selbst das war nur ein Bruchteil dessen, was die 6. Armee eigentlich benötigt hätte, um zumindest einigermaßen lebens- und kampffähig zu sein. Verpflegung, Munition, Treibstoff – es fehlte an allem. Im Kessel wurde die Lage immer hoffnungsloser. Kälte und Hunger zehrten an den verbliebenen Kräften. Schon Mitte Dezember wurden die Verpflegungsrationen einschneidend gekürzt: 100 Gramm Brot pro Tag, das waren zwei Scheiben, mehr konnte nicht an die Soldaten ausgegeben werden.

Elend im Kessel von Stalingrad.

Schon einen Tag nach der Einkesselung hatte Hitler den Entsatz des Kessels angekündigt: die Operation »Wintergewitter«. Sie sollte einen Versorgungskorridor zu den Eingeschlossenen schlagen. »Haltet aus! Wir holen euch raus!«, funkten die Verbände der 4. Panzerarmee unter Führung von Generaloberst Hoth an die Truppe, als sie Mitte Dezember Richtung Stalingrad vorrückten. Aber am Heiligen Abend 1942 war 48 Kilometer vor der Stadt Schluss.

Am 8. Januar 1943 überbrachten zwei Parlamentäre ein Ultimatum des sowjetischen Oberkommandos. Doch Hitler verbot strikt jede Verhandlung. Zwei Tage später begann schließlich der sowjetische Großangriff. Pausenlos feuerten die Geschütze auf die verbliebenen deutschen Stellungen. An mehreren Punkten konnten die sowjetischen Truppen die deutschen Linien durchbrechen. Der Kessel wurde für die Soldaten zum Vorraum des Todes. Die äußeren Bedingungen waren grauenhaft. Die Lazarette waren überfüllt, die medizinische Versorgung konnte kaum noch aufrechterhalten werden. So wurden die wenigen Plätze in den Flugzeugen, die nach dem Ausladen der Versorgungsgüter wieder aus dem Kessel heraus starteten, für viele zur letzten Hoffnung.

> »Wir haben die Toten an unserem Laufgraben vor uns aufgestapelt, es war ja kalt, dreißig, fünfunddreißig Grad, als Kugelfang. Diese Bilder habe ich heute noch im Kopf. Wenn ein Toter noch mit offenen Augen dalag und man ihn die ganze Zeit angeschaut hat!« *Vincenz Griesemer, Soldat im Kessel von Stalingrad*

Ende Januar verschlechterte sich die Lage mit jedem Tag, die Stunden der Verteidiger waren gezählt. Der Roten Armee gelang es, den Kessel zu spalten. Am Morgen des 31. Januar 1943 wurde erst der Südkessel gesprengt. Zwei Tage später schwiegen auch im nördlichen Kessel die Waffen. Der Kampf um Stalingrad war beendet. Nur 110 000 deutsche Soldaten traten den langen Weg in sowjetische Gefangenschaft an. Mehr als die Hälfte der geschwächten Männer erlag bereits im Frühjahr 1943 in den sowjetischen Gefangenenlagern dem Fleckfieber. Nur 6000 Mann sollten Jahre später in ihre Heimat zurückkehren.

Den deutschen Verbänden, die in Richtung Kaukasus vorgestoßen waren, erging es kaum besser. Am 9. August 1942 hatten die Panzerspitzen Maikop erreicht. Doch die für Hitler so wichtigen Ölraffinerien waren von den Sowjets vor ihrem Rückzug zerstört worden. Der weitere Vorstoß der Heeresgruppe A Richtung Grosny und Baku lief sich im November 1942 fest. Auch im Kaukasus sollte sich die Wehrmacht nach dem Willen des »Führers« festkrallen und keinen Meter Boden mehr preisgeben. Erst im letzten Mo-

»Operation Blau« vor dem Scheitern – deutscher Vorstoß nahe Maikop, im Hintergrund brennende Ölfelder.

ment und unter hohen Verlusten gelang es der Heeresgruppe, der totalen Vernichtung zu entgehen. Hitler hatte sich wie besessen an die Vorstellung geklammert, Stalingrad und die Ölquellen des Kaukasus erobern zu können – nun hatte er beides verloren.

Der totale Krieg

Der Angriffskrieg der Wehrmacht war im Winter 1941/42 vor Moskau gestoppt worden. Nun musste sie in Stalingrad ihre erste große Niederlage hinnehmen. Moskau markierte das Ende des Anfangs, Stalingrad den Anfang vom Ende. Auf der Konferenz von Casablanca verständigten sich Deutschlands Kriegsgegner gleichzeitig auf die Forderung nach einer bedingungslosen Kapitulation. Die Formel »unconditional surrender« griff die nationalsozialistische Propaganda auf, um damit die eigenen irrwitzigen Phrasen vom »Siegen oder Sterben« zu rechtfertigen. Goebbels persönlich gab in seiner berüchtigten Rede im Berliner Sportpalast am 18. Februar 1943 in einer perfekt inszenierten Veranstaltung dem aufgeputschten Publikum im Saal, das gewissermaßen stellvertretend für die Nation an den Volksempfängern stand, die Antworten: »Seid ihr entschlossen, dem Führer in der Erkämpfung des Sieges durch dick und dünn und unter Aufnahme auch der schwersten persönlichen Belastungen zu folgen?« Die hysterische Masse brüllte fanatisch »Ja«, während Zehntausende Soldaten gefallen, erfroren oder verhungert in den Trümmern von Stalingrad lagen.

»Ist euer Vertrauen zum Führer heute größer, gläubiger und unerschütterlicher denn je?«

Die Menge erhob sich daraufhin und skandierte die Parole, die an gleicher Stelle schon vor Beginn des Krieges geprägt worden war: »Führer, befiehl, wir folgen!«

Auf dem Höhepunkt des Propagandaspektakels stellte Joseph Goebbels schließlich die entscheidende Frage: »Wollt ihr den totalen Krieg? Wollt ihr ihn, wenn nötig, totaler und radikaler, als wir ihn uns heute überhaupt noch vorstellen können?« – »Ja, wir wollen ihn!«, schallte es dem Minister hysterisch entgegen.

NS-Propagandaplakat nach der Goebbels-Rede im Sportpalast – der »totale Krieg« war keineswegs der kürzere.

Das deutsche Volk sollte ihn bekommen, den »totalen Krieg«. Die Menschen in Stalingrad hatten bereits erfahren, was das bedeutete. Stalingrad war nicht nur der Anfang der Zerstörung eines ganzen Kontinents gewesen, sondern letztlich auch Anfang vom Ende der Nazi-Herrschaft. »Das ist das Ende«, hatte Fjodor Michailowitsch Jeltschenko, Leutnant der sowjetischen Armee, bereits am 31. Januar 1943 gesagt. Zunächst

Russische Soldaten in den Ruinen von Stalingrad, 2. Februar 1943.

war es in erster Linie das Ende der 6. Armee gewesen. Nach neueren Forschungen waren im November 1942 etwa 200 000 Mann eingekesselt worden. Nach 72 Tagen erbitterter und verlustreicher Kämpfe, nach zweieinhalb Monaten Hunger und Kälte hielten noch rund 110 000 Soldaten in den Ruinen der zerstörten Stadt aus. 60 000 Mann waren im Kessel gefallen, 25 000 Verwundete oder »Spezialisten« hatten das Glück, noch rechtzeitig ausgeflogen zu werden und damit dem Inferno zu entkommen. Die Soldaten jedoch, die sich nach dem Ende der Kämpfe noch im Kessel aufhielten, waren mehr tot als lebendig. Fast die Hälfte von ihnen überlebte allein die ersten Wochen der Gefangenschaft nicht. Ein Teil fiel Racheaktionen der Rotarmisten zum Opfer, die durch wilde Exzesse ohne Anweisungen oder gar Urteile ihre Gefangenen an Ort und Stelle erschossen.

Zudem rächte sich nun, dass die sowjetische Führung keinerlei Vorbereitung getroffen hatte, um Gefangene in dieser Größenordnung zu versorgen. Freilich war die Versorgungssituation insgesamt schwierig. Auch die Zivilbevölkerung und die Soldaten der Roten Armee hatten wenig zu essen, unzureichende medizinische

Versorgung – und die Stadt selbst war bis auf die Grundmauern zerstört. Wer die Gewaltmärsche überstand und in einem der Gefangenenlager wie Beketowka, Krasnoarmeisk oder Frolow ankam, war noch lange nicht gerettet. Allein im berüchtigten Lager Beketowka starben innerhalb der ersten vier Monate mehr als 27000 Gefangene. Eine offizielle russische Untersuchung stellte in einem anderen provisorischen Lager, in dem über siebenhundert Gefangene vor sich hinvegetierten, eine Sterberate von durchschnittlich 18 Mann pro Tag fest. Die Überlebenschancen hingen stark vom Dienstgrad ab. 95 Prozent der einfachen Soldaten und Unteroffiziere überlebten Stalingrad und die Folgen nicht. Auch die Hälfte der Offiziere starb während der Kämpfe oder in der Gefangenschaft. Immerhin 95 Prozent der höchsten Ränge kehrten lebend in die Heimat zurück. Von 24 Generälen starb nur einer in Gefangenschaft. Sie gehörten zu jenen 6000 Stalingradkämpfern, die zum Teil erst zwölf Jahre später wieder nach Deutschland kamen.

In den Gefangenenlagern gab es immer eine Vielzahl von Gerüchten. Die einen wussten zu berichten, die Deutschen würden schon bald wieder bis an die Wolga kommen und die Gefangenen befreien. Unbelehrbare Nazis glaubten noch immer an den »Endsieg«, wieder andere arrangierten sich stattdessen mit den Siegern. Die Rote Armee hatte starkes Interesse daran, ihre ehemaligen Gegner zu Verbündeten zu machen, die im Rahmen der künftigen Propagandakampagnen ihre deutschen Landsleute zum Kampf gegen Hitler aufrufen sollte.

Nach längerem Zögern und eingehender psychologischer »Bearbeitung« ließ sich Paulus von den Sowjets dazu überreden, als Galionsfigur der russischen Propaganda zu fungieren. Er unterzeichnete einen Appell »An die kriegsgefangenen deutschen Offiziere und Soldaten und an das deutsche Volk« und hielt im Rundfunksender »Freies Deutschland« eine Ansprache. Deutschland müsse sich von Hitler lossagen und eine neue Staatsführung geben, die den Krieg beenden und Verhältnisse herbeiführen würde, die es dem Volk ermöglichten, weiterzuleben »und mit seinen jetzigen Gegnern in friedliche, ja freundschaftliche Beziehungen zu treten«.

General im Zwielicht
Friedrich Paulus

Generaloberst Friedrich Paulus geht am 31. Januar 1943 mit seinem Stab in Gefangenschaft.

Generaloberst Friedrich Paulus wurde in den letzten Tagen der Schlacht um Stalingrad immer mehr zu einer tragischen Figur. Am 29. Januar gratulierte der Oberbefehlshaber der 6. Armee seinem »Führer« per Funk zum Jahrestag der Machtübernahme: »Noch weht die Hakenkreuzfahne über Stalingrad. Unser Kampf möge den lebenden und kommenden Generationen ein Beispiel dafür sein, auch in der hoffnungslosesten Lage nie zu kapitulieren, dann wird Deutschland siegen.« Hitlers Antwort ließ nicht lange auf sich warten: »Mein Generaloberst Paulus! Schon heute blickt das ganze deutsche Volk in tiefer Ergriffenheit zu dieser Stadt. Wie immer in der Weltgeschichte wird auch dieses Opfer kein vergebliches sein.« Dass er von Paulus selbst ein persönliches Opfer erwartete, sagte er nicht. Stattdessen beförderte er den Generaloberst zum Generalfeldmarschall. Hitler war überzeugt, dass Paulus in seiner neuen Funktion den »Heldentod« wählen würde. Doch zwei Tage später verließen Paulus und sein Generalstab mit erhobenen Händen ihren Gefechtsstand in Stalingrad. Die Niederlage von Stalingrad war eine Kapitulation ohne Urkunde, denn Paulus hatte keine unterschrieben. Er wolle, wie er betonte, als Privatmann in Gefangenschaft gehen. Als Moskau die Nachricht von der Gefangennahme Paulus' verbreitete, konnte Hitler nicht glauben, dass sein General noch lebte. Der Kriegsherr tobte: »Das Heldentum von so vielen Zehntausenden von Menschen, Offizieren und Generalen wird ausgelöscht durch einen solchen Mann. In diesem Krieg wird niemand mehr Feldmarschall.« Während die große Masse der Soldaten in langen Kolonnen den Weg durch die eisige Steppe antrat, ließ sich Friedrich Paulus im Stabs-Mercedes ins sowjetische Hauptquartier fahren. Drei Wochen nach der Kapitulation erbat er vom deutschen Militärattaché in der neutralen Türkei die Lieferung von »sechs Paar Schulterstücken eines Feldmarschalls«. Die Sowjets ließen die Sendung ohne jede Beanstandung passieren. ■

Hitler war außer sich vor Wut. Da der General sich öffentlich exponierte, ließe sich die ohnehin brüchig gewordene Propagandalüge vom Feldmarschall, der Schulter an Schulter mit seinen Grenadieren bis zur letzten Patrone kämpfte und mit seiner Armee unterging, nicht mehr aufrechterhalten. »Der Held von Stalingrad« lebte nicht nur und war Stalins Gefangener, er hatte sich nun auch öffentlich von seinem einstigen Kriegsherrn abgewandt.

Auch General von Seydlitz rief seine Kameraden zum Sturz Hitlers auf. Auslöser für diese Entscheidung war, wie er selbst sagte, »die bittere Erkenntnis von Stalingrad«. Viele ehemalige Soldaten und Offiziere feinden ihn bis heute wegen der Zusammenarbeit mit den Sowjets, denen er sich als Vorsitzender des »Bunds deutscher Offiziere« (BDO) zur Verfügung stellte, als Verräter an. Sie verkennen, dass Seydlitz als einer der wenigen deutschen Spitzenmilitärs wirkliche Zivilcourage bewiesen hat. Sein Ziel war es, wie es sein BDO-Kollege Heinrich Graf von Einsiedel ausdrückte, »den Selbstmord des Deutschen Reiches zu verhindern« und die drohende totale Niederlage Deutschlands abzuwenden. Seine persönliche Tragik bestand darin, dass er den Zusicherungen, die ihm von sowjetischer Seite gemacht wurden, vertraute. Als die Sowjets merkten, dass er zur Propagandafigur nicht taugte, wurde er zunächst schleichend kaltgestellt und schließlich sogar zu 25 Jahren Zwangsarbeit verurteilt. Im Oktober 1955 kehrte er in die Bundesrepublik zurück und lebte zurückgezogen in Norddeutschland.

Für Feldmarschall Paulus endete die Gefangenschaft erst lange nach Kriegsende. Stalin gab seiner wiederholten Bitte nach Rückkehr in die Heimat nicht nach. Für den Diktator war Paulus eine Trophäe von unschätzbarem Wert, die lebendige Erinnerung an seinen größten Sieg: Stalingrad. Erst im Oktober 1953, nach dem Tod Stalins, durfte Paulus nach Deutschland zurück. Er ließ sich in der DDR nieder, die ihm eine behütete, kontrollierte Zuflucht vor einer kritischen Öffentlichkeit bot. In Interviews und Vorträgen wandte er sich gegen den NATO-Beitritt der Bundesrepublik und forderte ein geeintes, friedliches Deutschland. Am 1. April des Jahres 1957 starb er nach schwerer Krankheit in Dresden.

BOMBENKRIEG

Wenn wir heute an Krieg denken, dann an Krieg aus der Luft. Flugzeuge, die ihre tödliche Ladung über Industrieanlagen, Wohngebieten und historischen Bauwerken abwerfen, in Sekundenschnelle Feuer und Verderben bringen. Zivile Opfer und größte Zerstörung kennzeichnen den Bombenkrieg, der niemals nur gegen einzelne Missetäter gerichtet ist, sondern immer auch gegen ein Volk. Fünf Jahre lang haben die Deutschen einen solchen Krieg erfahren müssen. Wie kaum ein anderes Kapitel des Zweiten Weltkriegs hat der Bombenkrieg Anklagen und gegenseitige Beschuldigungen nach sich gezogen. Millionen Menschen haben ihn als den bedrohlichsten Abschnitt ihres Lebens empfunden. Wahrscheinlich haben in Deutschland zwischen 1940 und 1945 mehr als eine halbe Million Menschen ihr Leben durch Bombenangriffe verloren. Sieben Millionen hatten bei Kriegsende kein Dach über dem Kopf mehr, sie waren ausgebomt. Als die Allliierten einmarschierten, befreiten sie ein Land, das sie zuvor verwüstet hatten.

In den letzten Jahren wurde in Deutschland, vor allem aber auch in Großbritannien, eine hoch emotionale Debatte über den Bombenkrieg geführt. Waren die Luftangriffe, die Städte wie Dresden, Potsdam oder Würzburg noch kurz vor Kriegsende in Schutt und Asche legten, verhältnismäßig? Oder waren sie ein Verbrechen? Die alliierte Seite hatte mit dem Bombenkrieg von Anfang an eine Doppelstrategie verfolgt: Angriffe auf Anlagen der Rüstungsindustrie sollten den Krieg verkürzen, die Zerstörung von Wohngebieten und der damit in Kauf genommene Tod von Zivilisten sollte die Moral der deutschen Bevölkerung brechen. Doch diese Rechnung der Alliierten ging nicht auf. Der Jahrhundertkrieg fand erst ein

◄ Nach einem Bombenangriff auf Hamburg im Juli 1943 wütete ein schwerer Feuersturm.

Lübeck nach dem alliierten Luftangriff, Ende März 1942

Ende, als das Deutsche Reich im Frühjahr 1945 vollständig erobert war. Heute sind manche Historiker davon überzeugt, dass es vor allem die Erfahrung des Bombenkriegs war, die zur »geistigen Entmilitarisierung der Deutschen« beitrug, wie es der Zeitgeschichtler Hans Mommsen nennt – einer Katharsis, die es nach dem Ersten Weltkrieg in dieser Form nicht gegeben hatte. Aufgrund der traumatischen Erlebnisse mit bangen Stunden im Luftschutzkeller, der Angst vor Ersticken und Feuertod, dem Verlust von Wohnraum und Leben habe es nach Kriegsende keiner weiteren Umerziehung bedurft, sei die Ablehnung von Gewalt heute tief in der deutschen Bevölkerung verwurzelt. Die Debatte aber, ob die Beseitigung der Nazi-Diktatur unbedingt mittels eines so rücksichtslos geführten Bombenkrieges hat erfolgen müssen, wird weiterhin emotional geführt. »Wer wie die Deutschen die Mittel so zu spüren bekommen hat, muss nicht den Zweck missbilligen, darf wohl aber die Mittel ernsthaft infrage stellen«, schreibt beispielsweise der Historiker Lothar Kettenacker.

> »Die Deutschen waren beim Moral Bombing als Erste Täter.«
> *Martin Walser, Schriftsteller*

Schon damals, vor siebzig Jahren, wurde über den Sinn und Zweck des Bombenkriegs gegen Deutschland heftig gestritten. »Hat Deutschland geglaubt, es werde für die Untaten, die sein Vorsprung in der Barbarei ihm gestattete, niemals zu zahlen haben?«, fragte im April 1942 der Schriftsteller Thomas Mann im britischen Rundfunk und nahm damit Bezug auf die Bombardierung Lübecks, die wenige Tage zuvor stattgefunden hatte. »Das geht mich an, es ist meine Vaterstadt«, so der Schriftsteller, »die Angriffe galten dem Hafen, den kriegsindustriellen Anlagen, aber es hat Brände gegeben in der Stadt, und lieb ist es mir nicht, zu denken, dass die Marienkirche, das herrliche Renaissance-Rathaus oder das Haus der Schiffergesellschaft sollten Schaden erlitten haben. Aber ich denke an Coventry – und habe nichts einzuwenden gegen die Lehre, dass alles bezahlt werden muss.« Eine kühle Rechnung, so scheint es, die mancher Lübecker dem prominenten Sohn der Stadt verübelt hat. Denn das vornehmliche Ziel des Angriffs waren nicht die »kriegsindustriellen Anlagen«, sondern Wohngebiete. Die Bewohner der Hansestadt Lübeck gehörten zu den ersten Deutschen, die von der vollen Wucht des Bombenkrieges getroffen wurden. Entzündet hatten die Deutschen indes die Brandfackel.

Die ersten Opfer im Luftkrieg

Guernica war das erste Ziel des deutschen Vernichtungswillens. Das baskische Städtchen war 1937 von der »Legion Condor« bombardiert worden. »Guernica, Stadt von 5000 Einwohnern, buchstäblich dem Erdboden gleichgemacht, Bombenlöcher auf Straßen noch zu sehen, einfach toll«, notierte der Stabschef der Legion, Wolfram von Richthofen, nach dem Bombardement in sein Kriegstagebuch. Die über 200 Todesopfer erwähnte der Oberstleutnant nicht. Zweieinhalb Stunden lang hatten Bomber und Jagdflieger den Tod auf Guernica herabregnen lassen, insgesamt 31 Tonnen Munition – »mit einer bisher ungekannten Brutalität«, wie der Präsident der baskischen Re-

»Dem Erdboden gleichgemacht« – die Altstadt von Guernica nach der Bombardierung durch die »Legion Condor«.

gierung, José Antonio de Aguirre, drei Tage nach dem Angriff formulierte. »Sie haben die Stadt eingeäschert und mit Maschinengewehrsalven Frauen und Kinder verfolgt, die in panischer Angst flohen und zahlreich zu Tode kamen«, so Aguirre.

> »Um zwei Uhr morgens, als ich die Stadt erreichte, war sie schrecklich anzusehen. Sie stand von einem Ende bis zum anderen in Flammen. Den Widerschein des Feuers konnte man in den Rauchwolken über den Bergen schon zehn Meilen vor der Stadt sehen. Die ganze Nacht hindurch stürzten Häuser ein, bis von den Straßen nur noch große Haufen undurchdringlichen rot glühenden Schutts übrig waren.«
>
> *Kriegsberichterstatter George L. Steer in der Londoner »Times« über den deutschen Angriff*

Das historische Zentrum der Stadt wurde bei dem Angriff fast vollständig zerstört, nahezu drei Viertel der gesamten Bebauung verwüstet. Der Angriff, der weltweit Protest und Empörung auslöste, wurde zum Symbol für den Luftkriegsterror der Nazis. Die Londoner Zeitung *Times* prangerte den Angriff als »Überfall ohne Beispiel in der Militärgeschichte« an. Guernica sei kein militärisches Objekt gewesen, die Stadt liege weit hinter der Front. Zweck des Bombardements müsse daher die Demoralisierung der Zivilbevölkerung und die Vernichtung der Wiege des baskischen Volkes gewesen sein.

Mit dieser Schlussfolgerung lag die Londoner Zeitung nicht ganz richtig. Forscher sind sich heute einig, dass das baskische Städtchen vor allem als Experimentierfeld für die neue Art des Bombenkrieges diente. In den Nürnberger Prozessen gab Hermann Göring, Oberbefehlshaber der deutschen Luftwaffe, denn auch zu, dass der Einsatz der Wehrmacht in Spanien zu Übungszwecken unternommen worden war. Es sei eine sehr gute Gelegenheit gewesen, »im scharfen Schuss zu erproben, ob das Material zweckentsprechend entwickelt wurde«, äußerte Göring vor dem Tribunal.

Zwei Jahre nach Guernica konnte Hermann Göring seine Luftwaffe, die im spanischen Bürgerkrieg den »Testlauf« erfolgreich bestanden hatte, in einen richtigen Weltkrieg führen. Nach dem deutschen Überfall auf Polen drohte der »Blitzfeldzug« Mitte September 1939 ins Stocken zu geraten, weil sich die Hauptstadt Warschau unerwartet hartnäckig gegen die Eroberer wehrte. Schon vor Kriegsbeginn hatte der Generalstab der Luftwaffe unter dem Decknamen »Wasserkante« einen Angriffsplan entworfen, der die Bombardierung Warschaus für den ersten Tag des Überfalls auf den polnischen Nachbarn vorsah. Doch das Wetter hatte Göring einen Strich durch die Rechnung gemacht. Erst am 24. September wurde der Luftangriff gestartet. 1200 Flieger flogen Warschau an, 487 Tonnen Sprengstoff und 72 Tonnen Brandbomben wurden in 1177 Einsätzen abgeladen. »Warschau besteht nur noch aus Ruinen«, hieß es im Kommuniqué des polnischen Oberbefehlshabers der Garnison am 26. September. »Die vor Warschau stehenden polnischen Einheiten litten weniger als die Zivilbevölkerung, da die Luftangriffe sich hauptsächlich gegen diese richteten, um ihre Moral zu erschüttern.« Auch wenn sich in der Stadt 120 000 polnische Soldaten verschanzt hatten, Warschau demnach eine militärisch verteidigte Stadt im Kampfgebiet war und sich ein Angriff nach der Haager Landkriegsordnung sogar rechtfertigen ließ, handelte es sich um einen Terrorakt, wie ihn zuvor noch keine Stadt erlebt hatte. Am 27. September 1939 erklärte der Stadtkommandant Warschaus die bedingungslose Übergabe. Zwei Monate später zog die deutsche Luftwaffen-

Göring, hier während des Empfangs der »Legion Condor« in Hamburg, trieb den Ausbau der Luftwaffe voran.

führung ein triumphierendes Fazit: »Ihre hervorragende Wirkung [die der Brandbomben] auf großstädtische Wohnblocks steht nach dem großen Erfolg von Warschau außer jeden Zweifel.«

Nach diesem Rezept ging die deutsche Luftwaffe auch beim Angriff auf Rotterdam vor, das nach dem Einmarsch deutscher Truppen in die Niederlande am 10. Mai 1940 ebenfalls Widerstand leistete. Wieder einmal drohte der »Blitzfeldzug« der Nazis zu scheitern, die Deutschen fürchteten zudem, englische Truppen könnten an der Küste landen, um die Niederländer in ihrem Kampf gegen Hitler zu unterstützen. Die »holländischen Widerstandszonen im Rotterdamer Zentrum« sollten daher durch »Bombenteppiche vernichtet werden«, so die eindeutige Order des Oberbefehlshabers der 18. Armee, General Georg von Küchler. Zugleich erging an den Stadtkommandanten sowie den Bürgermeister Rotterdams die Aufforderung zur Kapitulation. Andernfalls werde man »zu den notwendigen Mitteln« greifen: »Und dies kann die völlige Vernichtung der Stadt nach sich ziehen«, drohte von Küchler ganz unverhohlen.

Am nächsten Nachmittag, noch während Unterhändler beider Seiten über die Kapitulation verhandelten, fielen die ersten Bomben auf die Stadt. Der Funkspruch »Angriff ist wegen Verhandlungen aufgeschoben« hatte das deutsche Luftkommando zu spät erreicht, das Bombergeschwader war längst in der Luft. Die Wirkung der Bomben war verheerend. Die verwinkelte, überwiegend aus Holzbauten bestehende Altstadt entzündete sich explosionsartig, rasch weitete sich das Feuer zum Flächenbrand aus. Da ein Treffer die Hauptwasserleitung zerstört hatte, konnten die Feuerwehrkräfte keine Löscharbeiten mehr durchführen. »Die Innenstadt ist ein einziger rauchender Trümmerhaufen – ein grauenerregendes Bild«, schrieb Generaloberst Fedor von Bock betroffen in sein Tagebuch.

Etwa 900 Menschen wurden bei diesem Angriff getötet, 25 000 Wohnungen, 250 Hotels und Pensionen, 2500 Geschäfte und 1350 Industrieunternehmen zerstört. Mehr noch als Warschau wurde Rotterdam so zum Symbol deutschen Terrors. Dazu trug auch die

Schreckenszahl von 30 000 Toten bei, die in der britischen Presse fälschlicherweise verbreitet wurde. Die NS-Propaganda nutzte Rotterdam fortan hingegen als Beispiel, um die Überlegenheit der deutschen Luftwaffe hervorzuheben.

Der Luftkampf im Ersten Weltkrieg

Der Krieg aus der Luft ist keineswegs eine Erfindung des Zweiten Weltkriegs. Seine »Geburtsstunde« schlug bereits im Ersten Weltkrieg, in dem zum ersten Mal Flugmaschinen wie Fesselballons, Zeppeline und Flugzeuge in größerem Umfang eingesetzt wurden, um die Streitkräfte zu Land und auf See zu unterstützen. Der Luftkrieg fand zunächst weitgehend über den Schützengräben an der Front statt, dennoch wurden schon damals zu Beginn der Kampfhandlungen Städte im Hinterland bombardiert. So wurden bereits im August 1914 Lüttich und Antwerpen in Belgien von einem deutschen Zeppelin aus der Luft angegriffen. Anfang des Jahres 1915 attackierten die Deutschen zum ersten Mal England. An der Küste von Norfolk warfen deutsche Zeppeline dort Sprengbomben ab, wo von oben Siedlungen ausgemacht werden konnten. Neunzehn Mal flogen die Deutschen in jenem Jahr Angriffe auf England – am 31. Mai erstmals auf London. Doch muten die Opferzahlen dieser Angriffe noch eher gering an: Insgesamt starben bei den deutschen Offensiven im Jahr 1915 knapp 500 Zivilisten und 58 Militärs.

Britisches Flugzeug mit Schnellfeuergewehr, 1913.

Im Ersten Welkrieg wurden Bomben noch »per Hand« abgeworfen, Aufnahme aus dem Jahr 1916.

Schnell erwiesen sich die Flugzeuge gegenüber Zeppelinen im Luftkrieg als deutlich überlegen. Zweimotorige »Gothas« und viermotorige Riesenflugzeuge ersetzten nach und nach die trägen Luftschiffe. Mit dem zunehmenden Stellenwert von Flugzeugen wurde auch der Ausbau der Luftwaffe vorangetrieben. Hatten die Deutschen im August 1914 gerade einmal 1348 Flugzeuge produziert, erreichte die Produktion 1917 mit 19746 Stück ihren Höhepunkt. Von 1916 an wurden Bombenattacken auf feindliche Linien deutlich verstärkt; neben Sprengbomben kamen nun auch Brandbomben zum Einsatz, mit denen besonders in England großer Schaden angerichtet wurde. Am 13. Juni 1916 fand der schwerste Luftangriff des Ersten Weltkriegs statt: Um 12 Uhr mittags luden 17 deutsche Großflugzeuge über London ihre tödliche Fracht ab. Bei dem Angriff wurden 594 Menschen getötet oder verletzt – mehr als im ganzen Jahr zuvor. Ziel der deutschen Admiralität und Obersten Heeresleitung war es, mit den Luftangriffen eine Massenpanik unter der Bevölkerung auszulösen und deren »Moral« zu schwächen. Die gleiche Strategie also, die über zwanzig Jahre später zunächst von der »Legion Condor«, dann von der deutschen Luftwaffe und später den Bombergeschwadern der Alliierten angewandt werden sollte. Zu keiner Zeit ist diese Strategie wirklich aufgegangen.

Gemessen an den immens hohen Verlusten in den Schützengräben an der Front waren die Schäden, die die Bomben aus der Luft im Ersten Weltkrieg anrichteten, beinahe bedeutungslos. Auch deutsche Städte wurden damals bereits aus der Luft angegriffen, vor allem an der Mosel, der Saar und in Lothringen. Nur wenige Angriffe trafen indes deutsche Metropolen wie Essen, Hamburg

Wrack eines deutschen Zeppelins nahe des englischen Ortes Colchester, 1916.

oder München. Die britischen Angriffe forderten auf deutscher Seite 746 Todesopfer und 1843 Verletzte. Eine Zahl, die nicht einmal an die der jährlichen Verkehrstoten von damals heranreichte.

> »Der Einsatz von Bomben machte den Krieg barbarischer; nach wie vor ist das eine barbarische Strategie. Aber es war weder vorsätzlicher Massenmord noch ein Massaker. Niemals ging es um Terror als Selbstzweck, auch wenn die Folgen zweifellos schrecklich waren.« *Richard Overy, britischer Historiker*

Doch auch wenn die Schäden infolge des Luftkriegs weitaus geringer waren, als es sich die Kriegsparteien das gewünscht hatten, waren die Folgen der Bombardements im Hinterland des Feindes enorm: Eine neue Dimension der Kriegführung war entstanden. Bislang hatten sich die Kampfhandlungen immer nur auf die Front konzentriert, nun wurde der Krieg in die Heimat hineingetragen und traf dort vor allem die Zivilbevölkerung. »Zum ersten Mal bietet sich einer Gruppe gesitteter Menschen die Möglichkeit, die andere Gruppe zu vollständiger Hilflosigkeit zu verdammen«, schrieb Winston Churchill 1925. Als britischer Rüstungsminister hatte er geplant, Berlin 1919 mit tausend Bombern anzugreifen – doch war ein Jahr zuvor die deutsche Westfront gefallen. »Die Schlacht des Jahres 1919 wurde nicht geschlagen«, schrieb er im Rückblick, »aber ihre Ideen lebten weiter.«

Luftschlacht um England

21 Jahre später, am 26. August 1940, holte Churchill seinen »Tausendbomber-Plan« wieder hervor. Doch waren es keineswegs tausend Bomber, die in jener Nacht die deutsche Reichshauptstadt Berlin angriffen, sondern lediglich 81 Flugzeuge; nur ein Viertel der Maschinen erreichte tatsächlich das anvisierte Ziel. »Gestern: der vierstündige Luftangriff hat ganz Berlin in Aufruhr gebracht«, notierte Joseph Goebbels, Hitlers Propagandaminister, am 27. August 1940 in sein Tagebuch. »Kolossale Wut gegen die Engländer [...] Aber nun ist Berlin auch mitten im Kriegsgeschehen. Das ist gut so.« Auch wenn die Schäden, die die britischen Bomben in der deutschen Metropole anrichteten, relativ gering und keine Menschen zu Schaden gekommen waren, beschloss die Regierung in London, Berlin von nun an regelmäßig aus der Luft anzugreifen.

Propagandaminister Goebbels besichtigt die Schäden der ersten britischen Luftangriffe auf Berlin, 1940.

Bereits zwei Tage später, am 29. August, hielt Goebbels einen weiteren nächtlichen Alarm in seinem Tagebuch fest: »Zwölf Engländer über Berlin. Werfen Brand- und Sprengbomben ab. Zehn Tote und eine Reihe von Verletzten.« Einen Tag später schrieb er: »Der Führer will in der Zeit, da Berlin bombardiert wird, auch selbst hier sein. Er ist richtig geladen. Schlechte Aussichten für die Engländer.«

Tatsächlich forderte Hitler Vergeltung für die britischen Luftangriffe auf die Reichshauptstadt. Am 4. September 1940 drohte der Diktator denn auch bei einer Kundgebung im Berliner Sportpalast: »Und wenn die britische Luftwaffe zwei- oder drei- oder viertausend Kilogramm Bomben wirft, dann werfen wir in einer Nacht 150 000, 180 000, 230 000, 300 000, 400 000, eine Million Kilogramm [...] Wenn sie erklären, sie werden unsere Städte in großem Ausmaß angreifen – wir werden ihre Städte ausradieren.« Goebbels notierte am gleichen Tag: »Der Luftkrieg wird vielleicht Ende dieser Woche in sein verschärftes Stadium eintreten, dann geht es auf London los.« Forscher sind sich heute einig, dass in jenem Kriegssommer eine Wende im Luftkrieg stattgefunden hat. War er bis dahin eine eher unterstützende Maßnahme der übrigen Kriegshandlungen gewesen, sei spätestens im September 1940 die Entscheidung gefallen, einen strategischen Luftkrieg zu eröffnen, der gegen Städte und somit gegen die Zivilbevölkerung gerichtet war.

Am 8. September 1940 schrieb Hitlers Propagandaminister in sein Tagebuch: »Der Führer gibt Befehl. Parole ›Loge‹. Das heißt massivster Angriff. Nun werden wir sehen, wie lange das die Nerven des englischen Volkes aushalten.«

> »Meine größte Furcht war, lebendig begraben zu werden. Ich hatte Albträume. Aber ich sagte mir damals: ›Wenn auf der Bombe dein Name steht, kannst du sowieso nichts machen. Das ist Schicksal, also mach dir keine Sorgen.‹«
>
> *Cecilia Brayshaw, Londonerin, damals 14 Jahre alt*

Mit fast 300 Bombern und 600 Jagdflugzeugen hatte die deutsche Luftwaffe unter dem Oberbefehl von Reichsmarschall Hermann Göring in den Nachmittagsstunden des Vortags die Hauptstadt der britischen Insel angegriffen. Die Millionenmetropole London sollte am helllichten Tag getroffen werden – um dem Feind

»mitten ins Herz zu stoßen«. Große Speicherhäuser in den Docklands, Schiffe an den Kais, Fabriken und Arbeiterviertel im dicht besiedelten Osten der Stadt wurden von Bomben in Brand gesetzt und boten nach dem Angriff einen Anblick der Verwüstung. London hatte den ersten Großangriff der deutschen Luftwaffe erlebt – mit über 300 Toten und mehr als tausend Verletzten.

Piloten einer deutschen Bomberstaffel bereiten sich 1940 für ihren Einsatz gegen England vor.

Seit der Niederlage Frankreichs hatte Hitler mit dem Gedanken gespielt, Großbritannien durch eine groß angelegte Invasion zu erobern. Für die Lufthoheit über den britischen Inseln sollte Hermann Görings Luftwaffe sorgen. Doch der Reichsmarschall schätzte das Potenzial der Briten kolossal falsch ein. Nach vier Wochen Luftoffensive zeigte sich, dass die deutschen Verluste hoch waren, die Gegenwehr der Briten indes ungebrochen war. Die Strategie, England bei Tage anzugreifen, stellte sich als äußerst verlustreiche Aktion dar. Die »Luftschlacht um England« sollte daher fortan bei Nacht geschlagen werden.

Mitte September begann das, was die Briten bis heute als den »Blitz« bezeichnen. Nacht für Nacht überquerten nun deutsche Bomber den Ärmelkanal, um ihre tödliche Fracht über englischen Städten abzuladen; hin und wieder auch noch tagsüber. Allein London wurde 57 Mal angegriffen, die Stadt hatte rund 20 000 Todesopfer zu beklagen. Doch auch Industriestädte wie Coventry litten unter dem deutschen Bombardement. »Infolge der leichten Bauweise von Fabrik- und Wohngebäuden unter enger Zusammendrängung des bebauten Raums ist hier eine ganz besonders starke

Wirkung bei Brandbombeneinsätzen zu erwarten«, hieß es in einer Mitteilung der deutschen Feindnachrichtenabteilung. Am 14. November 1940 fand der erste Großangriff auf Coventry statt. 454 deutsche Bomber warfen insgesamt 600 Tonnen Spreng- und Brandbomben über der Stadt ab, die als Zentrum der metallverarbeitenden Industrie galt. Dieser Angriff zerstörte die Innenstadt schwer, die ehrwürdige Kathedrale aus dem 14. Jahrhundert brannte nahezu vollständig aus. 568 Menschen starben, an die 900 wurden zum Teil schwer verletzt. »Da ist eine Stadt wirklich ausradiert worden. Sie ist nur noch eine Ruine«, notierte Propagandaminister Joseph Goebbels zufrieden und erfand auch gleich den »passenden« Begriff dafür: »coventrieren«.

Die Weltpresse reagierte mit großer Bestürzung auf den Angriff auf die Industriestadt. In Deutschland hingegen wunderte man sich eher über die »Nehmerqualitäten« des britischen Volkes. Die Zivilbevölkerung verfiel auch unter dem fortgesetzten deutschen Bombardement nicht in Massenhysterie – trotz großer Schäden und hoher Opferzahlen: Bis Mai 1941 kamen in der knapp elf Monate währenden »Luftschlacht um England« fast 42 000 Zivilisten

»London steht in Flammen« – in der Bildmitte die berühmte St. Pauls Kathedrale.

ums Leben. Erst als die Wehrmacht im Juni des Jahres 1941 die Sowjetunion überfiel und Hermann Görings Geschwader nach Osten verlegt wurden, konnten die Menschen in Birmingham, Bristol, Glasgow, Coventry, Liverpool, London und anderswo in England aufatmen. Dennoch – entscheidende Erfolge hatte die deutsche Luftwaffe in der »Schlacht um England« nicht erzielt. Weder Rüstung noch Wirtschaft Großbritanniens waren ernsthaft geschädigt worden, auch die Moral der Bevölkerung hatte nicht gebrochen werden können. Die Verluste der deutschen Luftwaffe waren sogar erheblich höher als die der RAF. Von Juli bis Ende Oktober 1940 hatte man fast 1500 Flugzeuge und 2698 Mann verloren, die Briten hingegen »nur« tausend Jagdflugzeuge und 544 Piloten. Von dem ursprünglichen Ziel, mit der Lufthoheit über England eine Invasion vorzubereiten, hatte sich die deutsche Luftwaffe längst verabschiedet. Hitler sagte das »Unternehmen Seelöwe« ab, nachdem ihm klar geworden war, dass sich die Briten weder »invasionsreif« noch »an den Verhandlungstisch« bomben ließen.

> »Die Royal Air Force tat ab Anfang 1942 in Deutschland genau das, was die deutsche Luftwaffe mit den britischen Städten nicht geschafft hatte.« *Max Hastings, britischer Historiker*

Der »Luftkampf um England« geriet für die Deutschen zur Niederlage und beendete auch den Mythos von der »unbesiegbaren« deutschen Luftwaffe. Der britische Premierminister Churchill hingegen erklärte die »Battle of Britain« zum grandiosen Sieg – wohlweislich wurde dabei unterschlagen, dass die Luftabwehr dem »Blitz« ab Mitte September 1940 eigentlich nichts mehr entgegenzusetzen gehabt hatte. Doch Churchill war klug genug, die Legende vom Sieg Davids gegen Goliath zu nähren und sich so als Kriegspartner an der Seite der USA attraktiver zu machen. Die erfolgreiche Luftschlacht geriet zum britischen Nationalepos – und ist es für viele Briten bis heute. Der deutsche »Blitz« im Herbst des Jahres 1940 aber war das Fanal für einen uneingeschränkten Luftkrieg.

Bombenkrieg

Reaktionen der britischen Öffentlichkeit auf die deutschen Luftangriffe

Laut einer Umfrage des »British Institute of Public Opinion« (BIPO) befürworteten in Großbritannien bereits im April 1941 rund 55 Prozent der Befragten die Bombardierung ziviler Einrichtungen und Wohngebiete in NS-Deutschland. Bis zum Jahr 1943 stieg die Zahl der Befürworter sogar auf 83 Prozent an. Nur 9 Prozent missbilligten das strategische Flächenbombardement. 19 Prozent der Befragten äußerten moralische Bedenken gegen die Bombardierung ziviler Ziele, hielten sie jedoch für militärisch notwendig.

Bei 17 Prozent der Befragten kam das Argument zum Tragen, dass Großbritannien von den Nazis zuerst angegriffen worden sei, die RAF also nur zurückschlage. Nur 3 Prozent der befragten Briten, vor allem Frauen, empfanden mit der deutschen Zivilbevölkerung Mitleid, akzeptierten aber dennoch die Opfer. Die Beispiele zeigen, dass zum Thema Flächenbombardement ein breiter Konsens in der britischen Bevölkerung herrschte. Die meisten waren von der Offensive begeistert und davon überzeugt, dass damit der Krieg deutlich verkürzt werden könnte. ■

Obdachlose Kinder nach dem deutschen Luftangriff auf London, September 1940 (oben).
Doppeldeckerbus in einem Bombenkrater (links).

Angriffe auf zivile Ziele

In der Nacht zum 29. März 1942 griffen 234 britische Flieger mit 400 Tonnen Bomben an Bord die alte Hansestadt Lübeck an. Die Stadt an der Trave war vom britischen Bomberkommando als erstes Ziel einer neuen strategischen Luftoffensive ausgewählt worden. Schon während der »Luftschlacht um England« war in der Regierung Churchill der Plan gereift, durch den Maximaleinsatz von Feuer vor allem dicht besiedelte Stadtgebiete zu zerstören. »Es ist entschieden, dass das Hauptziel Ihrer Operation jetzt auf die Moral der gegnerischen Zivilbevölkerung gerichtet sein sollte, insbesondere die der Industriearbeiterschaft«, heißt es einer Direktive des britischen Luftfahrtministeriums vom 14. Februar 1942. Um jegliches Missverständnis auszuräumen, schob der Oberbefehlshaber der Royal Airforce, Charles Portal, am Tag darauf eine ergänzende Erklärung nach: »Ich nehme an, es ist klar, dass es sich bei den Zielpunkten um bebaute Gebiete handelt, nicht um Werften oder Flugzeugfabriken [...] Dies muss ganz klargemacht werden, wenn es nicht bereits so verstanden worden ist.«

Arthur Harris legte die Ziele für die britischen Luftangriffe auf Deutschland fest.

Bis 1941 waren die Luftangriffe der Royal Air Force weitgehend wirkungslos verpufft. Die Verluste auf britischer Seite waren zu hoch, der Schaden auf deutscher Seite war zu gering gewesen. Der Angriff auf Wohn- und Stadtgebiete sollte nun die Wende im Luftkrieg bringen. Moralische Bedenken gegen die Ausweitung des Luftkrieges auf die Zivilbevölkerung wischte man mit dem Argument beiseite, dass es letztlich die Zivilisten seien, die die Rüstungsindustrie am Laufen hielten. Die

Auffassung, dass die deutsche Bevölkerung »obdachlos« gebombt werden müsse, um den Kriegswillen zu brechen, wurde kaum infrage gestellt.

Arthur Harris, dem kurz zuvor die Leitung des britischen »Bomber Command« übertragen worden war, wurde mit der Umsetzung dieser neuen Politik betraut. Er war überzeugt, Nazi-Deutschland mit einer gewaltigen Bomberübermacht in die Knie zwingen zu können. »Sieg erwartet die Seite, die als erste die Luftmacht so einsetzt, wie sie eingesetzt werden muss. Wir sind frei, wenn wir unsere rasch steigende Luftmacht richtig einsetzen. Und richtig einsetzen heißt, Deutschland binnen weniger Monate aus dem Krieg zu knocken«, versprach er Premierminister Churchill vollmundig im Juni 1942. Eine Invasion, so Harris, werde dann nicht mehr notwendig sein. Das Bomber Command könne den Krieg quasi allein beenden, indem es Deutschland in Schutt und Asche legte.

> »Machen wir Schluss mit dem Krieg, indem wir den Deutschen die Seele aus dem Leib schlagen.«
> *Arthur Harris, Leiter des britischen »Bomber Command«*

Aus der Analyse vorangegangener Angriffe wie Coventry hatte man die Erkenntnis gewonnen, »dass Feuerschäden weitaus wirksamer als alle anderen Schäden in einem bebauten Gebiet sind, wenn die Brandbomben zeitlich konzentriert werden und ein Ausmaß erreichen, das die Feuerlöschdienste überwältigt«, wie es nüchtern in einem Grundsatzpapier für die Bombergeschwader vom 10. November 1941 heißt. Der neue Chef des Bomberkommandos machte sich folglich auf die Suche nach einem Ziel für die vorgesehene »Verbrennung«.

Lübeck schien aus mehreren Gründen geeignet: Die alte Hansestadt lag an einem einprägsamen Küstenprofil, war also aus der Luft gut auszumachen; außerdem besaß sie keine nennenswerte Rüstungsindustrie und war folglich nur schwach verteidigt, ihre Altstadt mit den schmalen Gassen, schiefen Fachwerkhäuschen und überwiegend hölzerner Bebauung war extrem brandanfällig.

Lübeck habe mehr »einem Streichholz als einer menschlichen Behausung geglichen«, erinnerte sich Luftmarschall Harris später.

Der Angriff auf die Hansestadt in der Nacht zum Palmsonntag im März 1942 geschah in zwei Wellen und dauerte rund zwei Stunden. Die 25 000 Stabbrandbomben hinterließen zunächst nur we-

Britische Bomberstaffel auf dem Weg nach Deutschland.

nige sichtbare Brände in der Altstadt. Doch fraßen sich die Flammen bald mit enormer Geschwindigkeit durch die verwinkelten Gässchen und brannten rund 800 000 Quadratmeter im historischen Zentrum nieder, darunter auch den stolzen Dom der Stadt aus dem 12. Jahrhundert. 320 Menschen ließen in dieser Nacht ihr Leben – mehr Opfer als bei jeder anderen britischen Offensive zuvor. Während der britische Luftstab die Bombardierung Lübecks als »vollen Erfolg« feierte, wurde die Nazi-Führung aus ihrer selbstgefälligen Sicherheit hochgeschreckt. Von einem »stark vergällten Sonntag«, spricht Joseph Goebbels in seinem Tagebuch. Dabei galt seine Hauptsorge weniger dem Leid der Betroffenen als den Auswirkungen, die diese Demonstration britischer Stärke auf die allgemeine Stimmung im Lande haben könnte. Um die Bombenopfer

»ruhigzustellen«, reagierte das NS-Regime mit demonstrativer Großzügigkeit: Apfelsinen, Butter, Eier und Bismarckheringe – alles Waren, die es seit Jahren kaum noch gegeben hatte – wurden eilends an die Lübecker verteilt. Auch finanzielle Einbußen betroffener Geschäftsleute wurden umgehend ausgeglichen. Spezialverbände der »Organisation Todt« halfen beim Beseitigen der Trümmer. Erstaunlich schnell stellte sich in Lübeck der gewohnte Alltag wieder ein.

Tausendbombertechnik

Auch wenn die britische Seite die Schäden in Lübeck wesentlich höher einschätzte, war das strategische Flächenbombardement in Großbritannien nicht unumstritten. Vertreter der britischen Marine gaben zu bedenken, dass die Einäscherung einer Stadt wie Lübeck kein deutsches U-Boot daran hindere, die Versorgungswege der Briten im Atlantik zu torpedieren. Zudem solle lieber die Treffsicherheit der Luftflotte erhöht werden, um strategisch wichtige Ziele zerstören zu können, als Wohn- und Stadtgebiete zu bombardieren. Doch letztlich kam das Kabinett zu der Auffassung, dass der eingeschlagene Weg des strategischen Flächenbombardements auch in Zukunft weiter konsequent beschritten werden sollte. »Die Bombardierung Lübecks hatte einen moralischen und zersetzenden Einfluss über jegliche direkte militärische und ökonomische Bedeutung hinaus«, so der britische Außenminister Anthony Eden am 15. April 1942. »Ich möchte deshalb empfehlen, dass bei der Zielauswahl der Anteil von kleineren Städten mit weniger als 150 000 Einwohnern, die nur schwach verteidigt werden, überprüft wird – selbst wenn diese Städte nur Ziele von zweitrangiger Bedeutung aufweisen.«

Als wenig später Arthur Harris dem Luftstab ein höchst riskantes Unternehmen mit dem Namen »Operation Millennium« zur Genehmigung vorlegte, bei dem Deutschland mit einer Flotte von tausend Bombern angegriffen werden sollte, bekam er »grünes

Licht«. Sämtliche zur Verfügung stehenden Flugzeuge der Royal Air Force sollten zu einer einzigen Armada zusammengezogen werden, um eine deutsche Großstadt in Schutt und Asche zu legen. Da das Bomber Command selbst nur über 400 einsatzbereite Maschinen verfügte, wurden für die »Operation Millennium« bei der Marine weitere Flugzeuge abgezogen, alle Reserven mobilisiert, ja sogar ausrangierte Maschinen zum Einsatz bereitgestellt. Am Ende standen tatsächlich insgesamt 1042 Flugzeuge zum Großangriff zur Verfügung.

Größte Sorge bereitete dem Chef des Bomber Command die Gefahr einer möglichen Kollision. Wie sollte man einen so großen Schwarm von Flugzeugen nachts heil über den Atlantik schicken, ohne dass die Maschinen ineinander krachten? Eine Kollision wäre ein Desaster gewesen und hätte vermutlich das Ende des Bomber Command bedeutet. Doch Arthur Harris ging das Risiko ein. »Machen Sie allen Besatzungen klar, dass dies keine gewöhnliche Aktion ist«, teilte er vor dem Angriff allen Kommandeuren mit. »Es ist in der Tat der erste wirklich große unabhängige Angriff in Form einer gewaltigen erstklassigen Bomberschlacht der Geschichte.« Der Angriff sollte in der letzten Aprilwoche stattfinden – bei Beginn der Vollmondperiode. Der Chef des Bomber Command hatte zwei mögliche Ziele vorgeschlagen, je nach Wolkenlage: Hamburg oder Köln. Am 26. April begann eine Schlechtwetterperiode, der Angriff wurde um drei Tage verschoben. Vier Tage später fällte schließlich das Wetter die Entscheidung: Ziel des Großangriffs wurde Köln, die alte Domstadt am

Die Kölner Altstadt war nach den zahlreichen Bombenangriffen nur noch eine Trümmerwüste.

Rhein. Um kurz nach Mitternacht hörten die Kölner das dumpfe Grollen der ersten Flugzeuge. Die erste Welle des Großangriffs rollte an: Mit Navigationsgeräten ausgerüstete »Wellington«- und »Stirling-Bomber« markierten in direktem Anflug den Kölner Neumarkt. In einer zweiten Welle folgten dann »Whitleys«, »Hampdens« und »Manchester«-Maschinen, die das Areal nördlich und südlich des Zentrums bombardierten. Den Schluss – so die Planung von Harris – bildeten moderne »Halifax«- und »Lancaster«-Bomber, die vom Norden her einfliegen und ihre tödliche Bombenlast über Köln abwerfen sollten.

Staffel um Staffel zogen die britischen Geschwader über den Rhein. Um 0 Uhr 17 fielen die ersten Bomben. Für das Bombardement der Stadt hatte Harris 90 Minuten vorgesehen – für die Menschen am Boden eine unendlich lange Zeit. Alle fünf Sekunden erschien ein Bomber über der Stadt. Die deutsche Flak versuchte mit allen Mitteln, den Großangriff abzuwehren. Tatsächlich gelang ihr mit 3,9 Prozent Verlust bei den Gegnern die bis dahin höchste Abschussrate – doch bei über tausend Flugzeugen war diese Zahl von eher geringer Bedeutung. Über 10 000 Einzelbrände verschmolzen in dieser Nacht zu rund 1700 Großbränden. Doch ein Flächenbrand wie in Lübeck entstand nicht. Dazu waren Kölns Straßen zu breit, konnten die Feuerwehren, die zusätzlich aus Bonn, Düsseldorf und Duisburg herbeieilten, die Flammen abwehren. Von oben sahen die Feuer der Einschläge aus »wie schimmernde Diamanten auf einem schwarzen Samtteppich«, erinnerten sich später britische Bomberpiloten an diesen Einsatz. Einige Crews berichteten, man habe sich nach einer Stunde gefühlt wie über einem »speienden Vulkan«.

So unterschiedlich die Erinnerungen dieser britischen Bomberpiloten vielleicht klingen mögen – von verklärend bis erschüttert –, die Zerstörung am Boden war verheerend. 3300 Gebäude wurden in dieser Nacht zerstört, fast 10 000 Häuser beschädigt. 480 Menschen fanden bei dem Tausendbomberangriff den Tod, 5000 wurden verletzt, 45 000 obdachlos. »Die die Nacht überlebten und sich am Morgen die Stadt anschauten«, schrieb die *Kölner Zeitung*, seien sich bewusst gewesen, »dass sie ihr altes Köln niemals wiedersehen würden«. Dass dies nur ein Auftakt war, konnte zu diesem Zeitpunkt keiner ahnen: Bis Kriegsende sollte es insgesamt 262 Luftangriffe auf Köln geben, durch die 95 Prozent der Altstadt zerstört wurden.

Während die NS-Propaganda schäumte und die »britischen Mordbanden« unmenschlicher Kriegsmethoden anklagte, feierte Arthur Harris mit seinem Bomber Command einen wahren Triumph. Die erfolgreiche »Operation Millennium« ließ die meisten seiner Kritiker verstummen. Der Luftfahrtminister Archibald Sinclair gratulierte der Truppe mit den Worten: »Der nächste Höhepunkt wird noch gewaltiger sein!« Auch Churchill äußerte sich entsprechend: Köln sei nur die »Vorankündigung dessen, was eine deutsche Stadt nach der anderen von nun an hinnehmen« müsse. Tatsächlich wurde die Tausendbombertechnik schon im Juni 1942 an zwei weiteren Städten erprobt: Essen und Bremen. Doch die Bilanz der Zerstörung fiel weitaus geringer aus als in Köln. Zum Teil war das Wetter schuld, zum Teil die mangelhafte Radarnavigation. Darüber hinaus verlor die RAF in den drei Großangriffen zusammen über 700 Mann und ein Viertel ihrer Flugzeuge.

> »Der Tod für uns war geruchlos, lautlos. Wir konnten es nicht miterleben. Wenn wir dabei gewesen wären, wenn wir das hätten mit ansehen müssen, hätten wir das nicht machen können. Wie wir Frauen und Kinder verbrannt haben, sie ins Jenseits geschleudert haben, das hätten wir nicht machen können.« *Harold Nash, Pilot der RAF*

Dennoch hielt die britische Regierung an ihrer Strategie der nächtlichen Flächenbombardements bis Kriegsende fest. Für die Piloten der Royal Air Force glich bald ein Einsatz dem anderen. Von oben, aus der Luft, sah fast jede Stadt gleich aus. Die Piloten der Bomber suchten das von vorausfliegenden Flugzeugen mit Leuchtmarkierungen erhellte Ziel, klinkten ihre tödliche Fracht aus und drehten ab.

Tödliche Berechnungen

Das »Dehousing Paper«

Der britische Premierminister Winston Churchill ließ 1942 aufs Genaueste berechnen, wie viele Bomben benötigt würden, um binnen eines Jahres ein Drittel der Deutschen obdachlos zu machen. Frederick Alexander Lindemann, der deutschstämmige wissenschaftliche Berater Churchills, führte die Berechnungen durch und legte Ende März 1942 der britischen Regierung das sogenannte »Dehousing Paper« vor. Das Papier basierte auf eingehenden Studien der Wirkungen des deutschen Bombardements von Städten in Großbritannien. 10000 Bomber, kalkulierte Lindemann, seien notwendig, um 22 Millionen Deutsche obdachlos zu machen. »Unsere Ermittlungen scheinen zu bestätigen, dass der Wohnraumverlust die Moral spürbar niederdrückt. Es scheint die Leute stärker zu berühren als der Tod ihrer Freunde und sogar ihrer Angehörigen«, so Frederick Alexander Lindemann.

Ausgebombte, wie hier in Berlin, notieren ihre neuen Adressen sowie andere Nachrichten an ihre Angehörigen an Hauswänden.

Kritiker des strategischen Flächenbombardements hielten die Zahlen Lindemanns für unrealistisch. Nach den ersten Erfahrungen der Bombardierungen in Lübeck und Köln legte RAF-Oberbefehlshaber Charles Portal im November 1942 neue Berechnungen vor, die Lindemanns Zahlen sogar noch überstiegen: Nach Portals Kalkül sollte die RAF 1943 und 1944 1,25 Millionen Tonnen Bomben abwerfen, damit sechs Millionen Wohnhäuser zerstört würden. »25 Millionen Deutsche bleiben obdachlos zurück, 900000 werden getötet und eine Million schwer verletzt«, so Portal. Die Konsequenzen für die Moral der deutschen Zivilbevölkerung schätzte das Oberhaupt der Luftstreitkräfte als »gewiss schwerwiegend« ein. ■

Die Flughöhe und die Dunkelheit der Nacht schufen einen Abstand zwischen den Opfern unten am Boden und den Crews der RAF hoch oben in der Luft. Nur die funkelnden Lichter der Brände ließen die Piloten ahnen, dass sie den Menschen unter ihnen den hundertfachen Tod gebracht hatten.

Kombinierte Bomberoffensive

Bis zum Herbst 1942 warf die Royal Air Force 60 000 Bomben über deutschem Gebiet ab. Dennoch zeichnete sich in keiner Weise ab, dass sich durch die Luftangriffe die Moral der deutschen Zivilbevölkerung brechen ließe. Auch die deutsche Rüstungs- und Industrieproduktion wurde durch das fortgesetzte Bombardement nicht maßgeblich beeinträchtigt. Selbst nach den schweren Luftangriffen auf Düsseldorf, dem Sitz vieler Rüstungskonzerne, fielen die Produktionszahlen im zweiten Halbjahr 1942 nicht, sondern stiegen sogar noch an – um 1,8 Prozent. Arthur Harris, Chef des

»Hitlers Waffenschmiede« – von den Krupp-Werken in Essen, die ab 1943 verstärkt bombardiert wurden, blieben am Ende des Zweiten Weltkriegs nur noch Trümmer übrig.

britischen Bomberkommandos, war dennoch gewillt, an seinem Credo von »Masse gleich Erfolg« festzuhalten. Angriffen gegen ausgewählte Einzelziele, wie etwa die Bombardierung der großen Ruhrtalsperren im Frühjahr 1943, stand der Luftmarschall sehr skeptisch gegenüber: »Man soll ihnen ein Flugzeug geben und sie damit zum Spielen schicken, während wir mit dem Krieg weitermachen«, kommentierte er solcherlei Ansinnen spöttisch. Die erfolgreiche Sprengung der sauerländischen Talsperren am 17. Mai 1943 durch Geschwader der RAF wurde dennoch als tollkühnes Husarenstück gefeiert, stellte sie doch unter Beweis, dass das Bomber Command auch in der Lage war, präzise Einzelangriffe auszuführen. Solche gezielten Attacken der Royal Air Force blieben jedoch eher nur eine Episode im Bombenkrieg. Das Gros der Angriffe erstreckte sich weiterhin auf Flächenbombardements, seit Anfang 1943 auch mit amerikanischer Beteiligung.

Auf der Konferenz in Casablanca im Januar 1943 hatten sich die Alliierten auf die Strategie geeinigt, NS-Deutschland weiterhin mit massiven Bombardements aus der Luft anzugreifen, um sowohl den Kriegswillen als auch die militärische wie industrielle Infrastruktur des Landes zu zerstören. Dabei sollte eine Steigerung des Luftkriegs erreicht werden, an dessen Ende eine Bodeninvasion nur noch in Form einer »Polizeiaktion« stehen sollte. Bis zu 1,2 Millionen Todesopfer unter der deutschen Zivilbevölkerung wurden in dieser Rechnung kühl einkalkuliert. Während die Amerikaner jedoch dafür plädierten, gezielte Angriffe gegen Industrie- und Rüstungsindustrie am Tage zu fliegen, war die britische Regierung vom Erfolg ihrer nächtlichen Flächenbombardements überzeugt. Das Ergebnis dieser Debatte nannte sich »Combined Bomber Offensive« – britische und amerikanische Bombergeschwader wechselten sich von nun an vielfach in ihren Angriffen ab. Tagsüber fielen amerikanische Bomben auf die Städte, nachts britische. Für die Betroffenen am Boden schienen die Attacken zu einem endlosen Dauerbombardement zu verschmelzen.

Am 13. März 1943 wurde mit dem Angriff auf Essen die »Ruhrschlacht« eröffnet – und die in Casablanca beschlossene Strategie der kombinierten Bomberoffensive in die Tat umgesetzt. Der Angriff sollte die »Waffenschmiede des Reiches« empfindlich treffen und sah insgesamt die Zerstörung von 21 Großstädten im Zeitraum von vier Monaten vor. Bei der Offensive sollten vor allem Brandbomben eingesetzt werden, mit denen kein genaues Punktziel anvisiert werden kann, sondern letzten Endes ein Flächenbrand angestrebt wird. Dennoch ließ die britische Regierung wissen, dass die Ziele des Bomberkommandos immer militärische seien. Gleichwohl, wie Luftfahrtminister Sinclair einschränkte: »Die Bombardierung militärischer Ziele bei Nacht schließt immer die Bombardierung des Gebietes ein, in dem sie liegen.« Bei der Bombardierung der Ruhr-Städte wie Essen, Düsseldorf, Krefeld, Remscheid und Wuppertal im Frühsommer des Jahres 1943 wurden über 20 000 Menschen getötet, die meisten von ihnen Zivilisten. Das britische Bomber Command musste den Verlust von 5000 Mann beklagen.

> »Wir hatten im Londoner Rundfunk gehört, dass Rotterdam brannte, Coventry brannte – jetzt brannten die deutschen Städte. Das war die Vergeltung, schließlich hatten wir ja damit angefangen.« *Anton Bachmann aus Bremen*

Auch in Hamburg, der damals zweitgrößten Stadt Deutschlands, litten die Bewohner schwer unter den massierten Angriffen. Bis Mitte Juli 1943 war die Hansestadt bereits über 200 Mal aus der Luft angegriffen worden. Doch der Angriff in der Nacht zum 24. Juli, den die alliierte Seite »Operation Gomorrha« nannte, sollte alle vorherigen Offensiven in den Schatten stellen.

Die »Juli-Katastrophe«

»Ich hatte schon immer den Wunsch gehabt, Hamburg einmal wirklich und direkt aufs Korn zu nehmen«, äußerte sich Harris später. »Ich wollte dort etwas Ungeheures veranstalten.« Das dürf-

Leiche eines Mädchens, das sich mitten im Zentrum des Hamburger Feuersturms befunden hatte, 28. Juli 1943.

te ihm ohne Zweifel gelungen sein. Bis heute zählt der Juli-Angriff auf Hamburg neben dem Feuersturm von Dresden, den Atombombenabwürfen auf Hiroshima und Nagasaki zu den »Chiffren des Äußersten, was Waffengewalt der Kreatur zufügte«, wie es Jörg Friedrich, Autor des viel gelesenen Buches *Der Brand*, formuliert.

Gegen 1 Uhr nachts erreichten die ersten der insgesamt 600 britischen Bomber die Stadtgrenze. Die starken Flugabwehrstellungen Hamburgs hatten die Briten mit einem simplen, aber wirkungsvollen Trick überlistet: Die erste der anfliegenden Staffeln warf bündelweise kleine Stanniol-Streifchen ab, die den deutschen Radar verwirrten. Damit war die Flak quasi blind. Hilflos ballerte die deutsche Abwehr in die Luft, schwenkten die großen Suchscheinwerfer den Himmel ab. Beinahe ungehindert konnten die Bomber der Royal Air Force ihre tödliche Fracht abwerfen: 600 Tonnen Spreng- und Brandbomben gingen auf die Stadtteile Eimsbüttel, Hoheluft, Altona sowie die Innenstadt nieder. Allein in dieser Nacht starben 1500 Menschen – doch sollte dies erst der Auftakt der Luftattacke sein. Fast vier Nächte lang blieb es ruhig, die Be-

Tod im Luftschutzkeller – die Bewohner dieses Hamburger Hauses starben an einer Kohlenmonoxidvergiftung.

wohner Hamburgs atmeten bereits auf. Erst in der Nacht zum 28. Juli setzte die RAF ihre Offensive fort. Aus allen vier Himmelsrichtungen steuerten insgesamt 800 britische Flugzeuge die Hansestadt an. In weniger als einer halben Stunde verwandelten sie Hamburg in ein einziges Flammenmeer. 35 000 Menschen starben – sie verbrannten in Häusern und Kellern, wurden von herabfallenden Trümmern erschlagen oder erstickten im giftigen Qualm.

Die Beschreibung dessen, was in dieser Nacht in Hamburg geschah, klingt apokalyptisch. Feuerwehrleute und Rettungskräfte berichteten von orkanartigen Feuerstürmen, die Menschen einfach in sich hineinsogen und verschlangen. Im Zentrum der Flammen erreichten die Temperaturen bis zu 1400 Grad und ließen ein unfassbares Inferno entstehen. Regelrechte Feuerwalzen rasten durch die Straßen und rissen alles mit, was sich dort befand: Bäume, Trümmer, Menschen. Der Feuersturm ließ Asphalt in Blasen kochen und Glasscheiben schmelzen. Wer sich im Zentrum dieser Flammenhölle befand, hatte kaum eine Chance, zu überleben. Überall auf den Straßen lagen Leichen, oft bis zur Unkenntlichkeit verbrannt. Doch die meisten Toten gab es in den Kellern, wo viele Bewohner Zuflucht vor dem Tod aus der Luft gesucht hatten. Die Schutzräume wurden im Feuersturm zu tödlichen Fallen, da sich in kürzester Zeit Kohlenmonoxid bildete, das zu einem qualvollen Erstickungstod führte.

Bis zum 3. August setzten die Alliierten ihre Angriffe auf Hamburg fort. Nachts kamen die Briten, tagsüber folgten die Amerikaner. 42 000 Menschen starben, weit über 100 000 wurden verletzt.

Wie betäubt und in ohnmächtigem Entsetzen ertrugen die Menschen in Hamburg und anderen Orten den Luftkrieg gegen ihr Land, ihre Städte, ihre Wohnstätten. Die meisten hofften, dass die Angst, die dauernde, zermürbende Bedrohung durch den Tod aus der Luft irgendwann ein Ende haben würde. Den Tagesrhythmus vieler Deutschen bestimmte spätestens seit 1942 das durchdringende Aufheulen der Luftschutzsirenen. Dann hieß es, sofort alles stehen und liegen lassen und so schnell wie möglich einen Schutzraum aufsuchen. Bis heute wirken die traumatischen Erfahrungen vieler Zeitzeugen – damals häufig noch Kinder –, die Erinnerungen an Sirenengeheul, dröhnende Bombergeschwader und ohrenbetäubende Einschläge der Spreng- und Brandbomben nach.

> »Der Sturm war so ungeheuerlich, dass man sich kaum auf den Beinen halten konnte. Als ich versuchte, bei unserer Feuerwache um die Ecke zu biegen, hat mich die Kraft des Windes sofort umgerissen. Ich hab mich längs auf den Boden gelegt und bin hinter eine Ecke gekrochen.«
>
> *Hans Brunswig, Feuerwehrmann in Hamburg*

In den Luftschutzkellern unter den Häusern begann bei jedem Angriff eine schier endlose Zeit des Wartens und des Hoffens, auch diesmal wieder verschont zu bleiben. Zitternd vor Angst oder halb gelähmt drängten sich die Menschen in den Kellern und Luftschutzbunkern aneinander und lauschten dem Crescendo der Bombeneinschläge über ihnen. Viele Soldaten, die an der sogenannten Heimatfront ihren Urlaub verbrachten, empfanden die Angriffe aus der Luft als besonders belastend. An der Front hatten sie immer gewusst, wo der Feind stand – aber eingepfercht in einen Keller fühlten sich die Männer häufig vollkommen ausgeliefert und hilflos. Die entsetzliche Angst vor dem Tod durch Ersticken oder Verbrennen wurde in dieser Zeit für die meisten Deutschen zum täglichen Begleiter.

Nach den Angriffen auf das Ruhrgebiet und Hamburg im Jahr 1943 meldeten die Horchposten der Gestapo und SS zum ersten

Mal unverhohlene Kritik am Regime, das vom Volk als eigentlich Schuldiger an diesem Flächenbrand erkannt wurde: »Dass es hier brennt, verdanken wir dem Führer!«, lauteten die Rufe in Hamburg-Barmbek, sogar von Attacken gegen NS-Funktionäre wurde berichtet. Auch aus dem Ruhrgebiet berichteten die Lauscher der Diktatur von »defätistischen Äußerungen«. Während die Propaganda immer noch von der »Festung Europa« sprach, war den meisten Menschen längst klar, dass das Dach dieser Festung himmelweit offen stand.

> »Lieber Thommy, fliege weiter, wir sind alle Bergarbeiter.
> Fliege weiter nach Berlin, die haben alle ›Ja‹ geschrien.«
> *Spruch, der nach der »Ruhrschlacht« 1943 kursierte*

Goebbels, dem die niedergedrückte Stimmung im Lande nicht verborgen geblieben war, reagierte mit einer Rede, die als »perfides Meisterwerk der NS-Propaganda« bezeichnet werden kann. Mit seinem aufpeitschenden Plädoyer für einen »totalen Krieg« gelang es dem Chefpropagandisten der Nazis, die Massenveranstaltung am 18. Februar 1943 im Berliner Sportpalast in einen Hexenkessel zu verwandeln. Die Bilder der Wochenschau vermittelten eine geschlossene, zu großen Opfern bereite »Volksgemeinschaft«.

Die »Wunderwaffen«

Dennoch: Spätestens nach dem Hamburger Feuersturm war die Siegeszuversicht bei vielen Deutschen zusammengeschrumpft. Von einem Aufbegehren oder gar Widerstand kann man im Zusammenhang mit der Stimmung im Kriegsjahr 1943 jedoch nicht sprechen. Auch an der Haltung vieler Deutscher änderte sich trotz der bitteren Erfahrungen durch den Bombenkrieg nichts. Immer lauter wurden stattdessen die Rufe nach Vergeltung. Gerüchte um Hitlers vermeintliche »Wunderwaffe« – die während des Krieges entwickelten »V-Raketen« – ließen die Hoffnung aufkommen, dass doch noch eine Wende im Luftkrieg möglich sei. In der Nacht vom 12. auf den 13. Juni 1944, kurz nach der Invasion der Alliierten in der Normandie, wurden tatsächlich die ersten V-1-Raketen abgeschossen – mit dem Ziel London. Der erste Masseneinsatz fand vier Tage später statt. An dem Tag, an dem auch die Propaganda den Beginn der »Vergeltung« verkündete. Insgesamt 244 V-1 wurden im Verlauf dieser Aktion gestartet, 45 stürzten unmittelbar nach dem Start ab, 112 Raketen erreichten ihr Ziel: »Südengland und das Stadtgebiet von London wurden in der Nacht und am Vormittag mit neuartigen Sprengkörpern schwersten Kalibers belegt. Seit Mitternacht liegen diese Räume mit nur geringen Unterbrechungen unter Feuer. Mit stärksten Zerstörungen ist zu rechnen.«

Dieser Wehrmachtsbericht vom 16. Juni 1944 verkündete mit dürren Worten, worauf viele Deutsche lange gewartet hatten: Endlich war die V-1, die erste der vielfach beschworenen »Wunderwaffen« des Nazi-Reiches, im Einsatz. »Der Tag, auf den 80 Millionen Deutsche sehnlichst gewartet haben, ist da«, schrieb die NS-Zeitung *Das Reich*. Die Stimmung im ganzen Land besserte sich spürbar: In einem Bericht des Sicherheitsdienstes aus dem Abschnitt

Die V-1-Flugbomben richteten in vielen Londoner Stadtteilen schwere Zerstörungen an.

Frankfurt / Main hieß es in diesen Tagen: »Es war ergreifend, einfache Arbeiter zu hören, die ihre Freude zum Ausdruck brachten, dass ihr unerschütterlicher Glaube an den Führer erneut seine Bestätigung gefunden habe.«

Bereits am 29. Juni startete die tausendste V-1-Rakete. Die Schäden, die diese Flugbomben anrichteten, waren nicht unerheblich: Sie entwickelten beim Aufschlag eine gewaltige Druckwelle, die ganze Straßenzüge zerstören konnte. Bis Ende Juni waren 1700 Engländer getötet, weitere 10 700 verletzt worden. Außerdem zwang die ständige Bedrohung durch die »Vergeltungswaffe« die Royal Air Force dazu, einen enormen Abwehrgürtel mit Tausenden von Flakgeschützen, Sperrballonen und Jagdflugzeugen südlich von London aufzubauen. Die militärische Wirkung der Flugbomben war dennoch eher gering. Der eigentliche Wert der V-Waffen bestand in ihrer psychologischen Wirkung – weniger für die terrorisierten Londoner als für die deutsche Bevölkerung. Während von allen Fronten Hiobsbotschaften eintrafen, hielt die NS-Propaganda durch den Einsatz der »Vergeltungswaffen« die Stimmung der »Volksgenossen« hoch.

Ganz bewusst hatte man die Flugbombe als V-1 bezeichnet, um Hoffnungen und Erwartungen auf die V-2 zu wecken. »Seitdem die Bevölkerung täglich auf das Wunder der neuen Waffen wartet und nun Zweifel daran hegt, ob wir wissen, dass es bereits einige Minuten vor 12 sei und eine weitere Zurückhaltung dieser neuen aufgestapelten Waffen nicht mehr verantwortet werden kann, kommt die Frage auf, ob diese Propaganda zweckmäßig ist«, schrieb Hitlers Architekt und Rüstungsminister Albert Speer in jenen Tagen in einem Brief an den Diktator. Rascher als gedacht habe sich in der Bevölkerung eine tiefe Enttäuschung über die ausbleibende Wirkung der V-1 breit gemacht.

In dieser Situation konnte es dem »Führer« und seinen Paladinen nur recht sein, dass die neuen V-2-Raketen im September 1944 einsatzbereit waren. Dabei handelte es sich um eine zwölf Tonnen schwere Fernrakete, die eine Sprengladung von 1000 kg trug, auf ihrer Flugbahn bis in die Stratosphäre in 90 Kilometer Höhe vordrang und über 5000 Stundenkilometer schnell war. Gegen sie gab es keine Abwehr. Adolf Hitler war aus ebendiesem Grund seit 1939 an der Entwicklung der Rakete überaus interessiert. Im Mai 1943 hatte er entschieden, nicht nur die von der Luftwaffe entwickelte Flugbombe (die spätere V-1), sondern auch die vom Heer verantwortete Fernrakete A-4 (die V-2) in Serie bauen zu lassen. Im Gegensatz zur Flugbombe war die V-2 jedoch ein hochkomplizierter technischer Apparat, dessen Bau gewaltige Ressourcen verschlang und etwa hundert Mal so teuer war wie der Bau einer V-1.

Zwangsarbeiter arbeiten in einem Stollen in Thüringen an Hitlers nächster »Wunderwaffe«, der V-2.

Im Einsatz konnte die Fernrakete den hohen Entwicklungsaufwand kaum rechtfertigen. Auch die V-2 richtete zwar erhebliche Schäden in London an – die erhoffte Kriegswende konnte sie aber ebenfalls nicht mehr herbeiführen. Im Gegenteil: Der Krieg wurde durch den Bau der V-2 wahrscheinlich eher verkürzt, weil er Ressourcen band, die für die Produktion von rund 40 000 Flugzeugen gereicht hätten.

Im März des Jahres 1945 wurden die letzten V-Waffen gezündet. Bis zu diesem Zeitpunkt waren knapp 23 000 V-1 und 3000 V-2 gegen London, Antwerpen und Lüttich abgefeuert worden. 15 000 Menschen fielen ihnen zum Opfer, weitere 4 000 wurden verletzt. Die Goebbels-Propaganda hatte die vermeintlichen Wunderwaffen bereits zu Beginn des Jahres 1945 nur noch sporadisch erwähnt.

Die Hölle von Dresden

45 der sechzig wichtigsten deutschen Städte waren Anfang 1945 größtenteils zerstört. Zu den wenigen Orten, die bis dahin noch weitgehend verschont geblieben waren, gehört eine Stadt an der Elbe, deren Name seit dem 13. Februar 1945 Symbol ist für die Maßlosigkeit des Schreckens, den der Zweite Weltkrieg noch in seinen letzten Wochen erreichte: Dresden.

Trotz der alarmierenden Nachrichten aus anderen deutschen Städten war Dresden denkbar schlecht auf einen großen Bombenangriff vorbereitet. Darüber hinaus war die Stadt gerade in den ersten Wochen des Jahres zu einem gigantischen Flüchtlingslager geworden. Die Menschen kamen aus den deutschen Ostgebieten, vor allem aus Schlesien. In Dresden, so dachten sie, würden sie das Schlimmste erst einmal hinter sich haben. Die letzte Warnung erging am 13. Februar um 22 Uhr 15 Uhr und lautete: »Bombenabwürfe über dem Stadtgebiet. Volksgenossen, haltet Sand und Wasser bereit!« Vier Stunden später gab es kein Dresden mehr.

> »Aber niemals ein einziger Gedanke an die Leute unten. Kein Gedanke. Ich dachte nur an die eigene Haut. Ich hatte zu viel Angst, um nachdenken zu können. Die erste Priorität war nach Hause. Die eigene Haut retten.«
>
> *Harold Nash, Pilot der Royal Air Force*

»Wir hatten unseren Job zu machen. Es war ein völlig normales Ziel«, so ein Pilot des britischen Bomber Command später. Tatsächlich unterschieden sich Anflug und Bombardierung Dresdens technisch kaum von den vorangegangenen Angriffen, sie verliefen nur perfekter. Gegen 1 Uhr 30 nachts erreichte die zweite große Angriffswelle mit 529 Bombern Dresden. Die Bomben, die diese Flugzeuge abwarfen, trafen ein flammendes Inferno – ein Ziel, in dem nur noch wenige Areale dunkel, das heißt unbeschadet, schienen. Bereits die erste Angriffswelle hatte einen Feuersturm sondergleichen hervorgerufen. Wer ihm entrinnen konnte, hastete in Pa-

Am 25. Februar 1945 wurden auf dem Dresdener Altmarkt die Opfer des verheerenden Feuersturms verbrannt.

nik in Richtung der wenigen unbebauten Flächen der Stadt, vor allem in den Großen Garten und zu den Elbwiesen. Ebendiese Parkanlagen waren es, über denen jetzt der Bombenhagel der zweiten Bomberstaffel niederging.

Diejenigen, die am darauffolgenden Tag – es war Aschermittwoch – durch Dresden gingen, standen fassungslos vor dem, was noch 24 Stunden zuvor ihre Stadt gewesen war. Tote türmten sich aufeinandergestapelt zu grausigen Haufen. Die Stadt war nach dem Angriff voller Leichen und Trümmer. Zeitzeugen berichteten später, dass viele Menschen, die den Angriff überlebt hatten, verwirrt umherliefen, in ihren Augen noch das blanke Entsetzen. Mindestens 22700 Menschen kamen in dieser Nacht ums Leben.

Warum Dresden? Warum noch einmal ein derartiger Zerstörungsakt, wo der Ausgang des Krieges doch absehbar war? Diese Frage haben Betroffene und Historiker seit 1945 immer wieder gestellt. Der britische Historiker Max Hastings ist sich sicher: »Mit dem Beschluss, Dresden anzugreifen, wollten die Westalliierten den Russen beweisen, dass sie ihnen jede mögliche Hilfe würden zukommen lassen. Ein Bombardement nahe der Front sollte den Russen zeigen, wozu das Bomber Command fähig war.«

> »Wer das Weinen verlernt hat, der lernt es wieder beim Untergang Dresdens [...] in den Sodom- und Gomorrha-Höllen der englischen und amerikanischen Flugzeuge.«
>
> *Gerhart Hauptmann, Schriftsteller*

Es ging also offenbar weniger darum, die Russen in einem Vorgriff auf den Kalten Krieg einzuschüchtern, wie oft behauptet wird. Eher wollten die Westalliierten die Rote Armee entlasten, die die Hauptlast der Kampfhandlungen in dieser Region trug. Diese Allianz wurde gerade denjenigen zum Verhängnis, die vor den russischen Truppen geflohen waren – direkt hinein in die alliierten Bombardements. Ungeachtet aller strategischen Fragen ist das Schicksal Dresdens vor allem ein Beleg dafür, dass auch dem Vorgehen der Alliierten spätestens zu diesem Zeitpunkt jedes Augenmaß für die Verhältnismäßigkeit der Mittel verloren gegangen war. Der Luftkrieg gegen Deutschland ging auch nach Dresden weiter. Er traf Großstädte wie das bereits völlig verwüstete Berlin, er traf kleinere Städte wie Pforzheim, das in der Nacht zum 23. Februar wahrscheinlich ein Drittel seiner Einwohner verlor. Er traf Würzburg, ein barockes Gesamtkunstwerk, das zu 80 Prozent zerstört wurde und zum viel zitierten »Grab an Main« geriet. Der bloße Anblick fortschreitender Verwüstung machte den Betroffenen auf traumatische Weise bewusst, welche schrecklichen Konsequenzen der Durchhaltewahn des Regimes heraufbeschworen hatte.

Historiker und Wissenschaftler sind sich einig, dass die Einsätze der Jahre 1944/45 den Krieg nicht wesentlich verkürzt haben. Da sich die Wehrmacht im Frühjahr 1945 ohnehin schon in fortschreitender Auflösung befand und der Widerstand am Boden immer sporadischer wurde, brachten die Luftangriffe die alliierten Kriegsanstrengungen nicht entscheidend voran. Der kanadische Ökonom und damalige Direktor der alliierten »Economic Effects Division«, Kenneth Galbraith, ging sogar so weit, die strategischen

Flächenbombardements als die »größte Falschrechnung dieses Krieges« zu bezeichnen. Selbst die Kriegsproduktion der Deutschen sei durch die Luftoffensiven nicht wesentlich beeinträchtigt worden, so seine Argumentation. Tatsächlich produzierte Hitlers Deutschland 1944 dreimal mehr Waffen als 1941.

Auch auf britischer Seite gab es Kritik: »Es steht außer Zweifel, dass groß angelegte Städtebombardements von den Nazis begonnen wurden. Ich nehme auch völlig zur Kenntnis, dass bei den Angriffen auf Zentren der Kriegsindustrie und des Verkehrs Zivilpersonen getötet werden – was als Resultat militärischer Aktionen unvermeidlich ist. Aber es muss doch ein faires Gleichgewicht zwischen angewendeten Mitteln und dem angestrebten Ziel bestehen. Eine ganze Stadt zu vernichten zerstört dieses Gleichgewicht«, mahnte George Bell, Bischof von Chichester, Anfang 1944. Selbst Premierminister Winston Churchill schienen im Frühjahr 1945 ernste Zweifel am Sinn des gnadenlosen Bombenkrieges zu beschleichen: »Mir scheint der Moment gekommen, an dem die Frage der Bombardierung deutscher Städte, einfach der Steigerung des Terrors, jedoch unter anderem Vorwand, zu überprüfen wäre«, heißt es in einem unveröffentlichten Memorandum. »Sonst werden wir ein total zerstörtes Land übernehmen.«

Diese Erkenntnis kam indes zu spät. Als die alliierten Truppen nach dem Ende der Kriegshandlungen in Deutschland einmarschierten, waren von 19 Millionen Wohnungen auf dem Gebiet des Reiches über 4 Millionen durch Bombardierungen verloren gegangen. Durchschnittlich waren etwa 40 Prozent aller Wohnungen in größeren Orten zerstört, in Köln nahezu 70 Prozent. Lübeck, Köln, Hamburg, Dresden, Berlin, Frankfurt, Essen, ungezählte Kleinstädte und Dörfer – kaum eine Region im Land war von den katastrophalen Zerstörungen verschont geblieben. Allein auf dem Gebiet der späteren Bundesrepublik türmte sich ein Trümmerhaufen von 310 Millionen Kubikmetern. Und rund eine halbe Million Menschen hatte im Bombenkrieg ihr Leben gelassen.

ПЕРЕХОДИТИ ТУТ

VERBRANNTE ERDE

Lange Zeit wurde in Deutschland nicht offen über den verbrecherischen Charakter des Zweiten Weltkrieges gesprochen. Historische Forschungen haben seit den Siebzigerjahren jedoch immer mehr Details über Unrecht und Gewalt ans Tageslicht gebracht. Zunächst stand der Holocaust im Mittelpunkt der Aufmerksamkeit. Sehr bald wurde aber deutlich, dass auch die Kriegführung der Wehrmacht mit ihren 17 Millionen »normalen Männern« verbrecherischer war als je zuvor. Die beiden Wehrmachtausstellungen von 1995 und 2001 haben dies einem breiten Publikum noch einmal verdeutlicht. Der brutale Charakter des Zweiten Weltkrieges zeigte sich vor allem in Osteuropa – in Polen und im Westteil der Sowjetunion. Hier lagen die »Bloodlands«, Schauplätze sowohl des Massenmordes an den europäischen Juden als auch der meisten Gräueltaten der Wehrmacht.

Der 21. Oktober 1943 war ein nasser und kühler Herbsttag. Im Norden von London lag an jenem Tag ausnahmsweise kein Flugzeugbrummen in der Luft, das sonst die britischen Bomberverbände auf ihrem Weg nach Deutschland ankündigte. An jenem Tag blieben die Flugzeuge am Boden. In der lieblichen Landschaft von Südengland deutete kaum etwas darauf hin, dass auf dem Kontinent ein fürchterlicher Krieg tobte. In der Ukraine wurde an jenem Donnerstag erbittert gekämpft, in Italien gab es schwere Gefechte südlich von Rom. Und in Auschwitz traf ein Deportationszug mit 1007 Menschen jüdischer Herkunft aus Holland ein. 347 Männer und 170 Frauen wurden in das Lager eingewiesen, 490 weitere Personen wurden unmittelbar nach ihrer Ankunft in den Gaskammern ermordet.

◄ Auf ihrem Feldzug gen Osten hinterließ die Wehrmacht eine Spur der Verwüstung und des Leids – wie hier in Charkow, 1942.

Generalleutnant Friedrich von Broich, Oberst Horst Egersdorf und Major Ulrich Boes unterhielten sich an jenem 21. Oktober 1943 über den Krieg. Sie waren im Mai in Tunesien in Gefangenschaft geraten und nach Trent Park gebracht worden, ein Speziallager für hohe Offiziere, etwa 30 Kilometer von der Innenstadt Londons entfernt. Die Männer ahnten nicht, dass der britische Nachrichtendienst ihre Gespräche heimlich mithörte. Broich, der in Tunesien Stauffenbergs Divisionskommandeur gewesen war, empörte sich über die Verbrechen, die in deutschem Namen begangen worden waren: »Ich meine, die Art und Weise, wie wir uns der Umwelt gegenüber benommen haben, ist so schamlos, dass noch unsere Kinder darüber erröten werden. Ich meine, eine größere Kulturschande wie dieses Massenmorden harmloser Leute, die nichts getan haben, als dass sie vielleicht beschnitten sind – oder irgendwie einer anderen Rasse angehören. Außer dem Dreißigjährigen Krieg war noch nie so etwas, ein finsterster Rückfall.« Major Ulrich Boes gefielen solch deutliche Worte nicht. Er versuchte hier und da zu relativieren, wagte es letztlich aber nicht, dem General offen zu widersprechen.

> »Die Juden sind unsere Todfeinde. Sie sind aber keine Menschen mehr im europäischen Kultursinn, sondern von Jugend auf zu Verbrechern erzogene und von Jugend auf geschulte Bestien. Bestien aber müssen vernichtet werden.«
>
> *Generalmajor Bechtolsheim,*
> *Kommandeur 707. Infanteriedivision*

Der Zweite Weltkrieg markiert einen Quantensprung in der Totalisierung und Brutalisierung des Krieges. Nie zuvor waren so viele Menschen in einem Krieg ums Leben gekommen, nie zuvor wurde so intensiv auf dem ganzen Globus gekämpft, und nie zuvor wurden in einem solchen Ausmaß Kriegsverbrechen begangen. Gewiss hatte es Gräueltaten gegeben, seit es Kriege gab. Die Ermordung von gefangenen Soldaten, das Töten von Zivilisten, das Ausplündern ganzer Landstriche kennt man seit der Antike. Doch die

Die »Reichskristallnacht« im November 1938 machte die Ausgrenzung und Entrechtung der deutschen Juden deutlich.

Opferzahlen dieses Weltkriegs erreichten völlig neue Dimensionen. Vor allem aber war es die rassistisch motivierte, gezielte Tötung von Millionen von Menschen die eine neue Qualität der Gewalt markierte. Der Holocaust trieb die Brutalisierung auf die Spitze, die Auslöschung der jüdischen Bevölkerung war ein beispielloser Zivilisationsbruch.

Hitlers »doppeltes Kernstück«, wie die Historiker Andreas Hillgruber und Eberhard Jäckel die Ziele des deutschen Diktators bezeichneten, war zum einen die Eroberung von Lebensraum für die »germanische Rasse« und zum anderen die Ermordung der europäischen Juden, die er als Träger einer »jüdisch-bolschewistischen« Weltanschauung identifiziert hatte. Der Feldzug gegen die Sowjetunion war in dieser Hinsicht sicher das dunkelste Kapitel des gesamten Zweiten Weltkriegs. In den ersten sechs Monaten des Unternehmens mit dem Decknamen »Barbarossa« begingen die Deutschen – Soldaten der Wehrmacht wie auch Sondereinheiten der SS – nicht nur die meisten ihrer Verbrechen, sondern vollzogen mit dem Übergang von der Judenverfolgung zur Judenvernichtung auch eine ungeahnte Totalisierung kollektiver Gewalt.

Freiherr von Broich

Ein ungewöhnlicher General

Friedrich Freiherr von Broich (1896 – 1974)

Der Generalleutnant gehörte nicht zur obersten Elite der Wehrmacht. Zuletzt Kommandeur der 10. Panzerdivision in Tunesien, war über ihn bislang nur wenig bekannt. Er schrieb keine Memoiren, trat nicht in die Bundeswehr ein und lebte nach seiner Rückkehr aus der britischen Kriegsgefangenschaft zurückgezogen am Starnberger See. Die Briten haben Broich – zusammen mit anderen Generälen – in Trent Park nördlich von London zwei Jahre lang systematisch abgehört. Die Protokolle seiner Gespräche sind nunmehr zugänglich, sodass über ihn außerordentlich reichhaltige Quellen vorliegen. Broich war Berufssoldat, der als junger Offizier im Ersten Weltkrieg kämpfte und bei Beginn des Zweiten Weltkriegs eines der wenigen noch aktiven Kavallerieregimenter führte. Mit diesem kämpfte er in Polen, Frankreich und der Sowjetunion. Seine Einheit wurde dann zur 24. Panzerdivision umgebildet, mit der er bis nach Stalingrad vorrückte. Kurz vor der Einkesselung der 6. Armee versetzte man Broich nach Tunesien, wo er mit seiner Division am 12. Mai 1943 kapitulierte und in britische Gefangenschaft ging.

Broich wurde von seinen Vorgesetzten stets als überdurchschnittlicher Offizier gelobt. Am 1. März 1943 hieß es in seiner Beurteilung: »Anständiger, offener und ehrlicher Charakter, gute nat. [ionalsozialistische] Haltung, vor dem Feinde voll bewährt, vorausschauender, zielsicherer Truppenführer mit gutem taktischem Verständnis, geistig und körperlich frisch.« Der britische Nachrichtendienst schätzte ihn als einen »fröhlichen ›Ex-Kavallerie-Mann‹« ein, der, wenngleich nicht herausragend intelligent, immer amüsant und höflich sei. Er besitze einen weiteren Horizont als die meisten anderen deutschen Generäle und sei ein überzeugter Monarchist. Er schrieb seiner Frau aus der Gefangenschaft derart regimekritische Briefe, dass diese ihn nachdrücklich um Vorsicht gebeten habe, weil sie sonst Probleme mit der Gestapo bekommen würde. Claus Graf Schenck von Stauffenberg war von Februar bis April 1943 Broichs erster Generalstabsoffizier, und beide haben vertrauensvoll auch über die politische Lage gesprochen. Broich schätzte Stauffenberg außerordentlich (»ein fabelhafter Mann«) und dürfte mit dafür verantwortlich gewesen sein, dass der spätere Hitler-Attentäter nach schwerer Verwundung am 7. April 1943 umgehend zurück nach Deutschland gebracht wurde. ■

In Trent Park, einem Lager nördlich von London, waren gefangene Generäle und Offiziere untergebracht (vorne links Friedrich von Broich).

Verbrecherische Befehle

Am 30. März 1941 – drei Monate vor dem Angriff auf die Sowjetunion – versammelte Hitler seine höheren Truppenführer in der Neuen Reichskanzlei in Berlin, um sie auf das Ziel einzuschwören, die »russisch-asiatische Gefahr« im Osten in einem Kampf ohne jede Rücksicht zu beseitigen. »Wir müssen vom Standpunkt des soldatischen Kameradentums abrücken. Der Kommunist ist vorher kein Kamerad und nachher kein Kamerad. Es handelt sich um einen Vernichtungskampf«, der gegen die Rote Armee, den sowjetischen Staat und seine Vertreter geführt werden solle. Jeder General wusste nach dieser Rede, was Hitler im Russlandfeldzug von ihm erwartete. Proteste gab es nicht.

Der Kriegsherr stand im Zenit seiner Macht. Nach dem siegreichen Frankreichfeldzug war jegliche Kritik verstummt, und die Generalität hatte sich demutsvoll vor dem vermeintlich »größten Feldherrn aller Zeiten« verneigt, der sie mit Orden, Beförderungen und großzügigen Geldzuwendungen korrumpierte. Hinzu kam: Es ging gegen die kommunistische Sowjetunion. Auch in weiten Kreisen der Wehrmacht galt das Land als Hort der Barbarei, der Unterdrückung, der Bedrohung konservativ-gesellschaftlicher Werte. Die Stimmung in der deutschen Militärelite hätte kaum antibolschewistischer sein können. Es bedurfte daher nicht wirklich großer Überzeugungskraft, die Generäle von der Notwendigkeit eines »Weltanschauungskrieges« gegen die Sowjetunion zu überzeugen.

»Es handelt sich um einen Vernichtungskampf« – Hitler und seine Generäle in der Reichskanzlei, März 1941.

Die Oberkommandos der Wehrmacht und des Heeres arbeiteten

entsprechende Befehle aus: Der Gerichtsbarkeitserlass vom 13. Mai 1941 legte fest, dass Verbrechen deutscher Soldaten gegen die sowjetische Zivilbevölkerung nicht geahndet werden würden. Er forderte nachgerade, die deutsche Herrschaft in den besetzten Gebieten mit äußerster Brutalität zu etablieren und jeden Widerstand seitens der einheimischen Bevölkerung mit Brachialgewalt zu unterbinden. De facto waren die Zivilisten damit vogelfrei.

Der Kommissarbefehl vom 6. Juni 1941 identifizierte die sowjetischen Politoffiziere als die tragenden Kräfte des sowjetischen Widerstands. Von ihnen sei nur eine hasserfüllte, grausame und unmenschliche Behandlung deutscher Gefangener zu erwarten. Daher könne Politoffizieren selbst auch nicht der Status als »normale Gefangene« zuerkannt werden. Sie seien vielmehr außerhalb der eigentlichen Kampfzone unauffällig zu »erledigen«. Dafür genügte schlicht der Befehl eines Offiziers.

Gerichtsbarkeitserlass und Kommissarbefehl verstrickten die Wehrmacht unwiderruflich in den Weltanschauungskampf, noch bevor der erste Schuss gefallen war. Wehrmacht und SS sollten beim Feldzug gegen die Sowjetunion unterschiedliche Aufgaben wahrnehmen: Heer und Luftwaffe sollten die Rote Armee auf dem Schlachtfeld schlagen. Die »Beseitigung« der »jüdisch-bolschewistischen Intelligenz« und damit die Zertrümmerung der kommunistischen Gesellschaftsordnung hingegen war speziellen Einsatzkommandos vorbehalten. Einheiten der SS und einige Bataillone der Waffen-SS schienen der NS-Führung für die geplanten Mordaktionen geeigneter zu sein als das Heer, das 1939/40 noch gewagt hatte, gegen die Verbrechen der SS in Polen zu protestieren.

Sicher hegten viele der Generäle keine besonderen Sympathien für die SS; in Russland begrüßten sie freilich deren Einsatz zur Sicherung des Landes abseits des Operationsgebietes des Heeres. So unterschiedlich Selbstwahrnehmung und Standesdünkel von SS und Wehrmacht auch waren – das Feindbild des »jüdischen Bolschewismus« teilten sie. Weite Teile der Generalität hielten Juden ebenfalls für Saboteure und Terroristen und glaubten, dass deren Exekution das Hinterland »sicherer« machen würde.

»Richtlinien für das OKW«

Der Kommissarbefehl vom 6. Juni 1941

Chefsache! Nur durch Offizier!
Im Nachgang zum Führererlass vom 14.5. über die Ausübung der Kriegsgerichtsbarkeit im Gebiet »Barbarossa« werden anliegend Richtlinien für die Behandlung politischer Kommissare übersandt. Es wird gebeten, die Verteilung nur bis zu den Oberbefehlshabern der Armeen bzw. Luftflottenchefs vorzunehmen und die weitere Bekanntgabe an die Befehlshaber und Kommandeure mündlich erfolgen zu lassen.
Der Chef des Oberkommandos der Wehrmacht I.A. gez. Warlimont

Anlage zu OKW/WFSt/Abt. LIV/Qu Nr. 44822 g.k.Chefs.
Richtlinien für die Behandlung politischer Kommissare. Im Kampf gegen den Bolschewismus ist mit einem Verhalten des Feindes nach den Grundsätzen der Menschlichkeit oder des Völkerrechts nicht zu rechnen. Insbesondere ist von den politischen Kommissaren aller Art als den eigentlichen Trägern des Widerstandes eine hasserfüllte, grausame und unmenschliche Behandlung unserer Gefangenen zu erwarten. Die Truppe muss sich bewusst sein:

1. In diesem Kampf ist Schonung und völkerrechtliche Rücksichtnahme diesen Elementen gegenüber falsch. Sie sind eine Gefahr für die eigene Sicherheit und die schnelle Befriedung der eroberten Gebiete.

2. Die Urheber barbarisch asiatischer Kampfmethoden sind die politischen Kommissare. Gegen diese muss daher sofort und ohne weiteres mit aller Schärfe vorgegangen werden. Sie sind daher, wenn im Kampf oder Widerstand ergriffen, grundsätzlich sofort mit der Waffe zu erledigen.

I. Operationsgebiet

1. Politische Kommissare, die sich gegen unsere Truppe wenden, sind entsprechend dem Erlass über die Ausübung der Gerichtsbarkeit im Gebiet Barbarossa zu behandeln. Dies gilt für Kommissare jeder Art und Stellung, auch wenn sie nur des Widerstandes, der Sabotage oder der Anstiftung hierzu verdächtig sind. […] ■

Als in den Morgenstunden des 22. Juni 1941 der deutsche Angriff auf die Sowjetunion begann, waren die Weichen für den Vernichtungskrieg längst gestellt.

Tod den Kommissaren

Der Kommissarbefehl wurde von über 80 Prozent aller Divisionen, die in jenem Jahr in Russland kämpften, ausgeführt. Politoffiziere wurden in vielen Fällen noch auf dem Gefechtsfeld exekutiert. Andere wurden zunächst auf dem Divisionsgefechtsstand verhört – und anschließend dort erschossen. Kommissare, deren Position erst in den Gefangenenlagern erkannt wurde, konnten ebenfalls nicht auf Milde hoffen. Die Zahl dieser Ermordeten wird auf 7000 bis 8000 Personen geschätzt. Wobei der Kommissarbefehl nicht in jedem Fall befolgt wurde. So notierte der Generalstabschef des Heeres, Franz Halder, über die Kämpfe der 17. Panzerdivision im September des Jahres 1941: »Verhalten der Truppe gegen Kommissare pp. [werden nicht erschossen].«

Ein politischer Kommissar der Roten Armee beim ersten Verhör, Litauen, 22. Juni 1941.

Wann Soldaten »Gnade« walten ließen und wann sie zu Mördern wurden, hing von ganz verschiedenen Faktoren ab: In welcher Situation war der Politkommissar gefangen genommen worden? War er als solcher zu erkennen gewesen? Hatte die Truppe in den vorausgegangenen Kämpfen Verluste erlitten? Wie ideologisiert war der befehlshabende Offizier vor Ort? Die Ermessensspielräume waren größer, als man das vermuten könnte. Freilich belegen die überlieferten Dienstakten des Heeres, Feldpostbriefe sowie private Tagebücher, dass die Befolgung des Kommissarbefehls die Regel gewesen sein dürfte. Der Grund hierfür liegt aus damaliger Perspektive auf der Hand: Die sowjetischen Politoffiziere galten als die ideologischen Korsettstangen der Roten Armee, als Säulen des Widerstands gegen die Wehrmacht und als Inkarnation des »jüdischen Bolschewismus«, den es »auszumerzen« galt.

Dieses propagandistisch vielfach beschworene Feindbild schien sich nach Beginn der Kämpfe aus Sicht der Nationalsozialisten zu bestätigen: Anders als etwa die polnischen und französischen Soldaten, denen die Wehrmacht bislang gegenübergestanden hatte, kämpften die Rotarmisten vielfach verbissen bis zur letzten Patrone gegen die deutschen Invasoren. Sie gaben selbst in aussichtsloser Lage nicht auf, verlängerten so die Kämpfe und fügten den deutschen Truppen hohe Verluste zu. Aus deutscher Sicht konnten hierfür nur die Kommissare verantwortlich sein. In einem Feindlagebericht des VIII. Armeekorps hieß es im September 1941: »Die Kommissare und Politruks züchteten in Massen einen fanatischen Widerstandswillen und bemühten sich, diesen andauernd zu überwachen und zu schüren. Bei Kriegsmüdigkeit und Nachlassen des Kampfwillens übten sie ein beispielloses Terrorregiment aus.«

Auch Gräueltaten an deutschen Gefangenen wurden vornehmlich als das Werk der Kommissare gedeutet. Ihre Charakterisierung als »gemeine Bestien«, »Halunken«, »verrohte Menschen« und »Verbrecher« wirkte freilich wie eine sich selbst erfüllende Prophezeiung: Der deutsche Mordbefehl war sehr bald auf sowjetischer Seite bekannt geworden und führte dazu, dass die Kommissare erst recht erbitterten Widerstand leisteten und sich oftmals eher selbst töteten, anstatt sich in Gefangenschaft zu begeben. Aus diesem Grund wurde der Kommissarbefehl im Mai 1942 nach entsprechenden Interventionen des Oberkommandos des Heeres von Hitler aufgehoben. In welchem Ausmaß die sowjetischen Politoffiziere wirklich zur Radikalisierung des Krieges beigetragen haben, ist bislang im Detail noch nicht nachgewiesen worden. Die Forschung ist einmal mehr dadurch behindert, dass die russischen Archive immer noch nicht frei zugänglich sind.

Massensterben der Kriegsgefangenen

Viele sowjetische Politoffiziere entledigten sich ihrer Uniform, bevor sie die Waffen niederlegten. So konnten sie hoffen, im Millionenheer der sowjetischen Gefangenen unterzutauchen. In den Lagern wurde indes gezielt Jagd auf sie gemacht. Aber selbst wenn man sie nicht erkannte, war ihr Überleben keinesfalls gesichert. In deutschem Gewahrsam erwartete die Rotarmisten ein jämmerliches Schicksal.

NS- und Wehrmachtsführung waren sich im Vorfeld des »Unternehmens Barbarossa« einig, dass das besetzte sowjetische Territorium rücksichtslos für die Belange der kämpfenden Truppe und der Heimat ausgebeutet werden müsse. Dabei nahmen alle an der Planung Beteiligten in Kauf, dass Millionen von Menschen verhungern konnten. Für die Ernährung der Kriegsgefangenen war weder im Oberkommando der Wehrmacht noch in dem des Heeres Vorsorge getroffen worden. Von den 5,7 Millionen Rotarmisten, die von 1941 bis 1945 in deutsche Hand gerieten, kamen 2,5 bis 3,3 Millionen, die Schätzungen schwanken, um. Das sind 45 bis 57 Prozent. Sie starben in Lagern, für die die Wehrmacht verantwortlich war: 845 000 noch im Militärverwaltungsgebiet in der Nähe der Front, 1,2 Millionen in Lagern der weiter hinten liegenden Zivilverwaltungsgebiete, 500 000 im sogenannten Generalgouvernement und 360 000 bis 400 000 in Lagern im Deutschen Reich. Das Massensterben setzte aufgrund der völlig unzureichenden Verpflegung

Sowjetische Kriegsgefangene in einem Sammellager.

bereits im Spätsommer 1941 ein und erreichte im Winter seinen Höhepunkt, um erst im Frühjahr 1942 vorübergehend abzuflauen. Bis dahin waren rund zwei Millionen gefangene Rotarmisten tot.

Eine gewisse Wende der Kriegsgefangenenpolitik setzte erst im Herbst 1941 ein, als die deutsche Kriegswirtschaft zunehmend unter Arbeitskräftemangel litt. Man erkannte nun den Wert der Menschen, die man eigentlich hatte verhungern lassen wollen. Doch zu einer grundlegenden Änderung der Politik konnte sich die Wehrmachtsführung nicht entschließen, auch wenn es Einzelne gegeben hat, die verzweifelt um das Leben der Gefangenen kämpften und – erfolglos – gegen die katastrophale Behandlung protestierten. So etwa der Hauptmann der Reserve August Töpperwien, Jahrgang 1892, der als selbstständiger Leiter von Neben- und Auffanglagern den Krieg im rückwärtigen Heeresgebiet am Südabschnitt der Ostfront erlebte. Er versuchte, den russischen Soldaten die Gefangenschaft zu erleichtern, nutzte dabei geschickt die sich bietenden Spielräume und schreckte auch nicht vor Konfrontationen mit Vorgesetzten zurück, die ihm immer wieder »Weichheit« vorwarfen.

»Wie im Dreißigjährigen Kriege«

Die Kriegführung in Russland war von vornherein auf Rücksichtslosigkeit abgestellt, nicht nur bei der Behandlung der Gefangenen oder was die Ermordung der Kommissare anging. Auch im eigentlichen Kampfgeschehen sollte die Wehrmacht mit äußerster Härte vorgehen, wie in den Merkblättern für die Truppe bereits vor dem Angriff zu lesen war. Die Rote Armee würde »völkerrechtswidrig, heimtückisch, verschlagen, hinterlistig und gemein kämpfen«, man müsse »mit der nötigen Schärfe« zurückschlagen.

Als die Kämpfe am 22. Juni 1941 begannen, zeigte sich schon bald, dass die »Ermahnungen« der Wehrmachtsführung nicht folgenlos bleiben sollten. Vom ersten Tag an führte die Wehrmacht den Kampf mit großer Brutalität. In manchen Gebieten wurde »das Bild von ungezählten, am Vormarschweg liegenden [sowjetischen] Soldatenleichen [...], die ohne Waffen und mit erhobenen Händen eindeutig durch Kopfschüsse aus nächster Nähe erledigt worden sind« zu einem Massenphänomen.

Ein entscheidender Faktor für diese unkontrollierten Gewaltausbrüche war unter anderem, dass sich das in den Merkblättern gezeichnete Bild einer grausamen Kampfweise der Roten Armee tatsächlich bestätigte: Vom ersten Tag an führten auch die sowjetischen Streitkräfte einen Krieg, der sich jenseits von Völkerrecht und tradiertem Kriegsbrauch bewegte. Meldungen über Misshandlungen deutscher Gefangener, die grausame Verstümmelung Verwundeter und die Liquidierung von »Landsern«, die sich bereits ergeben hatten, rissen während des gesamten Russlandkriegs nicht ab. Heute wird geschätzt, dass 90 bis 95 Prozent der deutschen Kriegsgefangenen, die 1941 in die Hand der Roten Armee fielen, die Gefangenschaft nicht überlebten oder vielfach noch direkt an der Front umgebracht wurden. Die Nachrichten über sowjetische Verbrechen an deutschen Verwundeten und Gefangenen riefen in den Verbänden des Ostheeres eine virulente Vergeltungswut wach und verstärkten die ohnehin schon vorhandene Bereitschaft zu rücksichtsloser Gewalt.

Anfang Juli 1941 schrieb General Gotthart Heinrici an seine Familie: »Teilweise wurde überhaupt kein Pardon mehr gegeben. Der Russe benahm sich viehisch gegen unsere Verwundeten. Nun schlugen u. schossen unsere Leute alles tot, was in brauner Uniform umherlief. So steigern sich beide Parteien gegenseitig empor, mit der Folge, dass Hekatomben von Menschenopfern gebracht werden.« Erfuhren die »Landser«, dass gefangene deutsche Soldaten von der Roten Armee getötet worden waren, wurden im Gegenzug oft russische Gefangene exekutiert. Ein solcher Vorgang ist für die 61. Infanteriedivision dokumentiert, die am Nordabschnitt der Ostfront kämpfte. Als man am 7. Oktober 1941 die Leichen von drei getöteten Regimentsangehörigen entdeckte, befahl der Divisionskommandeur, am nächsten Tag kurzerhand 93 russische Soldaten zu erschießen.

Die Ermordung von Gefangenen auf beiden Seiten war sicher ein entscheidender Faktor für die Gewalteskalation an der Ostfront. Hinzu kam aber auch, dass die eigentlichen Kämpfe einen vollkommen anderen Charakter hatten als in Polen, Frankreich oder Jugoslawien. Die Rote Armee leistete einen unerwartet erbitterten Widerstand. Viele Soldaten wehrten sich lieber bis in den Tod, anstatt sich in Gefangenschaft zu begeben. Verbissen geführte Nahkämpfe führten immer wieder zu schweren Verlusten – und zu einer weiteren Eskalation der Gewalt. Als massiven Bruch mit dem Kriegsbrauch empfand die Wehrmacht etwa die Simulation von Verwundung, Kampfunfähigkeit und Tod seitens der Rotarmisten, um den Kampf im Nachhinein aus dem Hinterhalt wieder aufzunehmen. Diese »List« war zwar in

Die gefangenen Rotarmisten mussten teils in Erdlöchern hausen.

der Haager Landkriegsordnung nicht ausdrücklich verboten worden, einen Verstoß gegen die ungeschriebenen Regeln des »offenen Kampfes« stellte sie dennoch dar.

Solche Kriegslisten waren in den Merkblättern der Heeresführung im Vorfeld des Russlandfeldzuges vorausgesagt worden und wurden nun von den deutschen Truppen mit großer Brutalität geahndet. Bis Kriegsende gab es immer wieder sich abwechselnde Phasen von Gewalteskalationen und Deeskalation. Die Ermordung von Gefangenen auf dem Schlachtfeld verschwand indes nie vollständig aus dem Alltag des Kampfgeschehens. Deutsche und Russen fassten den Krieg als eine existenzielle Schlacht jenseits traditioneller Bahnen und rechtlicher Normen auf. Während sich die Kriegsparteien zumindest auf den nordafrikanischen und westeuropäischen Kampfgebieten meist an die völkerrechtlichen Regeln hielten, waren diese im »Weltanschauungskrieg« der Ostfront weitgehend außer Kraft gesetzt.

Die »Endlösung der Judenfrage«

Antisemitismus war ein ideologischer Kern der nationalsozialistischen Weltanschauung. Noch in seinem politischen Testament, aufgesetzt im Führerbunker unter der Berliner Reichskanzlei einen Tag vor seinem Tod, bezeichnete Hitler die Juden als das »Urübel« der Welt. Dass die »Lösung der Judenfrage« einmal in die Ermordung der Juden münden würde, war bei Hitlers Ernennung zum Reichskanzler am 30. Januar 1933 noch nicht abzusehen.

Ihm selbst ging es zunächst um deren Ausgrenzung aus der deutschen Gesellschaft, die mit den Nürnberger Gesetzen im September 1935 einen ersten Höhepunkt erreichte und nach der Pogromnacht vom 9. November des Jahres 1938 nochmals verschärft wurde. 250 000 Juden, etwa der Hälfte der jüdischen Gemeindemitglieder in Deutschland, gelang es, bis Kriegsbeginn ihre Heimat zu verlassen. Für die meisten jüdischen Mitbürger war das, was von 1941 bis Kriegsende kommen sollte, schlicht unvorstellbar.

Abschiebung nach Afrika

Der Madagaskar-Plan

Zwei maßgebliche Akteure des Massenmords an den Juden: Heinrich Himmler (links) und Reinhard Heydrich (Mitte).

Bereits vor der Jahrhundertwende hatte es Pläne europäischer Antisemiten gegeben, Juden zwangsweise auf der ostafrikanischen Insel Madagaskar anzusiedeln. Nach dem Ersten Weltkrieg hatte insbesondere die polnische Regierung überlegt, Juden dorthin zu deportieren. Madagaskar, das Teil des französischen Kolonialreichs war, scheint aufgrund seiner Größe, der abgeschiedenen Lage und der kruden Vorstellung einer »Verwandtschaft« der Juden mit den dortigen Einwohnern als Deportationsziel ins Spiel gekommen zu sein. Da die Nationalsozialisten die »Judenfrage« im Deutschen Reich zunächst durch eine erzwungene Auswanderung lösen wollten, interessierte sich Heydrich bald für die polnischen Madagaskar-Pläne. Durch die überraschenden Erfolge während des Westfeldzugs im Juni 1940 entstand zum ersten Mal eine Lage, die eine Verwirklichung dieser Planspiele denkbar erscheinen ließ. Im Sommer 1940 glaubte man, nach der Niederlage Frankreichs würden auch dessen Kolonien unter deutsche Kontrolle kommen. Der erhoffte Sieg über Großbritannien sollte dann den Seeweg nach Madagaskar öffnen. Der Leiter des Judenreferats im Auswärtigen Amt, Franz Rademacher, plante, vier bis sechseinhalb Millionen Juden auf die Insel zu verfrachten. Dass diese große Zahl von Menschen auf Madagaskar gar nicht ernährt werden konnte, sondern bald verhungern musste, erkannte er nicht. Auch die SS verfolgte einen eigenen Madagaskar-Plan, der noch brutaler ausgerichtet war. Da Großbritannien nicht besiegt wurde, blieb der Seeweg in den Indischen Ozean versperrt. Alle Planungen wurden daher im September 1940 eingestellt. Die Madagaskar-Pläne zeigen drastisch, wie sich die Nationalsozialisten im Sommer 1940 die Lösung der »Judenfrage« vorstellten. Die Juden sollten in ein weit entferntes Territorium deportiert werden, wo Tausende elend infolge der schlechten Lebensbedingungen zugrunde gehen würden. Diese Pläne stellen damit einen weiteren Schritt zur Radikalisierung der deutschen Politik gegenüber den Juden dar. ■

Immer schon waren Juden in Deutschland verfolgt worden, gab es einen scharfen Antisemitismus. Der Staat hatte sich aber zumeist vor seine jüdischen Mitglieder gestellt. Und selbst die NS-Regierung hatte sich bis zur Pogromnacht offiziell immer von Gewaltakten gegen Juden distanziert. Viele hofften also, dass das Unheil ein vorübergehendes sein würde. Andere hatten nicht die finanziellen Mittel, um auszureisen, oder waren schlicht zu betagt, um ihrer Heimat den Rücken zu kehren.

> »Im Jahr 41 kam ich in den Raum Warschau. Und da sagte unser Kommandant zu uns: Meine Herren, das wird sich noch einmal bitter rächen, wie wir hier die Polen behandeln.« *Hans Osterloh, Dezember 1944*

Mit der Eroberung Polens kam eine der größten jüdischen Bevölkerungsgruppen in Europa unter deutsche Herrschaft. Wenngleich im Herbst 1939 Tausende polnischer Juden grauenvoll umgebracht wurden, bedeutete dies noch keinen Politikwechsel. Ziel der nationalsozialistischen Massenmorde war die polnische Führungselite. Noch ging es nicht um die »Auslöschung« der jüdischen Rasse in Europa. Die allermeisten der rund 50 000 Opfer deutscher Mordaktionen des Herbsts und Winters 1939/40 waren daher Polen christlichen Glaubens.

Aus Sicht der Nationalsozialisten kam die »Lösung der Judenfrage« in den folgenden Monaten »nicht recht voran«. Die geplante Deportation der im Deutschen Reich befindlichen Juden ins sogenannte Generalgouvernement oder gar nach Madagaskar konnte aufgrund logistischer Probleme nicht umgesetzt werden. Ein Großteil der polnischen Juden pferchte man zunächst in Ghettos in Warschau, Lodz, Krakau, Radom und Lublin. Obgleich dort grauenhafte Lebensbedingungen herrschten, war zu jenem Zeitpunkt die planmäßige Ermordung der jüdischen Bevölkerung noch nicht erklärtes Ziel der NS-Führung.

Das Unternehmen »Barbarossa« markierte dann den Übergang von der Judenverfolgung zur Judenvernichtung. Bis zum Juni 1941

Juden aus dem polnischen Hinterland wurden in Zügen in die jeweiligen Ghettos verbracht.

waren zwar bereits Tausende Juden umgebracht worden – den allermeisten war es bislang aber noch gelungen, am Leben zu bleiben. Dann aber begann das eigentliche Jahrhundertverbrechen, ein beispielloses Mordprogramm lief an. Die Zahl der Getöteten stieg sprunghaft an, auf über 500 000 bis Dezember 1941. Die ersten Lager, in denen Tausende Juden am Tag mit Gas getötet wurden, nahmen ihren mörderischen Betrieb auf. Für jeden, der die Fakten zur Kenntnis nehmen wollte, musste klar sein: Der Massenmord an den europäischen Juden war nunmehr beschlossene Sache.

Die Hauptakteure des Judenmords in der Sowjetunion waren die Einsatzgruppen des Sicherheitsdienstes (SD). Ihre Befehle waren eher vage gehalten und die zu »liquidierende Personengruppe« war zunächst nicht klar umrissen. Es war von kommunistischen Funktionären die Rede, von Juden in Partei- und Staatsstellungen, aber auch von Saboteuren, Propagandisten und Hetzern. Die Leiter der Einsatzgruppen hatten damit die Möglichkeit, die Opfergruppen beliebig auszuweiten – und nutzten diesen Spielraum im Sinne einer Radikalisierung. Da die meisten kommunistischen Funktionäre vor den deutschen Truppen geflohen waren, wandten sich die Einsatzgruppen bereits kurz nach dem Einmarsch in die Sowjetunion der Ermordung jüdischer Männer zu.

Das Vorgehen war zunächst sehr uneinheitlich, wobei die jeweils radikalste Methode rasch Schule machte. Seit Ende Juli 1941 wurden zunehmend auch jüdische Frauen und Kinder planmäßig ermordet. Die schlimmste Eskalation der Mordaktionen war die Tötung von Juden aus Kiew in der Schlucht Babij Jar Ende September 1941. Tausende wurden in die Schlucht getrieben und dort grausam niedergemetzelt. »Die nachfolgenden Juden mussten sich auf die Leichen der zuvor erschossenen Juden legen«, sagte Kurt Werner, einer der Täter des Sonderkommandos 4a, später vor Gericht aus. »Die Schützen standen jeweils hinter den Juden und haben diese mit Genickschüssen getötet. Mir ist heute noch in Erinnerung, in welches Entsetzen die Juden kamen, die oben am Grubenrand zum ersten Mal auf die Leichen in der Grube hinunterblicken konnten.« Am Ende des anderthalb Tage dauernden Massakers war das Leben von 33771 Menschen ausgelöscht. Bis Ende 1942 hatten die Einsatzgruppen alle sowjetischen Juden, derer sie habhaft werden konnten, liquidiert.

> »Den schwersten Auftrag, den ich je durchgeführt habe, ist die Liquidation der Juden. Ich habe diesen Auftrag allerdings auch bis zur letzten Konsequenz durchgeführt.«
>
> *General Dietrich von Choltitz, September 1944*

Am 23. Oktober 1941 wurde die Auswanderung deutscher Juden verboten. Damit war das Todesurteil auch über sie gefällt. Im November wurden Juden aus dem »Altreich« nach Kowno und Riga gebracht und dort gleich nach der Ankunft erschossen. Der erste Massenmord an deutschen Juden seit dem Mittelalter nahm seinen schrecklichen Lauf.

Zwei Monate später, am 20. Januar 1942, informierte Reinhard Heydrich, Chef des Reichssicherheitshauptamtes, die Staatssekretäre der wichtigsten deutschen Ministerien über den Beschluss zur

Ermordung der europäischen Juden. Die Wannseekonferenz war der Auftakt zur organisierten Judenvernichtung. Akademisch gebildete Bürokraten berieten, wie das europaweite Vernichtungswerk logistisch zu bewerkstelligen sei. »Im Zuge der Endlösung«, hieß es in kaltem Beamtendeutsch, sollten die Juden im Osten zur Sklavenarbeit gezwungen werden, »wobei zweifellos ein Großteil durch natürliche Verminderung ausfallen wird«. Wer dabei nicht zu Tode kommen würde, »wird, da es sich bei diesen zweifellos um den widerstandsfähigsten Teil handelt, entsprechend behandelt werden müssen«.

Vorbereitungen für die Massenexekution in Babij Jar – Gräben werden ausgehoben. Nach dem Massaker durchwühlen Soldaten die Kleider der Getöteten (unten).

Das Protokoll führte SS-Obersturmbannführer Adolf Eichmann. Er sollte später das »Judenreferat« im Reichssicherheitshauptamt leiten – eine Behörde, die zuerst die Vertreibungen aus Deutschland und später die Transporte in die Vernichtungslager im Osten organisierte. 1956 erinnerte sich der Schreibtischtäter in seinem argentinischen Versteck an seinen Besuch am Tatort: »Ich entsinne mich noch, als ich die schmoren sah, da zitterten mir die Kniescheiben.« Mit einem ordentlichen Schluck Zwetschgenschnaps aus seiner Feldflasche habe er den Schrecken hinuntergespült.

Schon am 26. März 1942 traf in Auschwitz der erste durch Eichmann organisierte Zug ein, voll geladen mit slowakischen Jüdinnen. Seit September 1941 war hier, im Hinterhof der Ostfront, ein neues Konzentrationslager errichtet worden. Der Kommandant, Rudolf Höß, hatte die Bauarbeiten mit gnadenloser Härte vorangetrieben. Gefangene Russen und Polen mussten die Häuser des nahe gelegenen Dörfchens Birkenau abreißen. Ursprünglich als ein Kriegsgefangenenlager geplant, war der Ort nun dazu bestimmt, zur grausamen »Todesfabrik« für die europäischen Juden zu werden.

Außerhalb des neuen Lagergeländes, am Rande eines Wäldchens, standen zwei hübsche und saubere Bauernhäuser. Umringt von Obstbäumen und strohgedeckt, waren sie perfekt getarnt für das, was sich in ihrem Inneren abspielen sollte. Sie wirkten harmlos genug, um die Opfer bis zuletzt zu täuschen. An den Türen waren Schilder mit der Aufschrift »Zur Desinfektion« und »Zum Waschraum« befestigt. Als Entkleidungsraum hatte man neben den Bunkern I und II, wie die Häuser von nun an genannt wurden, drei Baracken gebaut. Ende Juni 1942 waren beide Bunker »betriebsbereit«.

Als er im Juli 1942 Auschwitz besuchte, sagte Heinrich Himmler zum Kommandanten des Lagers: »Eichmanns Programm geht weiter und wird von Monat zu Monat gesteigert. Sehen Sie zu, dass Sie mit dem Ausbau von Birkenau vorwärtskommen. Ebenso rücksichtslos vernichten Sie arbeitsunfähige Juden.« Am selben Abend saß der oberste SS-Mann in geselliger Runde mit seinen Mordkomplizen zusammen. Himmler sei »bester, strahlender Laune« gewesen, erinnerte sich Höß später. Er habe sogar ein Glas Rotwein getrunken und geraucht, »was er gewöhnlich sonst nicht tat«.

Aus Heinrich Himmlers Weisung wurde mörderische Wirklichkeit: Chelmno, Belzec, Sobibor, Treblinka, Majdanek und Auschwitz – sechs Vernichtungslager entstanden, in denen Juden aus den von Deutschen besetzten Gebieten in ganz Europa systematisch ermordet wurden. Mit gnadenloser Konsequenz dirigierte Adolf Eichmann von seinem Schreibtisch aus die Züge in den Tod. Am 8. November 1942 verkündete Hitler im Münchner Löwenbräukeller vor ausgewähltem Publikum: »Sie werden sich noch erinnern an die Reichstagssitzung, in der ich erklärte, wenn das Judentum sich etwa einbildet, einen internationalen Weltkrieg zur Ausrottung der europäischen Rassen herbeiführen zu können, dann wird das Ergebnis nicht die Ausrottung der europäischen Rassen, sondern die Ausrottung des Judentums in Europa sein.«

Deportationszüge waren in Auschwitz längst zur Routine geworden. Tausende von Menschen aus ganz Europa kamen täglich an der Rampe an. Aus ihren Wohnungen vertrieben und ihres Besitzes beraubt, wurden sie in Züge gepfercht und auf die lange Reise ins Ungewisse geschickt – Frauen, Männer und Kinder, Alte und Kranke wurden dicht gedrängt in Viehwaggons verladen. Viele Deportierte verdursteten schon während der Todesreise oder starben an Entkräftung. Die meisten hatten keine Vorstellung von dem Grauen, das sie noch erwartete.

Nach einer qualvollen Zugfahrt ging auf der Bahnrampe des Konzentrationslagers plötzlich alles ganz schnell: Die Türen wur-

Ungarische Juden nach ihrer Ankunft im Lager Auschwitz-Birkenau, 1944.

den aufgerissen, die Opfer ins Freie gezerrt, von lautem Gebrüll und dem Bellen der Hunde angetrieben. Wer nicht schnell genug war, wurde vorwärts getreten und geschlagen. Das Chaos war beab sichtigt, ein perfektes System der Einschüchterung. Die völlig orientierungslosen und vom Elend der Fahrt demoralisierten Menschen gehorchten den Befehlen. Wenn sich alle auf dem Bahnsteig befanden, wurden die Gepäckstücke beschlagnahmt und die Leichen aus dem Zug geworfen – Menschen, die die Höllenfahrt nach Auschwitz nicht überlebt hatten. Diese Arbeit mussten Häftlinge übernehmen. An der Rampe entschied sich das Schicksal der Deportierten. Frauen wurden von ihren Kindern getrennt, Männer von ihren Frauen, Familien in wenigen Sekunden auseinandergerissen. Für den Abschied ließen die SS-Männer keine Zeit.

Mit einer Handbewegung wurde über Leben und Tod entschieden – »Selektion« an der Rampe von Auschwitz.

Nachdem man die neuen Häftlinge nach Geschlecht und Alter sortiert hatte, mussten sie sich in Fünferreihen aufstellen, dann ging es am Lagerarzt vorbei. Stumm wies dieser mit einer Handbewegung nach links oder rechts. Es waren nur wenige Sekunden, die über Leben und Tod entschieden. Nach rechts dirigierte der Lagerarzt die »Arbeitsfähigen«, nach links wies er Alte, Schwache und Kranke. Dauerte die Selektion zu lange und die Täter wurden müde, so gab es für die restlichen Opfer nur noch eine Richtung: nach links, in den Tod.

Die Todeskandidaten wurden umgehend zur Gaskammer getrieben. Alles musste schnell gehen, die Mörder wollten keine Zeit verlieren. Bis zuletzt versuchten sie, ihre Opfer in Sicherheit zu wiegen: LKW trugen das Rettung verheißende Zeichen des Roten Kreuzes. Noch bei den Auskleideräumen kurz vor der Gaskammer wurde die tödliche Täuschung fortgesetzt. Sie würden geduscht und desinfiziert, log man den Ahnungslosen vor – in der Regel funktionierte die Beschwichtigung. Machte sich mitunter dennoch Unruhe bemerkbar, wurden die »Störer« unauffällig hinter das Haus geführt und dort mit einem Kleinkalibergewehr getötet. Die anderen bekamen von alledem nichts mit. Gehorsam merkten sie sich die Nummer der Haken, an denen sie ihre Kleidung aufgehängt hatten, »um nach der Desinfektion auch schnell alles wiederfinden zu können«, wie ihnen die Männer der SS weismachten.

> »Man kann vielleicht noch so weit gehen, dass man sagt, gut, es müssen eben diese Million Juden, oder wie viele wir da umgebracht haben, gut, das musste eben sein, im Interesse unseres Volkes. Aber die Frauen und die Kinder, das musste nicht sein. Das ist das, was zu weit geht.«
>
> *Heinrich Eberbach im September 1944*

Die Opfer gingen nackt in die Gaskammer. Der Raum war sauber und weiß gestrichen. An der Decke schienen tatsächlich Duschköpfe zu hängen, die an eine Wasserleitung angeschlossen waren. Während von hinten immer mehr Menschen in den vermeintlichen Waschraum drängten, begannen die ersten in der Enge zu schreien. Jetzt begriffen auch die noch draußen Stehenden. Doch es gab keinen Ausweg mehr – die Wachleute schoben Gruppe um Gruppe durch die Tür.

Lagerinsassen mussten auf Befehl der SS die Habseligkeiten der Neuankömmlinge nach Wertgegenständen durchsuchen.

Die Arbeit der »ausgebildeten Desinfektoren«, so nannte Lagerleiter Höß die Sanitäter der SS, hatte längst begonnen. Sie waren die Henker. Aus den Rotkreuzlastwagen holten sie Blechdosen mit giftigen blau-grünen Kristallen. Durch Luken wurde das Zyklon B in die Kammer geschüttet. Von einem kleinen Sichtfenster aus konnten die Mörder den Todeskampf ihrer Opfer verfolgen.

»Shema Israel« – »Höre Israel«! Das Glaubensbekenntnis der Juden war oftmals das Letzte, das die wenigen Zeugen draußen von den Opfern hörten. Wenn nach etwa zwanzig Minuten wieder Ruhe eingekehrt war, verkündete ein SS-Arzt: »Es ist fertig.« Die Menschen waren tot, die Arbeit der Sanitäter und Ärzte getan. Dann begann der Einsatz der sogenannten Sonderkommandos – jüdische Helfer, die gezwungen wurden, nach der Mordprozedur die Todeskammern zu räumen. Ein Aufzug brachte die Leichen nach oben, zu den Öfen der Krematorien. Bevor die Leichen hineingeschoben wurden, bis zu drei auf einmal in eine Ofenkammer, musste das Sonderkommando den Toten alle Goldzähne herausbrechen und den Frauen die Haare abschneiden. Aus den Haaren wurden Kabelhüllen oder Filze hergestellt.

»Nicht arbeitsfähige« Menschen wurden direkt in die Gaskammern geschickt.

Doch nicht nur die Leichname wurden restlos ausgeplündert. Das Gleiche widerfuhr auch den noch Lebenden, die von der SS an der Rampe nach rechts gewunken worden waren: zur Vernichtung durch Arbeit. Auch ihnen wurde alles abgenommen: ihr gesamtes Gepäck, Geld, Uhren, Füllfederhalter, Fotos – alles.

Über dem Lagertor stand in der Form eines metallenen Spruchbandes der zynische Satz »Arbeit macht frei«. Diese Worte, gleichsam das Motto für das Höllenleben von Auschwitz, hatte Lagerkommandant Rudolf Höß persönlich ausgewählt. Eingefallen waren sie ihm während seiner Zeit als Block- und Rapportführer im KZ Dachau. Die Häftlinge dort hätten ihm erzählt, »dass das Leben hinter Gittern, hinterm Draht, auf die Dauer ohne Arbeit unerträglich, ja die schlimmste Bestrafung« sei. Höß ging das Gespür dafür völlig ab, das Zynische dieses »Sinnspruchs« über dem Eingangstor zum KZ Auschwitz nachzuempfinden.

34 deutsche Unternehmen unterhielten Fabriken in der Umgebung des Konzentrationslagers. Die Werksanlagen, in denen die Häftlinge später auch für die Rüstungsindustrie Frondienste leisteten, mussten von ihnen selbst gebaut werden. Diese Arbeit wäre selbst für einen gesunden und gut ernährten Menschen schwer gewesen, für die entkräfteten Häftlinge war sie mörderisch. Ruhetage gab es nicht, auch sonntags wurde gearbeitet. KZ-Kommandant Höß wusste, wie sie litten: »Hätte man die Häftlinge gleich in die Gaskammern gebracht, so wäre ihnen viel Qual erspart geblieben.« Die meisten seien bereits »nach kurzer Zeit« gestorben.

Bis zum Ende des Zweiten Weltkriegs fehlte es in Deutschland und der Welt an Vorstellungskraft, das ungeheure Ausmaß der Verbrechen zu erfassen. »Man konnte einfach nicht glauben, dass ein Kulturvolk im zwanzigsten Jahrhundert überhaupt zu solchen Taten fähig ist«, so die Auschwitz-Überlebende Rachel Knobler. Sechs Millionen Juden wurden auf bestialische Weise von den Schergen des deutschen »Kulturvolks« ermordet, eine Million von ihnen allein in der größten aller NS-Mordfabriken, in Auschwitz.

Partisanenkrieg

Die Ermordung der sowjetischen Juden fand in den ersten sechs Monaten des Russlandfeldzugs vielfach unter dem Deckmantel einer vermeintlichen »Befriedung« der besetzten Gebiete statt. SS- und SD-Führer nutzten immer wieder das vorgeschobene Argument, mit der Exekution jüdischer Männer eroberte Territorien zu sichern. Ob sie wirklich daran glaubten, mag dahingestellt sein. Faktisch ging es einzig um eine Verschleierung des Massenmords.

Etliche Wehrmachtsgeneräle betrachteten die jüdische Bevölkerung in der Tat als militärisches Sicherheitsproblem. Juden galten ihnen als Träger der bolschewistischen Ideologie und somit als Freischärler, deren Ermordung vielfach begrüßt wurde, weil damit potenzieller Widerstand gegen die Besatzungsmacht im Keim erstickt werden konnte. »Dort, wo der Jude ist, ist der Partisan, und wo die Partisanen sind, ist der Jude«, hieß es in einer Anweisung zur Guerillabekämpfung der Heeresgruppe Mitte im September 1941. Die meisten Befehlshaber setzten daher dem brutalen Morden der Einsatzgruppen nichts entgegen, unterstützten es sogar. Vereinzelter und letztlich wirkungsloser Protest regte sich erst, als von militärischer Relevanz selbst bei großzügigster Auslegung nicht mehr gesprochen werden konnte – als nämlich im Herbst 1941 auch jüdische Frauen und Kinder getötet und die ersten deutschen Juden in den Osten deportiert und dort ermordet wurden. Meist waren es nicht mehr als Briefe und Memoranden, in denen in seltenen Fällen Einspruch erhoben wurde. Schriftlich seine Missbilligung zu äußern war relativ ungefährlich. Nur wer Juden versteckte und dabei entdeckt wurde, wurde umgehend mit dem Tod bestraft. Einige wenige Soldaten der Wehrmacht haben dieses Risiko gleichwohl auf sich genommen.

> »Eine andere Frage, die maßgeblich für die innere Sicherheit des Reiches und Europas war, ist die Judenfrage gewesen. Sie wurde nach Befehl und verstandesmäßiger Erkenntnis kompromisslos gelöst. Ich habe mich nicht für berechtigt gehalten – das betrifft nämlich die jüdischen Frauen und Kinder –, in den Kindern die Rächer groß werden zu lassen. Das hätte ich für feige gehalten. Folglich wurde die Frage kompromisslos gelöst.«
>
> *Heinrich Himmler im Mai 1944 vor deutschen Generälen*

Die Unterstützung des Massenmords an den Juden verdeutlicht nicht nur die ideologischen Übereinstimmungen von Wehrmachts- und NS-Führung. Sie verweist auch auf ein fundamentales Problem in der Konzeption dieses Feldzugs: Die Heeresführung war ganz darauf konzentriert, die Rote Armee zu schlagen. Für die Sicherung der riesigen besetzten Gebiete standen nur wenige Kräfte zur Verfügung. Ein Sammelsurium von Sicherungsdivisionen, Polizeibataillonen und Waffen-SS-Brigaden, zusammen kaum mehr als 100 000 Mann, sollte ein Gebiet kontrollieren, das um ein Vielfaches größer war als das Deutsche Reich. Die 221. Sicherungsdivision stand Ende Juli 1941 vor der fast unlösbaren Aufgabe, mit 9000 Mann einen Teil Weißrusslands zu besetzen, der etwa so groß war wie das heutige Baden-Württemberg. Die Furcht, das riesige Land nicht kontrollieren zu können, war dementsprechend groß, zumal es sich als unmöglich erwies, die von den schnellen Panzereinheiten gebildeten Kessel vollständig zu durchkämmen. Zahlreiche versprengte Rotarmisten konnten sich der Gefangennahme durch Flucht in die Wälder entziehen und irrten im Hinterland der Front herum. Die Wehrmacht nahm diese potenzielle Gefährdung ihrer rückwärtigen Verbindungen ernst; insbesondere nachdem Stalin am 3. Juli 1941 seinen Aufruf zum »Großen Vaterländischen Krieg« erlassen hatte, in dem er auch zu einem Partisanenkrieg aufgerufen hatte.

Stalin bestätigte damit die deutschen Erwartungen, dass die »total verhetzte bolschewistische Bevölkerung« einen regelrechten »Banden- und Heckenschützenkrieg« beginnen könnte. Hitler folgerte am 16. Juli, dass der Partisanenkrieg die Möglichkeit biete, »auszurotten, was sich gegen uns stellt«. Um das riesige eroberte Gebiet zu befrieden, solle man jeden, der nur schief schaue, totschießen.« Bereits eine Woche später, am 25. Juli, erließ das Oberkommando des Heeres einen Befehl, wonach »jede Bedrohung durch die feindliche Zivilbevölkerung und jede Begünstigung oder Hilfe seitens der Zivilbevölkerung für Partisanen, Versprengte usw.« rücksichtslos zu unterbinden sei. Wo sich passiver Widerstand auch nur abzeichne oder nach Sabotageakten die Täter nicht sofort festzustellen seien, müssten »unverzügliche kollektive Gewaltmaßnahmen« durchgeführt werden. »Nachsicht und Weichheit« seien nicht angebracht, durch »hartes und schonungsloses Durchgreifen« müsse der Kleinkrieg im Keim erstickt werden.

Trotz deutscher Befürchtungen gab es nach Stalins Aufruf in den ersten Monaten des Russlandkrieges keine nennenswerten Partisanenaktivitäten. Gewiss kam es vereinzelt zu Überfällen, der Charakter dieser Scharmützel war jedoch nicht mit dem Partisanenkrieg späterer Jahre, insbesondere 1943/44, zu vergleichen. Nur im Bereich der Heeresgruppe Nord machte sich schon ab Ende Juli 1941 das Auftreten von Partisanen »störend« bemerkbar. Die Reaktion der Wehrmacht konnte angesichts des kaum reflektierten Vertrauens in die Wirksamkeit von Gewalt nicht überraschen: Erich Hoepner, Befehlshaber der Panzergruppe 4, befahl schon am 3. August 1941, das Dorf Strasevo »dem Erdboden gleich[zu]machen«, da in der Nähe Soldaten von Partisanen überfallen worden waren.

»Partisanen kennen keine Gnade mit dem Feind« – sowjetisches Propagandaplakat aus dem Jahr 1941.

Eine symptomatische Reaktion: Überfälle wurden mit dem Niederbrennen nahe gelegener Dörfer, der Ermordung von deren Einwohnern oder der Exekution von Geiseln beantwortet. Die Wehrmacht bewegte sich dabei völkerrechtlich gesehen auf »diffusem« Terrain. Die Haager Landkriegsordnung vom 18. Oktober des Jahres 1907 ging auf das Phänomen der Partisanen nicht näher ein. Sie sprach freilich auch den irregulären Kämpfern einen Kombattanten-Status zu, falls diese verantwortliche Vorgesetzte hatten, aus der Ferne erkennbare Abzeichen trugen, die Waffen offen führten und die Gesetze und Gebräuche des Krieges beachteten. In der Praxis wurden diese Regelungen indes kaum beachtet. Nach internationalem Gewohnheitsrecht war die Tötung illegaler Kombattanten durchaus zulässig. Hinzu kam, dass nach der deutschen Kriegssonderstrafrechtsverordnung vom 17. August des Jahres 1938 Freischärlerei mit der Todesstrafe geahndet wurde. Vorausgehen musste dabei allerdings ein geregeltes Kriegsgerichtsverfahren. Einen solchen »Aufwand« betrieb man allerdings weder 1939 in Polen noch 1940 in Frankreich, wo die Wehrmacht in mehreren Fällen wahllos Dorfbewohner unter dem Vorwand der Partisanentätigkeit tötete.

Für den Feldzug gegen die Sowjetunion waren geregelte Kriegsgerichtsverfahren von Anfang an nicht vorgesehen, und auf allen Ebenen war man der Ansicht, nur mit ungebremster Gewalt einer Freischärlerbewegung begegnen zu können. Im Bereich des rückwärtigen Gebiets der Heeresgruppe Mitte wurden allein bis 1. März 1942 63 257 Partisanen als »erledigt« gemeldet. Dem standen 638 deutsche Gefallene gegenüber.

Zwei Männer und eine Frau, die als Partisanen hingerichtet wurden.

Dieses extreme Missverhältnis zwischen eigenen Verlusten und solchen auf Seiten der Partisanen zeigt, dass es sich bei der Guerillabekämpfung nicht um »militärische« Operationen im klassischen Sinne, sondern meist um Terrormaßnahmen handelte, die unterschiedslos alle erfassten, die man für verdächtig hielt. Wenngleich unter den Exekutierten eine hohe Zahl »echter« Partisanen vermutet werden kann, dürften die Opfer in der Mehrzahl unschuldige Zivilisten gewesen sein. Aber das entsprach letztlich nur der Vorgabe des Vernichtungskrieges.

Die sich langsam, aber stetig vergrößernde Guerillabewegung konnte durch den Terror indes nicht ausgeschaltet werden. Im Zuge der sowjetischen Winteroffensive 1941/42 organisierten sich die Partisanen zunehmend straffer und erhielten auch mehr Unterstützung von der Roten Armee. Im Frühjahr 1942 kontrollierten sowjetische Partisanenverbände größere Gebiete vor allem im Bereich der Heeresgruppe Mitte. Diesen Einheiten war mit kleineren »Jagdkommandos« nicht mehr beizukommen. Die Wehrmacht versuchte daher, mit »Großunternehmen« der Partisanengefahr Herr zu werden. Kampfkräftige Großverbände mussten vorübergehend von der Front abgezogen werden, um in einer Art Kesseltreiben ein von den Partisanen beherrschtes Gebiet zu umstellen und es anschließend zu durchkämmen. Da sich die Partisanen im unübersichtlichen Gelände der direkten Konfrontation mit den deutschen Truppen entzogen, war vor allem die Zivilbevölkerung Opfer der wahllosen Mord- und Plünderungszüge der Wehrmacht.

Generaloberst Rudolf Schmidt, damals Oberbefehlshaber der 2. Panzerarmee, war einer der wenigen, die sich gegen diese unterschiedslose Gewaltanwendung wandten. Am 19. Juni 1942 stellte er fest: »Auch im Partisanenkrieg bleiben wir Soldaten und führen nicht den Kampf gegen Frauen und Kinder.« Derartige Differenzierungen erregten stets das Missfallen Adolf Hitlers. Der »Führer« hatte in seinem »Bandenbekämpfungsbefehl« vom 16. Dezember des Jahres 1942 nochmals daran erinnert, dass die Truppe im Kampf um Sein oder Nichtsein berechtigt und verpflichtet sei, »ohne Einschränkung auch gegen Frauen und Kinder allerbrutalste Mittel anzuwenden«, wenn sie nur zu dem angestrebten Erfolg führten, um »dieser Pest [der Banden] Herr zu werden«.

Der Partisanenkrieg und die Art seiner Bekämpfung war regional überaus verschieden – es gab Wellen der Eskalation, aber auch der Deeskalation. Das Gesamtbild ist freilich eindeutig: Die Gewaltspirale drehte sich immer schneller, je länger der Krieg dauerte, zumal die Partisanen immer besser organisiert waren und noch mehr Zulauf erhielten, als im Frühjahr 1943 die groß angelegten Deportationen von Zwangsarbeitern ins Reich begannen.

Die militärische Rolle der Partisanen, so zeigen neue Studien, ist lange Zeit weit überschätzt worden. Selbst in ihrer Hochburg, dem Osten Weißrusslands, schafften sie es nicht, den deutschen Nachschub nennenswert zu beeinträchtigen. Ihre bedeutendste militärische Leistung bestand vielmehr darin, die ökonomische Ausbeutung des Landes durch die deutschen Wirtschaftsdienststellen zu behindern oder gar unmöglich zu machen. Dabei gingen sie freilich auch mit großer Brutalität gegen die eigene Zivilbevölkerung vor.

> »Die Wirkungen solcher Schlächtereien beschränken sich ja keineswegs auf die Opfer selbst; sie berühren einmal die gesamte Bevölkerung des besetzten Gebietes, weil natürlich keiner für möglich gehalten hat, dass wir Frauen und Kinder töten. Sie berühren auch die Moral der Truppen und weiterhin unsere wirtschaftliche Stellung.«
>
> *Werner Otto von Hentig,*
> *Vertreter des Auswärtigen Amtes bei der 11. Armee*

Der Partisanenbekämpfung von Wehrmacht und SS fielen nach seriösen Schätzungen etwa 500 000 Sowjetbürger zum Opfer. Wie viele hiervon »aktive« Partisanen und wie viele unbeteiligte Zivilisten waren, ist heute kaum mehr abzuschätzen. Die weit überwiegende Mehrheit wird aber der zweiten Kategorie zuzuordnen sein. Nirgendwo in Europa ist im Zweiten Weltkrieg ein so grausamer und opferreicher Krieg gegen eine Widerstandsbewegung geführt worden wie in der Sowjetunion. Nur die Gewalt der japanischen Aufstandsbekämpfung im Norden Chinas reicht an diese Dimension heran.

Die Partisanenbekämpfung war – nach der Ermordung der sowjetischen Kriegsgefangenen – eines der größten Verbrechen der Wehrmacht. Und Hunderttausende deutscher Soldaten waren hierin verstrickt. Am Ende scheiterte sie mit dem Versuch, durch Brachialgewalt den Widerstand im Hinterland im Keim zu ersticken. Das stete Anwachsen der Partisanenbewegung hätte nur dadurch abgemildert werden können, dass man der einheimischen Bevölkerung politisch entgegengekommen wäre. Doch gerade dies war weder im Sinne der NS- noch der Mehrheit der Wehrmachtsführung. Das Land sollte vielmehr ausgebeutet und ausgeplündert werden, die Bewohner sollten dies stumm ertragen, auch wenn dies den eigenen Tod bedeutete.

Hunger

Am grausamen Schicksal der sowjetischen Zivilbevölkerung lässt sich ablesen, in welch erschreckendem Ausmaß der Russlandfeldzug ein »Totaler Krieg« war. Der Gerichtsbarkeitserlass hatte die Zivilisten zunächst quasi zu Vogelfreien gemacht, während der Kampfphase wurden sie für Taten verantwortlich gemacht, die sie nicht begangen hatten, und selbst nach Ende der Kämpfe waren sie den Besatzern auf Gedeih und Verderb ausgeliefert. Zahllose Fälle von Plünderungen und Vandalismus sind belegt. Die Ausschreitungen der deutschen Truppen scheinen sich vor allem in den ers-

»Ernährung aus dem Lande« – Wehrmachtssoldaten verspeisen »requirierte« Hühner.

ten Wochen des Unternehmens »Barbarossa« und später in der Phase der chaotischen Rückzüge gehäuft zu haben. Für die Bevölkerung in den besetzten Gebieten war es fatal, dass sich die Wehrmacht rücksichtslos »aus dem Lande« ernähren sollte. Nach der Haager Landkriegsordnung war es einer Besatzungsmacht zwar gestattet, die Wirtschaft des Landes für die eigene Versorgung in Anspruch zu nehmen. Dies durfte aber nur so weit geschehen, wie die ökonomische Leistungsfähigkeit dies erlaubte. NS- und Wehrmachtsführung waren allerdings von vornherein nicht gewillt, auf die Belange der einheimischen Bevölkerung Rücksicht zu nehmen, und zogen den Hungertod von Millionen mit »stupendem Gleichmut ins Kalkül«, so der Historiker Christian Hartmann.

> »Ich war in Russland beim Ortskommandanten. Da habe ich gesehen, wie diese unteren Führer so ganz ohne Ziel drauflosgingen. Da hat man einer Frau die letzte Kuh aus dem Stall geholt. Ein anderer Hauptmann, der ließ einfach einen pflügenden Bauern umlegen.« *Hans Osterloh*

Weit schwerwiegender als die »wilden« Plünderungen, gegen die mal mehr, mal weniger eingeschritten wurde, war die planmäßig organisierte »Ausbeutung« durch die Versorgungstruppen des deutschen Ostheers. Immerhin galt es, 2,5 bis 3,3 Millionen Soldaten zu ernähren. Dies führte dazu, dass insbesondere die Gefechtszone, wo 80 Prozent aller Wehrmachtsangehörigen stationiert waren, in eine regelrechte »Kahlfraßzone« verwandelt wurde. Die obersten Militärstäbe arbeiteten darüber hinaus eng mit der »Wirtschaftsorganisation Ost« zusammen, einer zivil-militärischen »Mischbehörde« mit etwa 20 000 Fachleuten, die die Ausbeutung der besetzten Gebiete organisierte.

Die wirtschaftlichen Belastungen der Bauern waren regional sehr unterschiedlich. Sie konnten auch halbwegs erträglich sein, wie Alexander Brakel in seiner Studie über die weißrussische Region Baranowicze herausgefunden hat. Die Bewohner der wenigen Großstädte waren hingegen massiv von der deutschen Hungerpolitik betroffen. Die Stadtbevölkerung war in ihrer Bewegungsfreiheit stark eingeschränkt. Sie durfte keine Hamsterfahrten aufs Land unternehmen, weil die deutschen Behörden das Aufkommen einer urbanen Widerstandsbewegung befürchteten. Für die Versorgung innerhalb der Städte war indes nicht gesorgt. Tausende Stadtbewohner gingen elend zugrunde. Allein Charkov, damals die viertgrößte Stadt der Sowjetunion, verzeichnete bis August 1942 über 11 000 Hungertote.

Die Ausbeutung der besetzten Gebiete umfasste nicht nur die Nahrungsmittel, sondern auch die Arbeitskraft der einheimischen Bevölkerung. Im deutschen Militärverwaltungsgebiet mussten Männer, Frauen und Kinder für die Wehrmacht Aufräumarbeiten verrichten, Stellungen bauen und Flugplätze anlegen. Vielfach setzte man die Einheimischen auch zum Minenräumen ein, wobei ganze Arbeitskolonnen getötet wurden. Auch dies widersprach dem geltenden Völkerrecht, das nur Arbeiten für rein zivile Zwecke unter »akzeptablen« Bedingungen gestattete.

In den Zivilverwaltungsgebieten arbeiteten rund 600 000 Menschen in Reparaturbetrieben, Soldatenheimen, ja sogar in Bordellen für die Wehrmacht. 2,8 Millionen Zwangsarbeiter wurden bis Sommer 1944 aus den besetzten Gebieten ins Reich deportiert. Etwa die Hälfte davon war von der Wehrmacht »erfasst« worden, wobei diese Aktionen meist reine Sklavenjagden waren.

Rückzug

Im Russlandfeldzug gehörte es schon bald zum Kriegsbrauch, dem Gegner beim Rückzug nur zerstörtes Land zu hinterlassen, um dessen Vormarsch zu verlangsamen. Dies war im Grunde genommen nichts Ungewöhnliches, die Taktik der »verbrannten Erde« war seit der Antike in Kriegen immer wieder angewandt worden. 1941 versuchte zunächst die Rote Armee, alle wichtigen Wirtschaftsgüter zu vernichten, die sie nicht abtransportieren konnte. Die Folgen hatte die Zivilbevölkerung zu tragen – ein sinnloses

Opfer, denn die Zerstörungen waren nicht so schwerwiegend, als dass sie den Vormarsch der Wehrmacht nennenswert aufgehalten hätten. Im Winter 1941/42 wandte die Wehrmacht auf ihren Rückzügen das gleiche Prinzip an. Auch hier waren die Folgen für die Zivilbevölkerung insgesamt gesehen zunächst noch vergleichsweise überschaubar. Ein geradezu verheerendes und in historischer Perspektive wohl einmaliges Ausmaß nahm die Politik der »verbrannten Erde« jedoch an, als nach dem Scheitern der deutschen Sommeroffensive 1943 der Rückzug der Wehrmacht aus der Sowjetunion begann.

> »Im [Ersten] Weltkrieg konnten wir sagen: Wir waren die Anständigen. Aber in diesem Kriege ist das alles anders. Wir sind die Angreifer, die Schreier, wir haben mit allem angefangen, wir haben uns benommen wie die Tiere.«
>
> *General Hans Cramer, 1944*

Hitler verlangte, in den zur Räumung freigegebenen Gebieten alles zu zerstören. Jede Rücksichtnahme auf die Lage der Bevölkerung müsse »im Interesse der Kampfführung« entfallen. Überall dort, wo der Rückzug einigermaßen geordnet und planmäßig vonstattenging, hinterließ das Ostheer ein brennendes, zerstörtes Land, erstmals im März 1943 beim Rückzug aus dem Frontbogen um Rshew und Wjasma. Industrieanlagen, Bahnhöfe, Gleise, Brücken und Dörfer wurden vernichtet.

Besonders umfassend waren die Zerstörungsaktionen beim Rückzug aus der Ukraine im Herbst des Jahres 1943. Am 21. September schreib ein junger Wehrmachtssoldat seiner Frau: »Auf dem gegenüberliegenden Ufer [des Dnjepr] brennt alles bereits seit Tagen lichterloh, denn Du musst wissen, dass alle Städte und Dörfer in jenen Gebieten, die wir jetzt räumen, in Brand gesteckt werden, auch das kleinste Haus im Dorf muss fallen. Alle großen Gebäude werden gesprengt. Der Russe soll nichts als ein Trümmerfeld vorfinden. Jede Unterbringungsmöglichkeiten für Truppen wird ihm genommen dadurch. Es ist also ein grausig schönes Bild.«

»Verbrannte Erde« – bei ihrem Rückzug steckte die Wehrmacht ganze Dörfer in Brand.

Eine prinzipielle Ablehnung der Taktik der »verbrannten Erde« lässt sich weder bei der Wehrmachtsführung noch bei der Truppe nachweisen. Proteste gab es zwar, aber nur dort, wo ein »Verwildern« der Soldaten durch teilweise sinnloses Zerstören festzustellen war oder der eigene Rückzug gestört wurde.

Wo es möglich war, versuchte man alles mitzuführen, was nicht niet- und nagelfest war: Rinder, Schweine, Pferde – und die Zivilbevölkerung. Der Roten Armee sollte nicht nur ein zerstörtes, sondern auch ein menschenleeres Land hinterlassen werden. Allein in Weißrussland wurde eine Million Menschen »in irgendein Nirgendwo« getrieben, so der Historiker Christian Hartmann. In der ganzen Sowjetunion waren es wohl an die drei Millionen. Ein Teil von ihnen folgte der Wehrmacht freiwillig, weil sie die Rache der Roten Armee fürchten mussten: Weil sie mit den Deutschen kollaboriert oder zumindest von der Besatzungsherrschaft in irgendeiner Weise profitiert hatten. Die Sowjets machten in der Tat mit Kollaborateuren und solchen, die sie dafür hielten, kurzen Prozess. Als die Rote Armee Charkov im Februar 1943 für wenige Wochen zurückerobern konnte, erschoss sie 4000 Einwohner, die sie der Zu-

Um sie herum nur noch verbrannte Erde – eine alte Frau in den Trümmern ihres Hauses, Russland 1944.

sammenarbeit mit dem Feind verdächtigte. Die meisten Zivilisten folgten der Wehrmacht allerdings gezwungenermaßen auf dem ungewissen Marsch nach Westen.

Die Verantwortung für diese Zwangsflucht lag eigentlich bei den Arbeitsdienststellen der Zivilverwaltung. Doch die waren mit der Aufgabe heillos überfordert. Im Bereich der Heeresgruppe Mitte stieß die Deportationspraxis im Frühjahr 1944 an ihre Grenzen, da sowohl »Ernährungslage und Raumnot« es wünschenswert erscheinen ließen, alle »unproduktiven Bevölkerungsteile« – also »Invaliden und Krüppel, ansteckend Kranke, Nichtarbeitsfähige [Greise, Kinder, Frauen mit mehreren Kleinkindern]« –, auf das Gefechtsfeld »feind- oder banditenwärts« abzuschieben, wie es in den Dienstakten hieß. Für die 9. Armee ergab sich im März 1944 eine günstig erscheinende Gelegenheit, alle »überflüssigen Esser« in ihrer Region loszuwerden. Einige Divisionen sollten sich zu dieser Zeit aus einem Frontvorsprung 80 Kilometer südlich der weißrussischen Stadt Bobruisk zurückziehen. In das aufzugebende Gebiet deportierte man kurzerhand 50 000 Zivilisten. Am 12. März 1944 begannen Wehrmachtseinheiten und SD in einem 5000 Quadratkilometer großen Gebiet damit, die Bevölkerung zusammenzutreiben, in Züge zu pferchen und in Richtung des Dorfes Ozarichi in unmittelbarer Frontnähe zu deportieren. Fünf Tage später, nach dem Rückzug der Wehrmacht, befanden sich die Lager mit den Deportierten im Niemandsland zwischen den Hauptkampflinien. So entledigte man sich des Problems, die Menschen weiterhin ernähren zu müssen – und deckte den eigenen Rückzug mit einem menschlichen Schutzschild. Bei der Deportation in die Lager spielten sich grauenhafte Szenen ab. Ein Feldgeistlicher der 129. Infanteriedivision notierte in sein Tagebuch: »Ich entdecke in der Ferne das Lager. Ein ununterbrochenes leises Wehklagen vieler Stimmen stieg daraus zum Himmel auf. Und dann sah ich, wie man gerade die Leiche eines alten Mannes anschleppte wie ein Stück Vieh. Eine Greisin lag tot am Wege mit frischer Schusswunde. Ein Posten der Feldgendarmerie wies auf ein paar Bündel im Dreck hin: tote Kinder. Auch sie wurden erschossen, wie überhaupt alles umgelegt wird, was wegen Krankheit, Alter und Schwäche nicht mehr weiter kann.« Etwa 9000 Menschen starben durch Gewalt oder an Entkräftung während der Deportation oder an ihren unmittelbaren Folgen wie Unterernährung, Unterkühlung sowie einer Typhusepidemie, so der Historiker Christoph Raß.

Obgleich die Rückzugsverbrechen noch nicht vollständig aufgearbeitet sind, scheint Ozarichi nach bisherigen Erkenntnissen ein Extremfall gewesen zu sein. Er belegt allerdings einmal mehr, wie radikal und skrupellos die Wehrmacht mit der sowjetischen Bevölkerung umzugehen bereit war. Ganz offensichtlich war seit 1941 kein Umdenken erfolgt. Die Zivilisten blieben eine »Verfügungsmasse«, mit der man nach Gutdünken zu verfahren gedachte.

Ganz normale Männer

Angesichts der horrenden Dimension deutscher Verbrechen hat sich die historische Forschung seit Jahrzehnten mit der Frage befasst, wie so etwas geschehen konnte. Eines der wichtigsten Ergebnisse war dabei, dass es einen bestimmten Tätertyp nicht gab. Ganz normale Männer konnten die schlimmsten Verbrechen verüben – wenn dies von ihnen verlangt wurde. Die Wirkungsmacht der Situation, das zeigen alle neuen Studien, ist größer als alle Ideologien oder politischen Überzeugungen. Deshalb waren unter den

Tätern auch zahlreiche NS-Gegner, Familienväter oder Verwaltungsbeamte.

Von den Soldaten wurden die meisten verbrecherischen Handlungen gar nicht als Kriegsverbrechen gedeutet, völkerrechtliche Definitionen spielten für sie keine nennenswerte Rolle. Lediglich bei massenhaften Tötungen etwa von Gefangenen, insbesondere aber von Frauen und Kindern, fiel überhaupt der Begriff des »Verbrechens«. Die Verantwortung dafür wurde schon während des Krieges hauptsächlich der SS in die Schuhe geschoben. Erklärt wurden die Gräueltaten stets aus den jeweiligen situativen Umständen des Krieges heraus, nicht hingegen mit Begründungsmustern aus der NS-Ideologie. Die verbrecherische Dimension des Weltanschauungskrieges im Osten, vor allem das Ziel der Vernichtung des »jüdischen Bolschewismus«, wurde daher in ihrer Reichweite und bitteren Konsequenz von den meisten Wehrmachtssoldaten nicht begriffen. Für die meisten waren die eigenen Entbehrungen und Opfer demgegenüber viel wichtiger und prägender für die Kriegswahrnehmung. Überspitzt könnte man sagen: Das Schicksal der Gegner, sei es jenes der Zivilisten, die Opfer von Verbrechen wurden, oder auch jener, gegen die man auf dem Schlachtfeld kämpfte, fand bei den Wehrmachtsangehörigen kaum Beachtung.

> »Ich bin nicht der Ansicht, dass der Führer ein Verbrecher ist und dass er Übel gewollt hat.«
>
> *Oberst Eduard Hellwig, August 1944*

So wurde auch nicht darüber nachgedacht, ob Partisanen das Recht gehabt hätten, gegen die deutschen Besatzer vorzugehen. Aus der Perspektive der deutschen Soldaten erschien deren Widerstand schlichtweg als illegitim. Die propagandistischen Bemühungen der NS-Ideologen, die jahrelange Gehirnwäsche, zeigten Wirkung. Vieles, was de jure – und auch nach heutigen moralischen Maßstäben – ein Kriegsverbrechen war, wurde von den Zeitgenossen nicht im Entferntesten als solches wahrgenommen. Und selbst wenn man bestimmte Handlungen als moralisch verwerflich registrierte, wurden sie häufig umgedeutet – indem man die Schuld auf andere schob, am liebsten auf die SS. So wusste Major Hans Viebig zu berichten, dass die SS besonders grauenvolle Verbrechen beging und etwa in Frankreich übel »gehaust« hat. Dies war nicht falsch, diente aber letztlich dazu, die eigene Verantwortung für Unrecht und Gewalt von sich zu weisen.

Der Mythos der »sauberen« Wehrmacht ist nicht haltbar – viele Verbrechen schob man schlicht der SS zu.

Der Mythos von der »sauberen« Wehrmacht entstand schon während des Krieges. Nur in wenigen Fällen führten die Gräueltaten dazu, die Deutung des Krieges insgesamt zu beeinflussen, weil man erkannte, dass der Staat verbrecherisch war. Friedrich von Broich war einer der wenigen Militärs, dessen Weltbild durch diese Verbrechen grundlegend beeinflusst wurde. Broich machte sich keinerlei Illusionen darüber, wie verbrecherisch nicht nur die Verbände der SS, sondern auch die Wehrmacht selbst war. Anders als die meisten seiner Kameraden glaubte er nicht länger an den Mythos einer »sauberen« Kriegführung. An seinem Handeln als Soldat änderte dies freilich wenig. Von Broich hatte in Tunesien bis zur letzten Granate gekämpft. In erster Linie wohl für seine Soldatenehre, doch letztlich für Hitler. Selbst Broich fehlte die Courage, den besonderen Anforderungen der Zeit gerecht zu werden, sich von militärischen Ehrauffassungen zu lösen und im Sinne des eigenen Landes und des eigenen Volkes gegen eine verbrecherische Staatsführung zu agieren.

UNTERGANG

Nach dem erfolgreichen Landgang der Westalliierten in der Normandie im Juni 1944 war endgültig eine Bresche in die von der NS-Propaganda beschworene »Festung Europa« geschlagen. Wenig später bereitete die Rote Armee mit einer gewaltigen Offensive an der Ostfront der Wehrmacht die größte Niederlage der Militärgeschichte. Dennoch wütete der Krieg noch beinahe ein Jahr mit unverminderter Härte weiter – bis in den Untergang. Was brachte die deutschen Soldaten dazu, ihren Kampf auch in aussichtsloser Lage oft buchstäblich bis zur »letzten Patrone« durchzufechten? Wie konnte es dazu kommen, dass dieser Krieg in ein noch nie dagewesenes Massaker mit weltweit über 50 Millionen Toten ausartete? Dass er anhielt, bis das Land in jeder Hinsicht verwüstet war? Erst als alles zu spät war, kam die Erkenntnis, dass Hitler mit der volltönenden Absicht, die Niederlage von 1918 zu revidieren, die Welt nur in eine noch verheerendere Katastrophe gestürzt hatte.

Der 5. Juni 1944 war ein ruhiger Tag für die deutsche Besatzungsmacht in Frankreich. »Ein unmittelbares Bevorstehen der Invasion ist noch nicht erkennbar«, vermerkte der Chronist des Oberkommandos der Wehrmacht im Kriegstagebuch. Seit Wochen war absehbar, dass die alliierten Truppen von Südengland aus Vorkehrungen trafen für den Sprung auf den Kontinent. Insgesamt rund 200 000 Soldaten, Amerikaner, Briten, Kanadier, unterstützt von französischen, polnischen und norwegischen Einheiten, verteilt auf rund 6000 Landungsfahrzeuge aller Art, machten sich bereit, an der französischen Nordküste anzulegen.

Doch Regen und Sturm über dem Ärmelkanal schienen ein aufwendiges Landemanöver während jener Junitage, in denen der Gezeitenstand es zugelassen hätte, auf längere Sicht zu vereiteln.

◂ Sowjetische Einheiten vor dem zerstörten Berliner Reichstag, 2. Mai 1945.

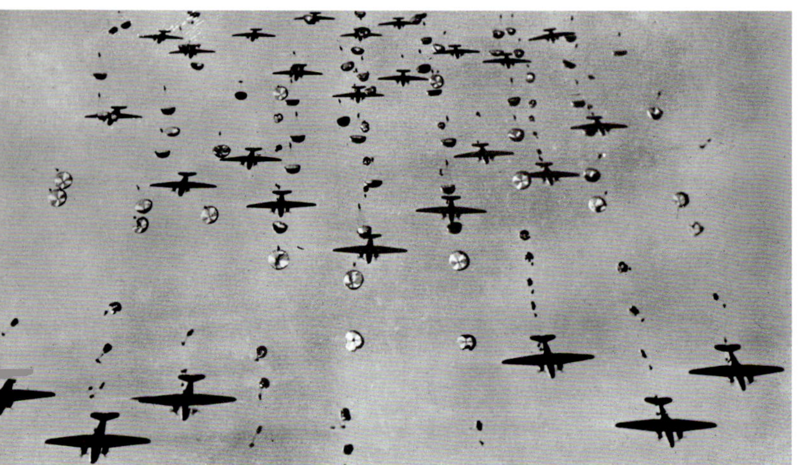

18 000 Fallschirmjäger sprangen als Vorhut aus den alliierten Lastenseglern.

»Aufgrund einer Schlechtwetterlage ist in den nächsten zwei Wochen mit einer alliierten Aktion nicht zu rechnen«, hatten die Meteorologen der Wehrmacht denn auch aus ihren Wetterprognosen geschlossen. So konnte Generalfeldmarschall Erwin Rommel, Oberbefehlshaber der Truppen am »Atlantikwall«, wie die Deutschen den Sperrriegel an der Küste nannten, einigermaßen beruhigt die Heimreise ins württembergische Herrlingen antreten, um am 6. Juni dort den Geburtstag seiner Frau zu feiern.

An jenem Dienstag hatte Madame Angèle Levrault im Garten ihres Hauses im Kleinstädtchen Sainte-Mère-Eglise, keine zehn Kilometer von der Küste entfernt, ein denkwürdiges Erlebnis. Kurz nach Mitternacht rauschte aus dem Himmel direkt in ihr Gemüsebeet ein Paket, das sich rasch als Fallschirmspringer entpuppte. Die verdatterte Lehrerin hatte die Ehre, einen der ersten US-Soldaten auf französischem Boden zu empfangen: Robert M. Murphy vom 505. Regiment der 82. Luftlandedivision war »Pfadfinder« der US-Luftwaffe. Zusammen mit anderen Kameraden hatte der waghalsige Soldat die Aufgabe, Absprungzonen zu markieren. Diese sollten den etwa 18 000 britischen und amerikanischen Fallschirmjägern als Ziel dienen, die in der Folgezeit aus fast tausend Lastenseglern in den Nachthimmel sprangen – viele von ihnen in den Tod, hilflos den deutschen Bodenschützen ausgeliefert.

Wenige Stunden später, um drei Uhr morgens, bebte in der Normandie die Erde. 2500 Bomber klinkten ihre Fracht über der Calvados-Küste aus. Dämme, Dünen und Strände wurden umgepflügt. Bei Tagesanbruch sekundierten schwere Schiffsgeschütze vom Meer aus das Zerstörungswerk. Um 6 Uhr 30 erreichte die Vorhut der größten Armada in der Seekriegsgeschichte die normannischen Strände. Eine kanadische, zwei britische und drei amerikanische Divisionen pirschten sich in einer ersten Landungswelle an fünf Küstenabschnitten heran.

»Ihr begebt euch nun auf den großen Kreuzzug, für den wir seit vielen Monaten trainiert haben. Die Augen der Welt blicken auf euch, die Hoffnungen und Gebete der freiheitsliebenden Menschen der Welt begleiten euch«, hatte ihnen der alliierte Oberkommandierende General Dwight D. Eisenhower mit auf den Weg gegeben. Er war es, der am Tag zuvor um 4 Uhr 15 den folgenreichsten Befehl seiner Laufbahn erteilt hatte: den Start der »Operation Neptune«, so der Deckname für das Landemanöver.

Nachdem der Landgang zuvor schon aus Witterungsgründen um einen Tag verschoben worden war, hatten die Meteorologen nun eine Lücke zwischen zwei Kaltfronten erspäht. Die seltene Gelegenheit zum Losschlagen war endlich da. »Ok. We'll go!«, hatte Eisenhower seinen Leuten zugerufen und an ihr Ehrgefühl appelliert: »Ich vertraue fest auf euren Mut, auf eure Pflichttreue und eure Kampffertigkeit. Nur ein völliger Sieg ist für uns annehmbar!« Danach sah es am 6. Juni an manchen Küstenab-

US-Soldaten verlassen die Landungsschiffe.

schnitten keineswegs aus. An einem Uferstreifen östlich von Bayeux, den die US-Planer »Omaha« getauft hatten, starben allein an diesem Tag 2200 amerikanische Soldaten. Viele von ihnen hatten nicht einen einzigen Schuss abgegeben, waren zum Großteil noch nie in ihrem Leben an der Front gewesen und nun noch nicht einmal bis zum Strand vorgedrungen, als sie im deutschen Kugelhagel fielen. Angesichts der heftigen Verluste erwog US-General Omar Bradley gegen Mittag bereits, seine Leute aus diesem Abschnitt wieder zurückzuziehen. Doch bis Einbruch der Dunkelheit gelang es einigen Stoßtrupps tatsächlich, sich bis an die Küstenstraße vorzukämpfen.

Die erbitterte Gegenwehr in der »Hölle von Omaha« war keineswegs umsichtiger deutscher Küstenwacht zu verdanken, sondern einem Zufall. Ein Teil der Abwehranlagen war auch nach dem Bombenhagel am Morgen noch intakt. Und just am Tag der Landung absolvierte die 352. deutsche Infanteriedivision in diesem Abschnitt eine Gefechtsübung und vermochte daher, erheblich schneller zu reagieren als die Verteidiger an den übrigen Uferzonen. So verlief die Landung an den drei östlichen Strandabschnitten für die Alliierten weit besser. Die größten Probleme bereitete den amerikanischen Sturmtruppen das dichte Gewirr von verminten Hindernissen im Watt. Zwar waren Kampfschwimmer kurz vor der ersten Welle gelandet und hatten Breschen in den Irrgarten aus verminten Pfählen und stählernen Dreieckskonstruktionen geschlagen. Im hohen Wellengang drifteten die Landungsboote aber oft ab und zerschellten an den übrig gebliebenen Hindernissen. Hatten sie den Strand indes einmal erreicht, trafen Briten und Kanadier meist auf keinen zusammengefassten Widerstand mehr. Nur an einigen wenigen Punkten gab es noch harte Kämpfe, in der Regel erlahmte die Gegenwehr, wenn es sie gab, schon bald. Die 716. deutsche Infanteriedivision konnte dem alliierten Ansturm nicht viel entgegensetzen, zumal viele Soldaten nun die erstbeste Gelegenheit nutzten, um überzulaufen.

Den Briten wiederum kam zugute, dass sie ein ganzes Arsenal an Spezialpanzern aufgeboten hatten, um den Atlantikwall zu durchbrechen: »Dreschflegelpanzer« räumten Gassen durch deutsche Minenfelder, andere schalteten mit ihren großkalibrigen Mörsern Bunkerstellungen aus oder legten Brücken über Panzergräben. Die Amerikaner hatten auf solche Panzer verzichtet und mussten dieses Versäumnis nun mit schweren Verlusten erkaufen. Hinzu kam, dass auch die deutsche Küstenartillerie in dieser Region nur schwach ausgebaut war. An der ganzen Küste zwischen Vire und Orne-Mündung gab es nur eine Batterie, die überhaupt in der Lage war, Seeziele zu bekämpfen. Die Marineküstenbatterie Longues kämpfte mit ihren vier 15-Zentimeter-Geschützen einen Kampf wie David gegen Goliath. Am Ende des »längsten Tages« waren ihre Geschütze von feindlichen Geschosssplittern durchsiebt und die meisten deutschen Kanoniere tot. Sie hatten die Landung nicht aufhalten können.

Gewaltige Feuerkraft – eine Fernkampfbatterie des »Atlantikwalls« an der Küste der Normandie.

Die unentschlossene Reaktion der deutschen Führungsstellen auf die mitunter widersprüchlichen Nachrichten aus der Normandie hielt beinahe den gesamten 6. Juni über an. Hitler hatte auf seinem Berghof noch im Tiefschlaf gelegen, als die ersten alliierten Truppen an Land gingen, und niemand hatte gewagt, ihn zu wecken. Doch die Führungsebene der Heeresgruppe B und der Oberbefehlshaber West vor Ort waren nach dem Beginn der Landungsoperation nicht imstande zu erkennen, ob es sich bei den Vorstößen um Ablenkungsmanöver oder den erwarteten Hauptangriff handelte. Weiterhin waren die Befehlshaber geradezu auf die Annahme fixiert, dass die Alliierten im Pas de Calais landen würden. Selbst jetzt, als die Gegenoption nicht mehr zu übersehen war, vermochten sie an eine Invasion in der Normandie nicht zu glauben. Gezielte Täuschungsmanöver bestärkten sie in diesem Irrglauben noch. So hieß die Devise erst einmal: Abwarten, bis sich die Lage klärt! Dabei lief den Deutschen die Zeit davon. Die gegnerischen Landungstruppen hatten sich noch nicht formiert und ihre anfänglichen Startschwierigkeiten noch nicht überwunden. In den ersten Stunden verliefen auch in den britischen Landungsabschnitten noch viele Operationen gefährlich chaotisch und ungeordnet.

Doch selbst in dieser Ausgangslage ließ das Oberkommando der Wehrmacht bereits in Gang gesetzte Panzerdivisionen sogar noch einmal anhalten. Stunde um Stunde verging, ohne dass die Kampftruppen eindeutige Befehle erhielten. Erst am Nachmittag rollten die Panzer gegen den britischen Brückenkopf an. Als sich der 6. Juni 1944 dem Ende zuneigte, hatte sich das Blatt bereits gegen die Deutschen gewendet. Daran konnte auch Hitlers für ihn typischer Befehl nichts ändern: »Hier gibt es kein Ausweichen und Operieren, hier gilt es zu stehen, zu halten oder zu sterben.«

Am 11. Juni vereinten sich nach schweren Kämpfen die alliierten Vorauskommandos – Voraussetzung für eine durchgehende Frontlinie. Zwei Wochen später eroberten sie die Halbinsel Cotentin mit dem wichtigen Hafen Cherbourg. Allerdings ging es für die Eroberer nun nur noch schrittweise vorwärts. Insbesondere im Westen der Normandie behinderte die wild wuchernde Heckenlandschaft ein schnelles Vorwärtskommen. Die erst frisch in den Krieg eingerückten Amerikaner lernten die Deutschen zudem als erbitterte Verteidiger kennen, die verbissen jeden Meter Boden verteidigten. Die US-Panzer konnten ihre Kraft nicht voll entfalten und wurden so leichte Opfer für die deutschen Panzerfäuste.

Am Ausgang der Kämpfe änderte dies indes kaum etwas. Es ging lediglich um die Frage, wie lange die Amerikaner noch aufgehalten werden könnten. Zugute kam den Alliierten dabei die drückende Überlegenheit ihrer Luftstreitmacht, der Görings Kampfflieger kaum noch etwas entgegenzusetzen vermochten. Bis zum 22. Juli verlor die Wehrmacht 117 000 Soldaten – gefallen, verwundet oder in Gefangenschaft geraten. Das waren jeden Tag 1500

Mann. Diese Verluste im hartnäckigen Kampf gegen einen übermächtigen Gegner waren umso schmerzhafter, da die deutschen Divisionen keinen Ersatz mehr bekamen. »Die Truppe kämpft allerorts heldenmütig, jedoch der ungleiche Kampf neigt sich dem Ende entgegen«, meldete Generalfeldmarschall Rommel, der nach der alliierten Landung umgehend von seinem Heimaturlaub zurückgekehrt war, in einem Telegramm am 15. Juli an das »Führerhauptquartier«. »Es ist m. E. nötig, die (politischen) Folgerungen aus dieser Lage zu ziehen.« Das Wort »politisch« strich er indes vor der Absendung auf Anraten seiner Stabsoffiziere aus dem Bericht, um Hitler nicht unnötig zu provozieren.

Die Lage ließ in der Tat nichts an Deutlichkeit vermissen. Unumkehrbar hatten Hitlers Kriegsgegner im Kerngebiet der von der deutschen Propaganda für »uneinnehmbar« erklärten »Festung Europa« Fuß gefasst. Der lange befürchtete Zweifrontenkrieg, der das Deutsche Reich schon im Ersten Weltkrieg in die Klemme ge-

Tödlicher Strandabschnitt – allein am »Omaha-Beach« starben 2200 amerikanische Soldaten.

bracht hatte, war da. Die Armee musste sich nun an der Ost- wie an der Westfront zugleich behaupten.

Seit geraumer Zeit schon hatte der sowjetische Diktator Stalin seine westlichen Verbündeten zu diesem Entlastungsangriff gedrängt, bis das Unternehmen mit dem Decknamen »Overlord« auf der Konferenz von Teheran im November 1943 beschlossen und danach mit gigantischem Logistikaufwand vorbereitet worden war. Nun war das hochriskante Manöver, dessen Scheitern den gesamten Kriegsverlauf hätte umkehren können, tatsächlich gelungen. Hitlers Reich steckte in einer strategischen Zwickmühle. Auch die brüske Zurückweisung der von Erwin Rommel nahegelegten Friedensgespräche mit den alliierten Mächten konnte über diesen Tatbestand nicht hinwegtäuschen.

Der deutschen Bevölkerung blieben die Folgen dieses Dammbruchs nicht verborgen. »Die Hochstimmung der ersten Tage nach dem Beginn der Invasion und der Vergeltung flaut allgemein sehr stark ab«, meldete am 29. Juni des Jahres 1944 ein geheimer Lagebericht des Sicherheitsdienstes der SS, der sich der tatsächlichen Stimmungslage anzunähern versuchte. »Man ist zwar durchweg darauf gefasst gewesen, dass der Kampf schwer werden wird, aber bei aller Entschlossenheit, auch weiterhin ›fest bei der Stange zu bleiben, komme, was mag‹, kämpfen viele Volksgenossen mit dem drückenden Gefühl, dass wir den Gegnern zahlen- und materialmäßig zu sehr unterlegen sind.«

Sturm aus dem Osten

Jener mulmige Eindruck wurde in den folgenden Wochen noch durch eine für die deutsche Kriegführung dramatische Entwicklung verstärkt. Die sowjetische Militärführung nutzte die erfolgreiche Entlastungsattacke im Westen, um nun ihrerseits mit allen verfügbaren Kräften loszuschlagen. Zum symbolträchtigen Termin für die Sommeroffensive hatte Stalin den 22. Juni bestimmt, jenen Tag, an dem drei Jahre zuvor Hitlers Armee die Sowjetunion überfallen hatte. Für ihre »Operation Bagration« mobilisierte die Rote Armee in Weißrussland 140 Infanteriedivisionen und über 40 Panzerbrigaden, unterstützt von starken Partisanenverbänden; insgesamt ein Riesenheer von 1,2 Millionen Soldaten, die auf einer Frontlänge von 1100 Kilometern gegen die Heeresgruppe Mitte der Wehrmacht antraten. Von der Wucht des Angriffs überrascht, stand das deutsche Ostheer von Beginn an auf verlorenem Posten. An einzelnen Abschnitten wurde es von Angreifern in zwölffacher Mannschaftsstärke überrannt.

> »Wir merkten, dass die Alliierten mit ihren unglaublichen Reserven in der Lage waren, uns alle wegzupusten. Es war ein Wunder, dass sie es nicht mit aller Macht getan haben.« *Winrich Behr, Ordonanzoffizier bei Model*

Unbeeindruckt hielt die deutsche Armeeführung indes an der strikten Weisung fest, jeden der »festen Plätze«, von Hitler angeordnete Abwehrnester, auch bei zahlenmäßiger Unterlegenheit bis zum letzten Mann zu halten. Für viele eingeschlossene und überrollte deutsche Verbände wurde der Auftrag zum Himmelfahrtskommando. Dabei hatte gerade Hitlers strikte Weigerung, zuvor noch den weit nach Osten reichenden Frontbogen aus strategischen Gründen zurückzunehmen, um die Angriffsbreite zu verringern und die Verteidigung zu stabilisieren, entscheidend zu dem Debakel beigetragen.

Nun wurde die gesamte Heeresgruppe geradezu zerschmettert. Durch zangenartige Vorstöße kesselten die Sowjets ganze Armeen ein, die sich bisweilen in heilloser Auflösung befanden. Binnen zwei Wochen waren 28 deutsche Divisionen kampfunfähig und um über 350 000 Mann ärmer; allein auf deutscher Seite starben in den Kämpfen dieses Sommers etwa 130 000 Soldaten. Jeden Tag verloren an der Ostfront im Schnitt 5750 Wehrmachtsangehörige ihr Leben, jede Woche eine Menschenmenge in der Größenordnung einer kompletten Division. Diese immensen Verluste veränderten das Zahlenverhältnis weiter zugunsten der Roten Armee,

»Mein bester Feldmarschall« – General Walter Model (links) beobachtet den Vorbeimarsch seiner Truppen.

die die deutschen Truppen streckenweise regelrecht vor sich hertrieb. Bis zu 300 Kilometer drangen die sowjetischen Verbände in Richtung Westen vor. In kurzer Folge musste die Wehrmacht Witebsk, Bobruisk und Lida räumen; am 11. Juli folgte auch Minsk, die weißrussische, sowie nur drei Tage später Wilna, die litauische Hauptstadt. Von der Heeresgruppe Mitte blieb nur ein schwer angeschlagener Torso zurück. Sie hatte die schwerste und zugleich verlustreichste Niederlage der deutschen Militärgeschichte zu verkraften. Und dennoch wäre die Katastrophe wohl noch vernichtender ausgefallen. Doch der auch für sie selbst überraschend zügige Vorstoß bereitete der Roten Armee erhebliche Versorgungsengpässe – sie kam mit dem eigenen Nachschub nicht mehr hinterher.

Bis Ende Juli gelang es dem zum neuen Oberbefehlshaber der Heeresgruppe bestimmten Generalfeldmarschall Walter Model, wieder eine zusammenhängende Abwehrfront zu errichten, um der militärischen Sturmflut erstmals Einhalt zu gebieten. Der Oberkommandeur, den Hitler als seinen »besten Feldmarschall« bezeichnete, war mit 53 Jahren auch einer der jüngsten. Doch das Soldatenhandwerk war ihm seit seiner Jugend vertraut. Als ehrgeiziger Frontkämpfer und schließlich

»Sturm aus dem Osten« – Rotarmisten während der Offensive im Frühjahr 1944.

Generalstabsoffizier hatte er den gesamten Ersten Weltkrieg mitgemacht. Gerade im letzten Kriegsjahr 1918 konnte er die Erkenntnis gewinnen, dass militärische Erfolge ohne logistische Unterfütterung und ausreichenden Nachschub ins Leere laufen mussten. Walter Model war damals aus der Nähe Zeuge des militärischen Scheiterns geworden und hatte sich gleichwohl mit der Niederlage und dem Vorwurf der alleinigen deutschen Kriegsschuld nicht abfinden wollen.

Dabei berief sich der Reichswehr-Soldat alter Schule stets auf das preußische Leitbild des loyalen, aber unpolitischen Offiziers. Der Soldat hatte gemäß dieser Denkweise der Regierung als Fachmann zu dienen. Ein öffentliches Urteil über politische Richtlinien stand nach seiner Devise dem Militär nicht zu. An seiner Fügsamkeit gegenüber dem Regime ließ Model explizit nach dem Bombenattentat vom 20. Juli 1944 auf Hitler, mit dem einzelne Offiziere die Katastrophe des »Endkampfes« noch aufhalten wollten, nicht den Hauch eines Zweifels aufkommen.

Auf seinem Fachgebiet hingegen gab der Feldmarschall dem obersten »Feldherrn« durchaus Kontra – unverblümt wie kaum einer seiner Generalskollegen. Hartnäckig rang er Hitler die Bewilligung zusätzlicher Kräfte oder die Zurücknahme unsinniger Befehle ab. Vermutlich hat kein Militär Hitler so oft und so energisch widersprochen. »Dem Mann traue ich zu, dass er es schafft«, quittierte der Kriegsherr dies mit unverhohlener Bewunderung. »Aber ich möchte selber nicht unter ihm dienen.« Dank seiner oft unkonventionellen, aber effizienten Führungsmethoden hatte Model sich bald den Ruf eines begnadeten Defensivtaktikers erworben. So wurde der loyale Gefolgsmann als »Feuerwehrmann« von einem prekären Frontabschnitt zum nächsten geschickt, was ihm den Ruf als »Retter der Ostfront« eintrug.

Es war nicht mehr als eine kurze Verschnaufpause. Stalins Truppen hatten die Wehrmachtsverbände bis Ende Juli streckenweise bis an den Ausgangspunkt ihres Angriffs gegen die Sowjetunion zurückgetrieben, nun standen sie bereits in Brest-Litowsk und am gegenüberliegenden Weichsel-Ufer vor Warschau. Im Nor-

Eile ist geboten – deutsche Trosseinheit auf dem Rückzug.

den hatte ihr Durchbruch eine gesamte deutsche Heeresgruppe von den übrigen Armee-Einheiten abgeschnitten. Militärisch kam dem Ausharren in der baltischen Region, die die Deutschen »Kurland« nannten, abseits der Hauptstoßrichtung der Roten Armee, nur noch wenig Sinn zu. Im Gegenteil: Da knapp eine Dreiviertelmillion Soldaten über den Seeweg versorgt werden musste, war die Kriegsmarine damit von anderen Aufgaben ferngehalten.

Dennoch lautete auch hier die Weisung weiterhin: »Halten um jeden Preis.« Es war eine vor allen Dingen ideologisch motivierte Vorgabe, der die fixe Vorstellung zugrunde lag, dass ein »deutscher Soldat« keinen Meter des eroberten Bodens kampflos aufgeben dürfe. Als Vollstrecker dieser Strategie im Norden der Ostfront konnte Hitler auf einen willigen Heeresgruppenchef zählen: Ferdinand Schörner galt im Generalskorps nicht gerade als Bedenkenträger. Der 52-jährige Feldmarschall verstand sich selbst als »politischen Soldaten« – in einem Krieg der Weltanschauungen. Was das in der Konsequenz bedeutete, bekamen die »Kurlandkämpfer« bald zu spüren, denen die deutsche Propaganda bereits Lorbeerkränze flocht. Sie kämpften mit dem Rücken zur Ostsee. Der Rückzug war ihnen verwehrt, der Nachschub von widrigen Umständen

Der überhastete Rückzug forderte zahllose Tote.

abhängig, während die Rote Armee unablässig mit frischen Kräften anstürmte. Trotz hartnäckiger Gegenwehr wurden die deutschen Verbände in immer engere Kessel gedrängt.

Nördlich von Riga blieb den Besatzern Anfang Oktober 1944 als letzter Rückzugsort nur noch die Estlands Küste vorgelagerte Insel Ösel, auf Estnisch Saaremaa. Auch auf dem beschaulichen Eiland gingen die Kämpfe unvermindert heftig weiter. Am 10. Oktober kontrollierte die Wehrmacht gerade noch eine 200 Quadratkilometer große Halbinsel im Osten namens Sörbe, zu Deutsch Sworbe. Es war nur noch eine Frage der Zeit, bis die Abwehrkräfte auch hier aufgerieben sein würden.

> »Schörner war wegen seines energischen Durchgreifens überall in hohem Maße gefürchtet. Je höher die Dienstgrade waren und es hieß, ›Schörner kommt‹, desto schneller flüchteten die und nahmen volle Deckung.«
>
> *Hermann Ulrichs, Bataillonsführer auf Sworbe*

Dennoch gab es kein Einlenken. Die rund 10 000 auf Sworbe eingesetzten deutschen Soldaten wurden von ihrer Führung mit offenen Drohungen unter Druck gesetzt. »Es kommt keiner von der Insel – es sei denn nach Sibirien«, lautete die Devise. An eine Flucht von der wasserumschlossenen Festung war ohnehin nicht zu denken. Zugleich ging kein Soldat davon aus, von den Sowjets schonend behandelt zu werden, falls er verwundet zurückbleiben oder sich ergeben würde. Also reduzierte sich die Bedeutung ihres Kampfeinsatzes auf der estnischen Insel für die meisten darauf, das offenbar unvermeidliche Sterben lediglich hinauszuzögern. »Wenn man nur mal hier von dieser verfluchten Insel herunterkäme. Aber es sieht gar nicht danach aus«, klagte der Frontsoldat August Müller Anfang November 1944 in einem Brief an die Familie und ergänzte eine Woche später resigniert: »Wahrscheinlich sollen wir hier elend zugrunde gehen.«

»Wir standen immer vor der Frage: ›Wie lange willst du das hier eigentlich noch durchstehen?‹«, erinnert sich Kurt Vetter, der damals als Obergefreiter auf Sworbe in vorderster Front kämpfte. »Denn eines war uns allen klar: Als einfacher Soldat vorne kommst du nie heil hier raus. Irgendwann erwischt es dich. Wenn du Glück hast, eine Verwundung, nach der du noch gehen kannst. Und wenn du Pech hast, dann wird dein Körper oder werden deine Beine zerrissen ...« Ständiger Todesgefahr ausgesetzt, mit maximal einer Essensration im Blechgeschirr pro Tag und buchstäblich im Schlamm ihres Schützenlochs, steckten die Grabenkämpfer in einem Dilemma, das jeden Hauch eines heroischen Kampfes verloren hatte. Wenn der Kamerad nebenan tödlich getroffen wurde, galt der erste Griff dessen Brotbeutel und Munitionsvorrat, um die eigenen Überlebenschancen zu erhöhen.

> »Einer trat auf eine Mine. Der Mann hat bis in die nächste Nacht geschrien: ›Kameraden helft mir! Kameraden helft mir!‹ Seine Stimme wurde immer schwächer. Aber keiner von uns ging aus der Stellung heraus, um dem Kameraden zu helfen. Denn er wäre Gefahr gelaufen, dabei selbst erschossen zu werden.« *Kurt Vetter, Obergefreiter auf Sworbe*

Bei einem Sturmangriff musste Kurt Vetter in diesen Tagen seinen Freund Bernhard Losensky schwer verwundet zurücklassen, um seine eigene Haut zu retten – bittere Konsequenz einer Durchhaltestrategie, die auf den Überlebensdrang der Befehlsempfänger baute. »Dieses Erlebnis hat mich immer wieder wach gerüttelt, beinahe traumatisiert«, erzählt er in der Rückschau. Damals erkannte Vetter nur einen Ausweg für sich: Da allein noch Verletzte die Chance hatten, lebend von der Insel geborgen zu werden, musste er selbst für seine Verwundung sorgen – aber nicht von eigener Hand, denn »Selbstverstümmelung« wurde mit der Todesstrafe geahndet. »Daher haben wir geknobelt«, berichtet Vetter rückblickend. »Wer das lange Streichholz zieht, der muss schießen. Wer kurz zieht, darf das Bein hinhalten. Ich habe lang gezogen. Daraufhin habe ich, unbemerkt von den Vorgesetzten, mit meiner Maschinenpistole auf das Bein meines Kameraden geschossen. Der sackte um und hat gejammert, aber ich sagte zu ihm: ›Nun sei mal zufrieden, du kommst doch jetzt nach Hause!‹«

»Ums nackte Überleben« – ein deutscher Soldat im sechsten Kriegswinter.

Diese Flucht von der Front per »Heimatschuss« war in dieser Phase des Krieges keineswegs eine extreme Ausnahmereaktion. Nach einer Untersuchung der Heeresgruppe Nord lag im Kurland die Zahl der Selbstverstümmelungsfälle im November 1944 um 180 Prozent höher als im Vorjahr. Kurt Vetter selbst ereilte Tage später das zweifelhafte Los, von einer Kugel im Rücken getroffen zu werden, diesmal aus einem sowjetischen Gewehrlauf. »Ich war richtig froh«, bewertet Kurt Vetter die lebensrettende Blessur. »Endlich hatte ich meinen Heimatschuss.« Das Fährschiff, das die Verwundeten aus der Frontlinie brachte, war für ihn die Erlösung von einem militärisch unsinnigen Opfergang.

Nach sechswöchiger Schlacht waren allein auf deutscher Seite über 4000 Soldaten tot oder vermisst. Erst als die verbliebenen Inselkämpfer, auf wenige Quadratkilometer zusammengedrängt, mit dem Rücken zum Meer standen, durften sie schließlich auf dem Seeweg abziehen – um, kaum auf dem Festland angelangt, von Feldmarschall Ferdinand Schörner mit markigen Worten empfangen zu werden: »Euer Heldenkampf wird ehrenvoll in die Geschichte eingehen. Eurer harren nach kurzen Tagen der Ruhe neue Aufgaben. Ihr werdet, gehärtet durch die Kampfzeit auf Ösel, weiter euren Mann stehen, wo immer ihr hingestellt werdet.«

In letzter Not dem Todeskampf entronnen, wurden die Überlebenden baldmöglichst zum nächsten Schlachtfeld beordert, wo sie ein mehr oder weniger aussichtsloser Abwehrkampf erwartete. Die überwiegende Mehrheit der Kurlandkrieger fügte sich auch in diesen Befehl, wenngleich die wenigsten von ihnen dies mit Begeisterung oder gar Todesverachtung taten. »Soweit man sich nun mit der Entwicklung der Kriegslage befasst«, las die Zensurstelle der an der Ostfront eingesetzten Heeresgruppe A im Herbst 1944 aus den Feldpostbriefen, »tritt eine erhebliche Kriegsmüdigkeit zutage. Eine Anzahl von Briefschreibern spricht davon, dass man das Soldatensein ›gründlich satthabe‹, jedoch sieht eine gleiche Masse von Männern mehr notgedrungen als begeistert ein, dass diese schwere Belastung von Heimat und Front durchgestanden werden müsse, wenn nicht alles verloren sein soll.«

Kampf bis in den Untergang

So lief die deutsche Militärmaschinerie weiter, ohne gravierende Stockungen, meist bis in den Untergang. Was brachte die Endkämpfer dazu, durchzuhalten, statt ihre Waffen zu strecken und sich zu ergeben, wie es etwa im Sommer 1918 Hunderttausende Soldaten aus ihrer Vätergeneration in einer ähnlich desolaten Kriegslage getan hatten? Wie kam es dazu, dass nun, anders als ein gutes Vierteljahrhundert zuvor, das Ringen kein Ende fand, obwohl bei nüchterner Betrachtung militärisch nichts mehr zu gewinnen war? Es gab damals weder Umfragen noch offene Meinungsäußerungen, die im Rückblick Aufschluss über die Mentalität in den behelmten Köpfen geben könnten. Und doch gibt es Indizien, die zumindest eine Tendenz der Anschauungen und Verhaltensweisen erkennen lassen. »Die physischen und psychischen Belastungen der Materialschlacht lassen den Soldaten nur noch an der Grenze des Menschenmöglichen seine Pflicht tun«, konstatierte ein Bericht der 10. Armee im Herbst 1944 in ungewöhnlicher Deutlichkeit. »Er kämpft, weil es befohlen ist und um sein nacktes Leben.« Nach jahrelangem Kampfeinsatz trat häufig pure Abstumpfung an die Stelle von Kriegsbegeisterung. Statt raumgreifender Vorstöße oder militärischer Siege hatten die »Landser« an vorderster Front vor allem das eigene Überleben im Sinn. Nicht hehre Ziele, sondern fast archaische Selbsterhaltungsinstinkte bestimmten zunehmend ihr Handeln. Angesichts der existenziellen Bedrohung verdichtete sich das Soldatendasein auf ein Duell um Leben und Tod.

Dieser tägliche Existenzkampf schweißte die Schulter an Schulter im Dreck liegenden Soldaten mehr zusammen als sämtliche Lehrformeln der Kriegskameradschaft. Das Zusammengehörigkeitsgefühl untereinander war vielen wichtiger als propagierte Leitwerte. Jeder war auf seinen Nachbarn angewiesen, um seine Haut zu retten. Aufgeben, überlaufen, desertieren, das wäre den meisten von ihnen wie ein Verrat an den Mitkämpfern erschienen. »Es war verwerflich, es war eine Schande, Fahnenflucht zu begehen«, beschreibt der damals 20-jährige Soldat Heinz Heidt die verbreitete Mentalität. »Das war uns schon frühzeitig eingeimpft worden, und das haben wir auch immer so empfunden. Lieber wollten wir in Ehren untergehen als in Schande davonlaufen.«

Die große Mehrheit der Soldaten stellte den Sinn eines Unternehmens schlichtweg nicht infrage, sie beugte sich dem, was der Befehl von ihnen verlangte. Der tägliche Überlebenskampf war ihnen zur Daseinsform geworden, überhöht durch die Indoktrination des Propagandaapparats, der den Überfall auf die Nachbarländer zu einem existenziellen Ringen der Kulturen erhoben hatte. Würden die feindlichen Mächte nicht geschlagen, käme dies dem Untergang der eigenen »Rasse« gleich, bekamen die Hakenkreuzzügler laufend eingebläut.

Doch selbst ohne einen solchen ideologischen Überbau sahen sich die Frontkämpfer gerade im Osten für den Fall ihres Scheiterns einer sehr realen Bedrohung ausgesetzt. Angeheizt durch gezielte Gräuelszenarien der Propaganda, bestärkt durch Meldungen von tatsächlichen Übergriffen, hegten die Soldaten schlimmste Befürchtungen für den Fall ihrer Gefangennahme. In manchen Stellungen hielten die Besatzungen die Abwehr – selbst bei zahlenmäßiger Unterlegenheit – schon allein deshalb aufrecht, weil sie mit einem kurzen Prozess rechneten, sobald sie in feindliche Hände geraten würden. Zumindest unterschwellig dürften solche Befürchtungen auch durch die Angst vor einer vermeintlichen Vergeltung für die sehr wohl registrierten deutschen Verbrechen genährt worden sein, wie es im Feldpostbrief eines Obergefreiten zum Ausdruck kam: »Es ist richtig, wir müssen den Krieg gewinnen, um nicht der Rache der Juden ausgeliefert zu sein.«

Selbst wenn die Männer an der Front nicht von der Angst um das eigene Dasein angetrieben wurden, so suchten viele von ihnen den Sinngehalt ihres Kriegseinsatzes in der Bedrohungslage. Auch wer an der Aussicht auf den viel beschworenen »Endsieg« zu zweifeln begann, konnte sein Durchhalten immer noch mit dem Schutz der eigenen Bevölkerung rechtfertigen. Wenn auch der Krieg militärisch verloren sein mochte, so glaubten sie, würde doch jeder Tag, der ihn verlängerte, dazu beitragen, Frauen, alte Menschen und Kinder in der Heimat vor der Drangsal durch die feindliche Armee bewahren oder ihre Flucht aus den deutschen Ostgebieten abschirmen. Dass sie damit einem Trugschluss aufsaßen, dass nämlich die Transportkapazitäten der Wehrmacht keineswegs primär zur Rettung von Zivilisten eingesetzt wurden und auch die Kriegsverlängerung letztlich eher zulasten der Bevölkerung ging, konnten die wenigsten ermessen.

> »Wir hatten weniger Leute, wesentlich weniger Panzer, wesentlich weniger Artillerie, kaum Luftwaffe, und trotzdem haben wir uns in den Boden gekrallt, haben gesagt, wir müssen hier unsere Heimat verteidigen.«
>
> *Klaus Mauelshagen, Leutnant*

Doch nicht allein Panik vor den erwarteten Reaktionen der Kriegsgegner trieb die Angehörigen der Wehrmacht bis zuletzt zu äußerster Entschlossenheit, sondern schlicht auch die Angst vor der eigenen Führung. »Gegen Marodeure und feige Drückeberger«, wie Wilhelm Keitel, Chef des Oberkommandos der Wehrmacht, im Herbst 1944 Befehlsverweigerer titulierte, »ist mit Standgerichten an Ort und Stelle schärfstens vorzugehen und angesichts der Soldaten sofort zur Abschreckung zu vollstrecken. Nur äußerste Rücksichtslosigkeit wird diesen die Heimat bedrohenden Verfall der Kriegsmoral aufhalten; durch Waffenanwendung in jeder Form muss hier aufgeräumt werden.«

Diese Vorgaben setzte die deutsche Militärjustiz gerade im letzten Kriegsjahr mit einer beispiellosen Unerbittlichkeit in die Tat um. Im Zuge der grassierenden Auflösungserscheinungen wurde die amtliche Kriegsgerichtsbarkeit der Wehrmacht zunehmend von Standgerichten und Feldjägerkommandos mit Erlaubnis zum sofortigen Waffengebrauch abgelöst. Eine ordnungsgemäße Klärung der Vorwürfe oder gar ein faires Gerichtsverfahren wurden vielfach durch Hinrichtungen im Schnellverfahren missachtet. Schätzungen zufolge wurden 30 000 Todesurteile gegen sogenannte »Defätisten« oder »Deserteure« verhängt – und bis zu 20 000 davon auch vollstreckt.

Gerade im Vergleich zum Ersten Weltkrieg, in dem etwa 150 deutsche Soldaten hingerichtet wurden, war die Abschreckung, ausgelöst durch eine blutige Militärjustiz, ein zunehmend bestim-

»Angst vor der eigenen Führung« – in den letzten Kriegsmonaten stieg die Zahl von »Standgerichten« stark an.

mendes Motiv für die Durchhaltebereitschaft der Soldaten. Die große Masse indes bedurfte solcher Druckmittel nicht. Sie fühlte sich dem Fahneneid verpflichtet, der seit 1934, als Hitler die Armee seinem Befehl unterstellte, auf den »Führer« persönlich abgeleistet wurde. Dies war eine bewusste Reminiszenz an das wilhelminische Reich, als die Soldaten auf den deutschen Kaiser vereidigt wurden. Dennoch gab es, was die Bindungswirkung des Eides betraf, einen gravierenden Unterschied zwischen den beiden Kriegen. Die formelle Bezugnahme der Eidesformel auf den Kaiser, der im Heer als eher schwache Figur galt, hielt ganze Heerscharen deutscher Soldaten 1918 nicht davon ab, ihre Waffen zu strecken. Mit dem Prestigeverlust der Monarchie war damals auch die Bereitschaft ihrer Uniformträger rapide gesunken, für deren Erhalt ihren Leib und ihr Leben dranzugeben.

> »Ich habe beobachtet, dass ein einzelner Landser von Richtung Front nach rückwärts ging. Schörner lief sofort auf den zu mit seiner Gruppe, es gab ein kurzes Gespräch. Dann gab er einem seiner Leute einen Befehl, der beauftragte einen anderen, der mit dem Landser in den Straßengraben ging und ihn erschossen hat.«
>
> *Heinz Drossel, Oberstleutnant im Kurland*

Im sechsten Jahr des Zweiten Weltkriegs hingegen war die Situation grundlegend anders. Besonders die jüngeren Jahrgänge, die von klein auf nichts anderes als den NS-Staat kennengelernt hatten, fühlten sich der charismatischen Führerfigur des »Dritten Reichs« und ihren Verheißungen in weitaus größerem Maße verbunden. Gegenüber amerikanischen Befragern zeigte sich Ende 1944 über die Hälfte der deutschen Kriegsgefangenen überzeugt, dass das »Dritte Reich« den Krieg noch gewinnen würde. Selbst hinter Stacheldraht bekundeten zwei Drittel der Internierten weiterhin Vertrauen in den »Führer«. Die Auswertung von Feldpostbriefen, die häufig einen beinahe pseudoreligiösen Wunderglauben bezeugen, bestätigt die nachhaltige Wirkung jahrelanger Indoktrination. »Als ich 1942 mein Examen als Offiziersanwärter bestand«, schildert der bei Kriegsende 19-jährige Leutnant Klaus Mauelshagen, »hatte ich Angst, dass der Krieg zu Ende geht, bevor ich selbst an die Front kommen würde. Als wir dann zum Einsatz kamen, hatten wir die Einstellung, dass wir uns bewähren, immer tapfer sein müssten. Bis zum Schluss haben wir an den ›Endsieg‹ geglaubt.«

Die Bannerträger des Regimes setzten alle verfügbaren Mittel ein, diesen Glauben zu schüren. Die »wehrgeistige Erziehung« der Soldaten durch eigens ausgebildete »nationalsozialistische Führungsoffiziere« (NSFO) sollte dazu beitragen, die Armee weltanschaulich »zu durchdringen«. Auch wenn diese Absicht oft mit der Wirklichkeit des Frontgeschehens kollidierte, machte sich in der Wehrmacht gegen Kriegsende doch eine Atmosphäre von linientreuer Anpassung und Kontrolle breit.

Die Macht des Regimes war niemals so umfassend wie in der Folgezeit des fehlgeschlagenen Attentats auf Hitler vom 20. Juli 1944. Als Ergebnis der wütenden Verfolgungswelle gegen die Verschwörer waren danach die mäßigenden Kräfte in der Armee weitgehend kaltgestellt – strafversetzt, verhaftet, hingerichtet. Schlüsselpositionen wurden nun bevorzugt mit loyalen Erfüllungsgehilfen besetzt. Ein Prototyp dieses neuen Partei-Soldatentums war Feldmarschall Ferdinand Schörner, der persönlich mit der politischen Ausrichtung des Heeres betraut wurde. »In Weltanschauungskämpfen ist die kämpferische Idee die entscheidende Waffe«, erklärte der oberste Politoffizier mit dem goldenen Parteiabzeichen der NSDAP in einer Denkschrift.

Das Primat der Ideologie prägte im Gegensatz zum Ersten Weltkrieg, als es immerhin noch ein gewähltes Parlament gab – wenngleich mit eingeschränkter Mitsprachemöglichkeit – das Handeln und Denken vieler Uniformträger. Der eigentliche Kern des Kampfes bestand nach dieser Weltanschauung in der Entscheidung zwischen Sieg oder Untergang. Dazwischen blieb kein Spielraum. Des Kampfes »würdig« war nur, wer ihn bis zum Äußersten führte. Wer unterlag, hatte sich dadurch als der Schwächere erwiesen, dem zu Recht der Untergang gebührte.

Fataler Haltebefehl

Weisung Adolf Hitlers vom 25. November 1944

Der »Führer« 1944 in seinem Privatflugzeug. Sein »Haltebefehl« kostete Zigtausende das Leben, Standgerichte waren an der Tagesordnung.

Der Krieg entscheidet über Sein oder Nichtsein des deutschen Volkes. Er fordert rücksichtslosen Einsatz jedes Einzelnen. Todesmutige Tapferkeit der Truppen, standhaftes Ausharren aller Dienstgrade und unbeugsame überlegene Führung haben auch aussichtslos erscheinende Lagen gemeistert.

Führer deutscher Soldaten kann nur sein, wer mit allen Kräften des Geistes, der Seele und des Körpers seinen Männern täglich die Forderungen vorlebt, die er an sie stellen muss. Tatkraft und Entschlussfreudigkeit, Charakterfestigkeit und Glaubensstärke und harte unbedingte Einsatzbereitschaft sind seine unerlässlichen Eigenschaften für den Kampf. Wer sie nicht oder nicht mehr besitzt, kann nicht Führer sein und hat abzutreten.

Ich befehle daher: Glaubt ein Truppenführer, der auf sich selbst gestellt ist, den Kampf aufgeben zu müssen, so hat er erst seine Offiziere, dann Unteroffiziere, danach die Mannschaft zu befragen, ob einer von ihnen den Auftrag erfüllen und den Kampf fortführen will. Ist dies der Fall, übergibt er diesem – ohne Rücksicht auf den Dienstgrad – die Befehlsgewalt und tritt selbst mit ein. Der neue Führer übernimmt das Kommando mit allen Rechten und Pflichten.

(gez.) Adolf Hitler ■

Begründet wurde dieses Alles-oder-nichts-Prinzip auch mit den Erfahrungen aus dem Ersten Weltkrieg. Viele Zeitgenossen, die ihn noch selbst an der Front oder von der Heimat aus erlebt hatten, waren im Rückblick der Ansicht, dass der Waffenstillstand vom November 1918, der zudem von Zivilpolitikern ausgehandelt worden war, das Heer seines noch möglichen Sieges beraubt hatte. Der Kampf bis zur letzten Patrone erschien in der Konsequenz als Frage der militärischen Ehre, die am Ende doch noch mit dem Sieg gekrönt werde. Daher konnte die Durchhalteparole »Wir kapitulieren nie«, die in bewusster Abgrenzung zum Kriegsende 1918 verbreitet wurde, auf fruchtbaren Boden fallen.

Auch die Einberufung von bislang noch nicht rekrutierten Hilfssoldaten – Jugendlichen, älteren Männern, Genesenden, Kampfuntüchtigen, im Rahmen des »Volkssturms« ab dem 18. Oktober 1944, dem 131. Jahrestag der Völkerschlacht von Leipzig – sollte den Eindruck einer letzten Kraftanstrengung des gesamten Volkes unterstreichen. Militärisch waren diese weitgehend kampfunerfahrenen Komparsen kaum ein Gewinn für die Armee. Die Verluste waren gleichwohl gewaltig. Von den rund 6 Millionen Einsatzpflichtigen kehrten etwa 175 000 nicht aus dem Krieg zurück.

> »Nur ganz wenige von denen waren radikale Jungs. Einer meiner Kameraden wurde von so einem getötet. Er war nicht darauf gefasst, auf einmal stand dieses Kind vor ihm und feuerte mit einer Panzerfaust – so ein fanatischer Hitlerjunge, dem man eingetrichtert hatte, er müsse seine Heimat verteidigen.« *Demetri »Dee« Paris, US-Panzersoldat*

Unterfüttert wurde der Glaube an den finalen Sieg trotz aussichtsloser Lage durch geschönte und in vieler Hinsicht übertriebene Erwartungen an den Erfolg neu entwickelter, sogenannter »Wunderwaffen«, die die Wende des Krieges noch erzwingen sollten. »Es war für uns durchaus schmerzlich, dass es an allen Fronten rückwärtsging«, erinnert sich Klaus Mauelshagen. »Trotzdem machten wir weiter, weil wir uns sagten: ›Jetzt erst recht!‹

Manchmal glaubt man auch an Wunder, und da hilft es einem dann, wenn man von der Entwicklung neuer Waffen hört und dass neue Divisionen mit diesen Waffen ausgerüstet würden. Das haben wir alles geglaubt, und das hat uns auch geholfen.«

Ein letzter Verzweiflungsschlag

Ähnlich manipulativ vermittelten die Meinungsmacher des Regimes auch die Realität des Kriegsverlaufs. Militärisch unbedeutende oder fragwürdige Gegenangriffe wurden zu kriegsentscheidenden Wendepunkten hochstilisiert. »Eure große Stunde hat geschlagen!«, verkündete die Führung der Westarmee am 16. Dezember 1944. »Starke Angriffsarmeen sind heute gegen den Anglo-Amerikaner angetreten.« In der Tat war die Wehrmacht im Westen wieder zum Angriff übergegangen, zum ersten Mal seit der Landung der Alliierten in der Normandie. Ähnlich wie gut 26 Jahre zuvor bei der »Michael«- Offensive, wurden alle verfügbaren Einheiten, teils sogar von der Ostfront weg, zu einem geballten Militärschlag zusammengezogen.

Hitlers letztes Aufgebot – Mitglieder der Hitlerjugend trainieren für ihren Einsatz im »Volkssturm«.

Dank des gelungenen Überraschungseffekts und vor allem des neblig-trüben Wetters, das die alliierte Luftwaffe lahmlegte, durchbrachen deutsche Panzereinheiten, von Walter Model als Chef der Heeresgruppe dirigiert, im tief verschneiten Ardennengebirge an der Grenze zu Belgien den an dieser Stelle schwachen amerikanischen Abwehrriegel und rieben zwei ganze US-Divisionen auf.

Die NS-Radiopropaganda vermeldete bereits »den raschen Zusammenbruch des alliierten Widerstands«.

Doch wie die Frühjahrsoffensive des Kaiserheeres 1918, so erwies sich auch der Angriff in den Ardennen als Verzweiflungsschlag, als Vabanquespiel ohne echte Gewinnchancen. Gerade der zügige Vormarsch in den ersten Tagen offenbarte die eklatanten Nachschub- und Versorgungsmängel – für Model, der als junger Generalstabsoffizier 1918 für die logistische Organisation seiner Division zuständig war, ein Déjà-vu-Erlebnis. Sobald die Westalliierten sich wieder formiert hatten und die Wetterverhältnisse den Einsatz der Luftwaffe zuließen, geriet das Angriffsunternehmen ins Stocken, das über 17 000 deutschen und beinahe 20 000 amerikanischen Soldaten das Leben kostete. Mitte Januar 1945 blieb den überlebenden Angreifern nur noch der Rückzug in ihre Ausgangsstellungen.

Aber anders als ihre Vorgänger im Ersten Weltkrieg, die nach militärischen Rückschlägen allmählich ein Bewusstsein für ihre Unterlegenheit entwickelt hatten, ließen sich Hitlers Truppenführer wie Model auch durch die verlorene Winterschlacht nicht in ihrer Entschlossenheit beirren, den von Goebbels ausgerufenen »totalen Krieg«, der nun im Osten wie im Westen auf deutschem Boden angekommen war, weiterzutreiben. Zwar zeugten weiße Bettlaken, oft in letzter Minute vor dem Einmarsch der Kriegsgegner aus dem Fenster gehängt, davon, wie sehr die Bevölkerung ein kampfloses Ende des Krieges erhoffte. Doch wo die Amtsträger des Regimes noch das Sagen hatten, ging das Durchhalten und Sterben ohne gravierende Verweigerungsquote weiter. Es war, als wüsste jeder im Grunde seines Herzens, dass dieser Krieg verloren war; kaum jemand wagte indes, sich offiziell zu diesem Eingeständnis zu bekennen, das zu jener Zeit einem Todesurteil gleichkommen konnte.

Wenn die Leitbilder der Propaganda von der Kriegswirklichkeit ad absurdum geführt wurden, war es oftmals zu spät. Die Januaroffensive der Roten Armee schnitt 1945 zweieinhalb Millionen Bewohner Ostpreußens von der Landverbindung ins deutsche Reich ab. Fluchtgedanken waren bis zuletzt wie Vaterlandsverrat geahndet worden. Jetzt blieb vielen Trecks nur noch der Ausweg über das zugefrorene Haff an der Ostseeküste zu den Transportschiffen, die einen Pendelverkehr aufrechterhielten. Doch Eis und Schnee, sowjetische Vorstöße, die einbrechende Eisdecke, Tiefflieger, Schiffskatastrophen, Hunger, Krankheiten und gewalttätige Übergriffe machten den großen Treck zu einer tödlichen Falle. Etwa 300 000 Menschen fanden auf ihrer verzweifelten Flucht Richtung Westen den Tod.

An der entgegengesetzten Front hatten die Alliierten bereits im Oktober 1944 deutschen Boden erreicht und den westlichen Vorposten des Reiches um Aachen erobert. Der Gegenschlag in den Ardennen und die natürliche Grenze, wie sie der Rhein seit Jahrhunderten darstellte, schienen den amerikanischen Angriffselan vorerst aufgehalten zu haben. Doch am 7. März 1945 gelang es US-Einheiten, die »Ludendorff«-Brücke bei Remagen, nachdem zuvor alle deutschen Sprengversuche fehlgeschlagen waren, beinahe unversehrt einzunehmen. »Die Brücke ist ihr Gewicht in Gold wert!«, triumphierte General Eisenhower, Oberbefehlshaber der alliierten

Der Marsch über das zugefrorene Haff endete für viele Flüchtlinge mit dem Tod.

Streitkräfte, nach dem Coup. Nun war die Schneise auch an jenem verbissen verteidigten Strom geschlagen, der das Reich ebenso wenig vor dem Angriff bewahren konnte wie zuvor der »Atlantikwall« den Kontinent. Nicht nur militärisch, vor allem psychologisch versetzte die Flussüberquerung bei Remagen den Deutschen einen Schock. Erstmals seit Napoleon hatten gegnerische Truppen den »Vater Rhein« überschritten, jenen mystischen Inbegriff des deutschen Nationalstolzes. In einer unmittelbaren Reaktion rief Hitler per Führererlass »fliegende Standgerichte« ins Leben, die auf Weisung ihres obersten Kriegsherrn umgehend das Urteil gegen vermeintlich »fahnenflüchtige« oder »feige« Soldaten vollstrecken durften – und zwar ungeachtet deren Dienstrangs. Erste Opfer dieser neuen Schnelljustiz wurden vier Offiziere, die willkürlich für den militärischen Dammbruch bei Remagen zur Verantwortung gezogen wurden.

US-Einheiten vor der Brücke von Remagen, links deutsche Soldaten auf dem Weg in die Gefangenschaft.

Mit der Rheinüberschreitung stand den Westalliierten das Tor in die Herzkammer des Landes offen. Mit dem Industrie- und Bergbaugebiet an Rhein und Ruhr war auch die weiterhin auf Hochtouren angeheizte Waffenschmiede des Hitler-Reiches bedroht. Zum Damoklesschwert der bevorstehenden Schlacht kamen für die Bevölkerung noch die häufigen Bombenangriffe. Obwohl Propagandaminister Joseph Goebbels, nun auch Beauftragter für den »totalen Kriegseinsatz«, sorgsam darauf bedacht war, gravierende Versorgungsengpässe zu vermeiden, um nicht wie schon im Ersten Weltkrieg einen Zusammenbruch der Moral an der »Heimatfront« zu beschwören, zeichneten sich deutliche Zermürbungserscheinungen ab.

»Zur Lage im Volke«

Geheimer Stimmungsbericht des Sicherheitsdienstes der SS, Ende März 1945

[...] Jeder Einzelne sieht sich seitdem vor die nackte Existenzfrage gestellt. Aus dieser Situation ergeben sich eine Reihe von Fragen, Erscheinungen und Verhaltensweisen, die das Verhältnis von Volk zu Führung und die Volksgemeinschaft in eine äußerste Zerreißprobe hineindrücken [...]

1. Niemand will den Krieg verlieren. Jeder hat sehnlichst gewünscht, dass wir ihn gewinnen.

2. Keiner glaubt mehr, dass wir siegen. Der bisher bewahrte Hoffnungsfunken ist am Auslöschen.

3. Wenn wir den Krieg verlieren, sind wir nach allgemeiner Überzeugung selber daran schuld, und zwar nicht der kleine Mann, sondern die Führung.

4. Das Volk hat kein Vertrauen zur Führung mehr. Es übt scharfe Kritik an der Partei, an bestimmten Führungspersonen und an der Propaganda.

5. Der Führer ist für Millionen der letzte Halt und die letzte Hoffnung, aber auch der Führer wird täglich stärker in die Vertrauensfrage und in die Kritik einbezogen.

6. Der Zweifel am Sinn des weiteren Kampfes zerfrisst die Einsatzbereitschaft, das Vertrauen der Volksgenossen zu sich selbst und untereinander. ■

Lagebesprechung im Hauptquartier der 9. Armee an der Oderfront im März 1945.

Besonders die oft heillos zusammengewürfelten Kampfeinheiten der Wehrmacht, mit ihren meist eilig in Uniform gesteckten Hilfssoldaten, wurden zwischen dem immensen Erwartungsdruck der »Durchhaltedoktrin« und den unzureichenden Mitteln, die sie erhielten, aufgerieben. Im Februar 1945 wurden dem Oberbefehlshaber West gerade einmal 67 neue Sturmgeschütze bewilligt. Generalfeldmarschall Albert Kesselring, der nach dem Remagen-Debakel die deutschen Truppen im Westen befehligte, registrierte bei den Soldaten einen »gefährlichen Zustand der Erschöpfung«: »Viele Offiziere waren Nervenbündel, andere krank, wieder andere unfähig.«

Diese Zeilen schrieb der Befehlshaber allerdings erst in der Rückschau, nach Kriegsende. Bis zum Einmarsch der Alliierten wurde jeder Anschein von Auflösungserscheinungen verbissen negiert. Wieder musste als Nothelfer Hitlers bewährter »Feuerwehrmann«, Generalfeldmarschall Walter Model, einspringen, um den Untergang noch aufzuhalten. Als Befehlshaber der letzten intakten Truppenansammlung im Westen sollte der viel gepriesene »Retter der Ostfront« die eklatanten Mängel durch energische Führung kompensieren.

> »Der Sieg der nationalsozialistischen Idee steht außer Zweifel, die Entscheidung liegt in unserer Hand!«
>
> *Tagesbefehl Walter Models vom 29. März 1945*

Der unkonventionelle Heerführer, der sich auch gerne mal bei seinen Soldaten in der Kampfzone blicken ließ, konnte immer noch auf die Bewunderung seiner Untergebenen zählen. Model agierte als versierter und ehrgeiziger Technokrat des Krieges. Wenn ihm eine Weisung unsinnig erschien – etwa der »Nerobefehl«, der die Zerstörung der wirtschaftlichen und militärischen Infrastruktur anordnete, damit die Alliierten nur »verbrannte Erde« vorfänden – dann umging er dessen Umsetzung selbstbewusst. Doch bei aller Forschheit gegenüber seinen Vorgesetzten einschließlich Hitler stellte Model seine Ergebenheit gegenüber der Staatsführung weiterhin nicht infrage. Ohne sich selbst, wie etwa Generalskollege Ferdinand Schörner, als politischen Soldaten zu verstehen, vermochte er sich den ideologischen Vorgaben des Regimes nicht zu entziehen. Aus seiner Durchhalterhetorik war zum Ende sogar noch eine fanatische Steigerung herauszulesen.

Am 23. März 1945 forderte der Heerführer von seinen auf aussichtslosem Posten ausharrenden Kämpfern, viele von ihnen Jugendliche oder ältere Männer des »Volkssturms«, »glühende Leidenschaft und unerbittliche Härte, Durchdrungenheit von einer Idee und fanatischen Einsatz«. Denn »wer selbst nicht mehr an den Sieg glaubt«, so ließ Model verlauten, »kann nicht mit der erforderlichen Härte und Todesverachtung kämpfen«.

Dabei gab es zu diesem Zeitpunkt für die Heeresgruppe im Ruhrgebiet kaum noch etwas zu kämpfen und schon gar nichts zu gewinnen. Seit Anfang April saßen drei deutsche Armeen mit 320 000 Mann – mehr als in Stalingrad – in der Falle, nach allen Seiten von US-Streitkräften umzingelt. Es blieb ihnen nur abzuwarten, bis Munition und Vorräte aufgebraucht waren. Eine Versorgung des »Ruhrkessels« lehnte Hitler ab, der in seinem Umfeld von seinem treuen General bereits in der Vergangenheit sprach: »Model war mein bester Feldmarschall.« Der solchermaßen bereits nach Walhall weggelobte Statthalter ließ sich indes nicht beirren. Trotz eindringlicher Appelle an seine Vernunft lehnte er zwei amerikanische Angebote einer »ehrenvollen Kapitulation« ab. Es schien seine Schlussfolgerung aus dem Kriegserlebnis im Jahr 1918 zu sein und eine Frage der Ehre: Deutsche Soldaten kapitulieren nicht, solange sie noch kämpfen können. Mit Hitler wusste er einen ehemaligen Kriegsteilnehmer an der Spitze des Staates, der in seiner Betrachtungsweise diesmal dem kämpfenden Heer nicht mit einem vorzeitigen Friedensschluss in den Rücken fallen würde. Diesem »Führer« hielt Walter Model die Nibelungentreue, auch als bei nüchterner Betrachtung eine Verlängerung des Krieges keinem anderen Zweck mehr diente als Hitlers Machterhalt.

Für die Wehrmacht kam sie einer Selbstvernichtung gleich. Allein im Jahr 1945 starben noch mehr als 1,2 Millionen deutsche

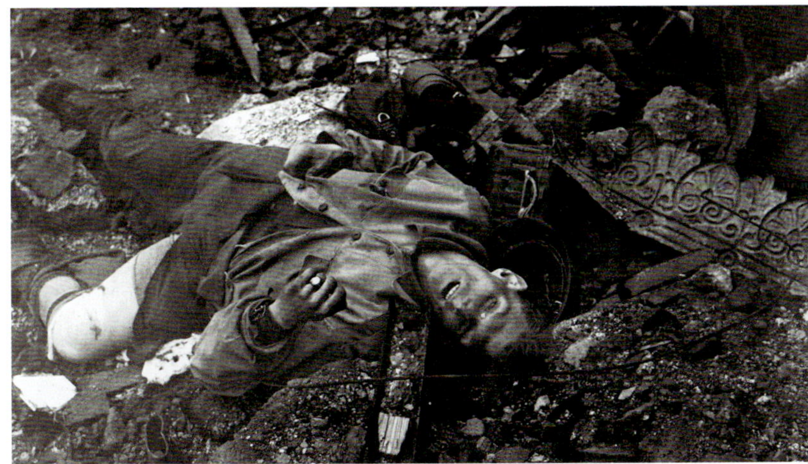

Die Zahl der Gefallenen schnellte in den letzten Wochen noch einmal nach oben.

Soldaten, im Schnitt mehr als 9000 pro Tag; die zivilen Verluste nicht mitgezählt. Jeder im Frühjahr 1945 neu eingesetzte deutsche Kämpfer hatte eine Überlebenschance von noch nicht einmal vier Wochen. Ohne seine Generäle hätte Hitler das Massensterben nicht so lange aufrechterhalten können.

> »Es war vollkommen klar, solange Hitler am Leben war, wird gekämpft. Wir waren uns bewusst, dass er niemals aufgeben würde.« *Bernd Freiherr Freytag von Loringhoven, Major im Führerhauptquartier*

Keiner der Heerführer, die ihre Posten bis zuletzt behielten, brachte den Mut auf, selbst im Angesicht des unausweichlichen Scheiterns, ihm die Gefolgschaft zu verweigern. Manchen war bewusst, wie sehr die Armee in die Verbrechen des Regimes verstrickt war, sodass sie es vorzogen, eher unterzugehen, als sich zu ergeben und damit zur Rechenschaft gezogen zu werden. Willige Krieger wie Model waren zudem bis zum Ende offenbar in einem Geflecht aus Gefolgschaftstreue und Selbsttäuschung befangen.

Kampf bis zur letzten Patrone

Ansprache Walter Models am 15. April 1945 bei der Auflösung der Heeresgruppe B

Meine Herren,

[...] in diesem Augeblicke, wo die Heeresgruppe zu bestehen aufgehört hat und ich nicht mehr als Ihr Vorgesetzter vor Ihnen stehe, möchte ich Ihnen die drei Wege aufzeigen, die es in der Situation, in der wir uns jetzt befinden, noch gibt. Zunächst besteht die Möglichkeit, sich zu den noch kämpfenden Truppen in Mitteldeutschland durchzuschlagen. [...]

Die zweite Möglichkeit ist die, zu der ich mich entschlossen habe, die Fortsetzung des Kampfes bis zur letzten Patrone [...]

Schließlich gibt es noch eine Lösung, die allerdings Geschmackssache ist, für diejenigen, die ihre Angehörigen in der Nähe haben. Ich brauche darüber nichts zu sagen, Sie werden auch so verstehen, was ich meine. Ich überlasse einem Jeden von Ihnen die Entscheidung, welchen Weg er gehen will.

Es lebe unser geliebtes Deutschland!

Leben Sie wohl meine Herren. ■

Anders als Walter Model – »ein Feldmarschall geht nicht in Gefangenschaft« – ergaben sich in den letzten Tagen viele Soldaten den Alliierten.

Erst nachdem Model die Heeresgruppe formal aufgelöst und seinen Oberbefehl niedergelegt hatte, schien allmählich die Erkenntnis zu dämmern, in den Dienst welches Trugbildes er sein soldatisches Können gestellt hatte. Nach dem Bericht seiner Adjutanten, die mit ihm bis zuletzt in einem Waldstück bei Duisburg campierten, habe Model erstmals Empörung über die politischen Verhältnisse verlauten lassen, als er die Radiopropaganda zu Hitlers Geburtstag am 20. April 1945 hörte, die von keinerlei Einsicht in die Aussichtslosigkeit der Lage getrübt war. In der Konsequenz sah der lang gediente Feldmarschall für sich nur noch einen Ausweg. Einen Tag später jagte er sich, abseits seiner Getreuen, eine Kugel aus seiner Dienstpistole in den Kopf. Buchstäblich bis zur letzten Patrone hatte er gekämpft – und damit den Tod von Hunderttausenden ihm anvertrauten Soldaten mitzuverantworten. Aufzugeben, das vertrug sich dennoch nicht mit seinem Ehrbegriff. Seinem Sohn hatte er in seinem Abschiedsbrief unmissverständlich erklärt: »Ein Feldmarschall geht nicht in Gefangenschaft.«

Das Ende

Eine gute Woche später, am 30. April, unternahm auch der oberste Kriegsherr nebst Gemahlin im Bunker unter der Neuen Reichskanzlei in Berlin die Flucht in den Selbstmord. »Ich selbst und meine Gattin wählen, um der Schande der Absetzung oder der Kapitulation zu entgehen, den Tod.« Mit dieser lapidaren Erklärung entzog sich Hitler, der durch seine Politik des aggressiven Nationalismus, mörderischen Rassenwahns und der totalitären Terrorherrschaft Millionen Menschen in den Tod getrieben hatte, seiner Verantwortung.

Großadmiral Karl Dönitz trat am 1. Mai 1945 die Nachfolge Hitlers als Reichspräsident sowie Oberbefehlshaber der Wehrmacht an und ließ nun die Bedingungen einer Teilkapitulation sondieren. Er wollte die Waffen strecken, aber nur vor den Westalliierten. An der Ostfront sollte so lange wie möglich weitergekämpft werden, um

Bernard Montgomery (links) empfängt die deutsche Delegation.

Wehrmachtssoldaten und Zivilisten die Flucht vor der Roten Armee zu ermöglichen. »Meine erste Aufgabe ist es, deutsche Menschen vor der Vernichtung durch den vordrängenden bolschewistischen Feind zu retten. Nur zu diesem Zweck geht der militärische Kampf weiter«, erklärte Dönitz in einer ersten Verlautbarung.

Weit musste Dönitz' Abgesandter, Generaladmiral Hans-Georg von Friedeburg, am 3. Mai 1945 nicht fahren, um einen Gesprächspartner zu treffen. In der Lüneburger Heide, fünfzig Kilometer südlich von Hamburg, hatte der britische Feldmarschall Bernard Montgomery sein Hauptquartier eingerichtet. Wie an allen anderen Fronten waren die Alliierten auch hier weit auf deutsches Reichsgebiet vorgedrungen und drängten die verbleibenden Wehrmachtstruppen in immer kleiner werdenden Enklaven zusammen. Zwischen den Alliierten war eigentlich vereinbart worden, keine Teilkapitulationen entgegenzunehmen. Alle Truppenverbände, die gegen die Rote Armee kämpften, sollten sich dieser auch ergeben. Trotzdem wagte Montgomery einen Alleingang. Er sagte von Friedeburg, dass er die Übergabe geschlossener Verbände ablehne, seine Truppen wohl aber die massenhafte »individuelle Kapitulation« der Deutschen hinnehmen würden. Einen Tag später unterzeichnete Hans-Georg von Friedeburg in einem Zelt in der Lüneburger Heide die erste Teilkapitulation der Wehrmacht in Deutschland. An der Front zwischen Berlin und Rostock gelang es durch dieses Abkommen, 350 000 deutsche Soldaten vor dem Tod in letzter Minute oder sowjetischer Gefangenschaft zu retten – im westlichen Mecklenburg suchten sie hinter den britischen Linien Zuflucht. Insgesamt gelangten so in der ersten Maiwoche noch rund 1,8 Millionen Menschen, darunter die Hälfte der über zwei Millionen verbliebenen Ostfrontsoldaten, auf das von den Westalliierten eroberte Territorium.

General Dwight D. Eisenhower, der Oberbefehlshaber der Alliierten Expeditionsstreitkräfte in Europa, war indes demonstrativ darauf bedacht, alle Absprachen mit den sowjetischen Verbündeten strikt einzuhalten. Er wollte keine teilweise, sondern die sofortige und gleichzeitige Kapitulation der Wehrmacht an allen Fronten. Am 6. Mai 1945 entsandte Dönitz den vormaligen »persönlichen Stabschef« Adolf Hitlers, Generaloberst Alfred Jodl, zu Eisenhower nach Reims. Hitlers Handlanger trat dort mit weitreichenden Forderungen auf, die jedoch allesamt zurückgewiesen wurden. Am 7. Mai, um 2 Uhr 41 deutscher Sommerzeit, war es dann so weit: Jodl unterzeichnete das entscheidende Dokument zur Beendigung des Krieges in Europa: Am 9. Mai, von 0 Uhr 1 an, sollten die Waffen schweigen.

Aus Rücksicht auf die verbündeten Sowjets wurde die Zeremonie für die Weltöffentlichkeit noch einmal in Berlin wiederholt. Den Vertretern der alliierten Siegermächte saß im Kasino der Pionierschule in Berlin-Karlshorst Generalfeldmarschall Wilhelm Keitel, Chef des Oberkommandos der Wehrmacht, gegenüber. Marschall Schukow, Sieger der Schlacht um Berlin, führte die Regie. Ohne die Deutschen anzusehen, ließ er seinen Dolmetscher fragen, ob sich die Wehrmachtsdelegation mit dem Wortlaut der Urkunde, die sie unterzeichnen sollten, vertraut gemacht hätten.

Wilhelm Keitel bei der Unterzeichnung der bedingungslosen Kapitulation, 9. Mai 1945.

Keitel bejahte. Nun folgte die alles entscheidende Frage: »Sind die Vertreter des Oberkommandos der Wehrmacht einverstanden, die Urkunde über eine totale und bedingungslose Kapitulation zu unterzeichnen?« – »Jawohl«, antwortete Keitel.

Nach deutscher Sommerzeit war es bereits 0 Uhr 16 am 9. Mai, als die Füllfederhalter über das Papier der Kapitulationserklärung kratzten – die Vertreter der Siegermächte unterschrieben zuerst. Der sowjetische Kriegsberichterstatter Konstantin Simonow beobachtete die deutsche Delegation in diesem entscheidenden Moment: »Während sie unterschreiben, verändert sich Keitels Gesicht schrecklich. In Erwartung der Sekunde, da er an der Reihe ist, zur Feder zu greifen, sitzt er steif und starr da; der Offizier, der in strammer Haltung, die Hände an der Hosennaht, hinter einem Sessel steht, weint, ohne dass sich in seinem Gesicht ein Muskel regt. Keitel sitzt gerade da, dann streckt er die Hände aus und ballt sie auf dem Tisch zu Fäusten. Den Kopf legt er immer weiter zurück, als wolle er die Tränen, die hinter den Lidern hervorzubrechen drohen, nach hinten drängen.«

Als Keitel an der Reihe war, bemühte sich niemand, ihm die Urkunde vorzulegen. Barsch befahl Schukow: »Sie müssen zum Unterschreiben schon herkommen.« Keitel erhob sich notgedrungen und nahm an der schmalen Seite des Tisches, an dem die Vertreter der Siegermächte saßen, Platz. Dann unterschrieb auch er – in fünffacher Ausfertigung. Damit hatte er seine Schuldigkeit getan. Mit der kargen Anweisung: »Die deutsche Delegation kann den Saal verlassen«, beendete Schukow die Zeremonie. Der Krieg, der Europa in Schutt und Asche gelegt und 40 Millionen Europäer das Leben gekostet hatte, war damit offiziell beendet.

Das Deutsche Reich war besiegt, besetzt, zerstört, das Gebiet bereits unter den Siegermächten aufgeteilt. Deutsche hatten diesen Krieg begonnen und gestützt auf die mit Waffengewalt errichtete Gewaltherrschaft – einen unvorstellbaren Völkermord begangen, dem sechs Millionen Verfemte, vor allem Juden, zum Opfer gefallen waren. Zerstörung, Hunger, Willkür und Elend beherrschten die Atmosphäre in der Stadt, in der zum Anbruch des 9. Mai 1945 der Krieg in Europa beendet wurde. Als Folge des so verlustreichen »Endkampfes« war die Niederlage der Wehrmacht derart vernichtend und augenscheinlich ausgefallen, dass dieses Mal kaum noch ein Zeitgenosse an der Berechtigung einer Kapitulation zweifeln konnte. Anders als 27 Jahre zuvor war für alle Überlebenden mit Händen zu greifen, in welche verheerende Katastrophe dieser Feldzug geführt hatte.

Ein ganzes Land in Trümmern – amerikanische Soldaten im zerstörten Harzstädtchen Osterode.

Erst jetzt, als alles verloren war, dämmerte es den Menschen, dass es ein fataler Irrweg gewesen war, das grauenvolle Massensterben des Ersten Weltkriegs – und auch den Makel der alleinigen Kriegsschuld – durch eine weitaus vernichtendere Völkerschlacht revidieren zu wollen.

BEFREIUNG

Für Hitler war der Krieg nicht nur sein eigentliches Staatsziel, er war auch Selbstzweck, und der Überlebenskampf das Gesetz jeder Existenz. Der Wahn eines Usurpators, für den es nur ein Entweder-oder gab: Siegen oder Untergehen. Er fand genügend Generäle, die ihm folgten. Millionen von Soldaten wurden nicht gefragt, ebenso wenig die Zivilbevölkerung. Als sich die Wehrmacht nach dem Selbstmord des Tyrannen ergeben musste, waren die meisten Deutschen subjektiv nicht in der Lage, sich auf einmal als »Befreite« zu empfinden. Das galt nur für eine Minderheit – die Opfer und die Opponenten des Regimes. Die Mehrheit aber sah den 8. Mai als Stichtag des Zusammenbruchs, der Niederlage. Denn sie hatten sich nicht selbst von Hitler trennen können, vielfach gar nicht wollen, hatten es den Alliierten überlassen müssen, die besetzten Länder und am Ende Deutschland von den Nazis zu befreien.

Was die Deutschen anging, fühlten sich die Alliierten, wenigstens im Westen, damals subjektiv ohnedies nicht als Befreier. Die im Osten waren es nicht einmal objektiv. General Dwight Eisenhower hatte es im Frühjahr 1945 noch einmal bekräftigt: Die US-Armee, so sagte er, wolle nicht das deutsche Volk befreien, und schon gar nicht von sich selbst – sie komme als Siegermacht. Die Geschichte aber ist imstande, wenngleich manchmal erst nach Jahren, subjektive Meinungen, Gefühle und Empfindungen von Zeitgenossen souverän zu überwinden und das Gegenteil zu überliefern. Objektiv gesehen, sagt uns die Geschichte heute, war es eine wirkliche Befreiung. In Deutschland hat es nach dem Krieg einige Zeit gedauert, bis diese Erkenntnis sich durchsetzte. Zu sehr hatten viele Deutsche zunächst mit ihrem eigenen Schicksal zu kämpfen. Für viele war der 8. Mai zudem nicht End- oder Wendepunkt ihrer per-

◂ Amerikanische GIs mit Kindern, 1945.

sönlichen Leidensgeschichte, sondern erst ihr Beginn. Von den über 11 Millionen deutschen Soldaten, die sich bei Kriegsende in Lagern der Anti-Hitler-Koalition befanden, geriet die Mehrheit erst nach der Kapitulation in Gefangenschaft. Die letzten von ihnen kehrten erst 1956 aus den sibirischen Lagern heim. Mehr als 12 Millionen Deutsche verloren damals durch Flucht und Vertreibung ihre Heimat, fast zwei Millionen von ihnen verloren ihr Leben.

Noch heute fühlen manche Deutsche beim Gedenken an das Kriegsende inneren Zweifel und Zwiespalt. War der 8. Mai ein Tag der Befreiung oder der Niederlage? In seiner Rede zum 40. Jahrestag der Kapitulation hat Bundespräsident Richard von Weizsäcker diese Frage in einer weithin akzeptierten Formel beantwortet: »Der 8. Mai war ein Tag der Befreiung. Er hat uns alle befreit von dem menschenverachtenden System der nationalsozialistischen Gewaltherrschaft. Niemand wird um dieser Befreiung willen vergessen, welche schwere Leiden für viele Menschen mit dem 8. Mai erst begannen und danach folgten. Aber wir dürfen nicht im Ende des Krieges die Ursache für Flucht, Vertreibung und Unfreiheit sehen. Sie liegt vielmehr in seinem Anfang und im Beginn jener Gewaltherrschaft, die zum Krieg führte.«

1945 aber fanden jene, die das schreckliche Geschehen überlebten, weder Zeit für Reflexionen noch für Tränen. Nichts als weiter überleben wollten sie. Noch Hunderttausende verhungerten in diesem Jahr – gefangene Soldaten, Greise, Kranke. Konrad Adenauer sah das Volk »zugrunde gehen, langsam, aber sicher«. Doch der Alte aus Rhöndorf hatte seine Deutschen unterschätzt. Sie streckten Leberwurst mit Holz, bückten sich nach Ami-Kippen, fälschten Fragebögen, tauschten Silber gegen Butter, schlugen wegen Brennholz Wälder kahl und schneiderten aus Fahnentüchern Blusen.

War es eine »Stunde null«? Ganz sicher nicht, es gab genügend Kontinuitäten, um den scheinbaren Stillstand des Geschehens einzubetten in das Vorher und das Nachher. Was da aus Ruinen auferstand, war nicht das Deutschland von morgen, sondern erst mal das von vorgestern: Die Überlebenden der ersten Republik, die Veteranen Weimars, standen auf und packten an, in allen Zonen des besetzten Landes. Doch bald wurde Deutschland mehr und mehr zum Schauplatz des ideologischen und machtpolitischen Konflikts zwischen Ost und West – mit den Hauptkontrahenten Sowjetunion und USA. Es stellte sich heraus, dass der Pakt zwischen den Westalliierten und Moskau vor allem ein Zweckbündnis zur Bekämpfung Hitler-Deutschlands gewesen war. Nach dessen Niederlage trat der Gegensatz offen zutage. Bundesrepublik und DDR waren Schöpfungen des Kalten Krieges. Nachdem im Dezember 1947 die Londoner Außenministerkonferenz scheiterte, verfolgten USA, Großbritannien und bald auch Frankreich mit allem Nachdruck einen neuen Kurs Richtung Weststaat. Der Osten reagierte prompt: Als im Herbst 1948 klar war, dass sich der Parlamentarische Rat in Bonn nicht von seiner Verfassungsarbeit abbringen lassen würde, erarbeitete der Volksrat in Ostberlin demonstrativ einen eigenen Verfassungsentwurf. Diese beiden Entscheidungen zementierten die deutsche Teilung. Mehr als vier Jahrzehnte war das zweigeteilte Europa auch so etwas wie die späte Rache Adolf Hitlers. Beide deutsche Staaten wurden an der Nahtstelle der Blöcke atomare Geiseln ihrer jeweiligen Vormacht, das potenzielle Schlachtfeld eines nuklearen Holocaust.

Die Teilung wurde von einigen als eine Art Strafe der Geschichte angesehen, für die Untaten des Nazireiches. Dabei war die Teilung in erster Linie nicht die Folge verbrecherischer Politik sondern des dualen Weltsystems – wie in Vietnam, wie in Korea. Seit Hiroshima wissen wir: Die Menschheit ist imstande, technisch wie moralisch, sich selbst auszulöschen. Doch die Angst der Menschen vor der kollektiven Selbstvernichtung hat letztlich im Kalten Krieg den Frieden auch stabiler gemacht. Eine Zeit des Friedens, geschaffen nicht durch menschliche Vernunft, sondern auch durch die Angst vor der Bombe. Dass der Kalte Krieg am Ende überwunden wurde und Deutschland 1989 / 90 vereint und frei geworden ist, ist ein Glück, eine Gnade der Geschichte. Ob wir sie verdienen, muss sich erst noch zeigen.

▶ Riesiges Ruinenfeld – die Überreste der Dresdener Altstadt im März 1945.

ANHANG

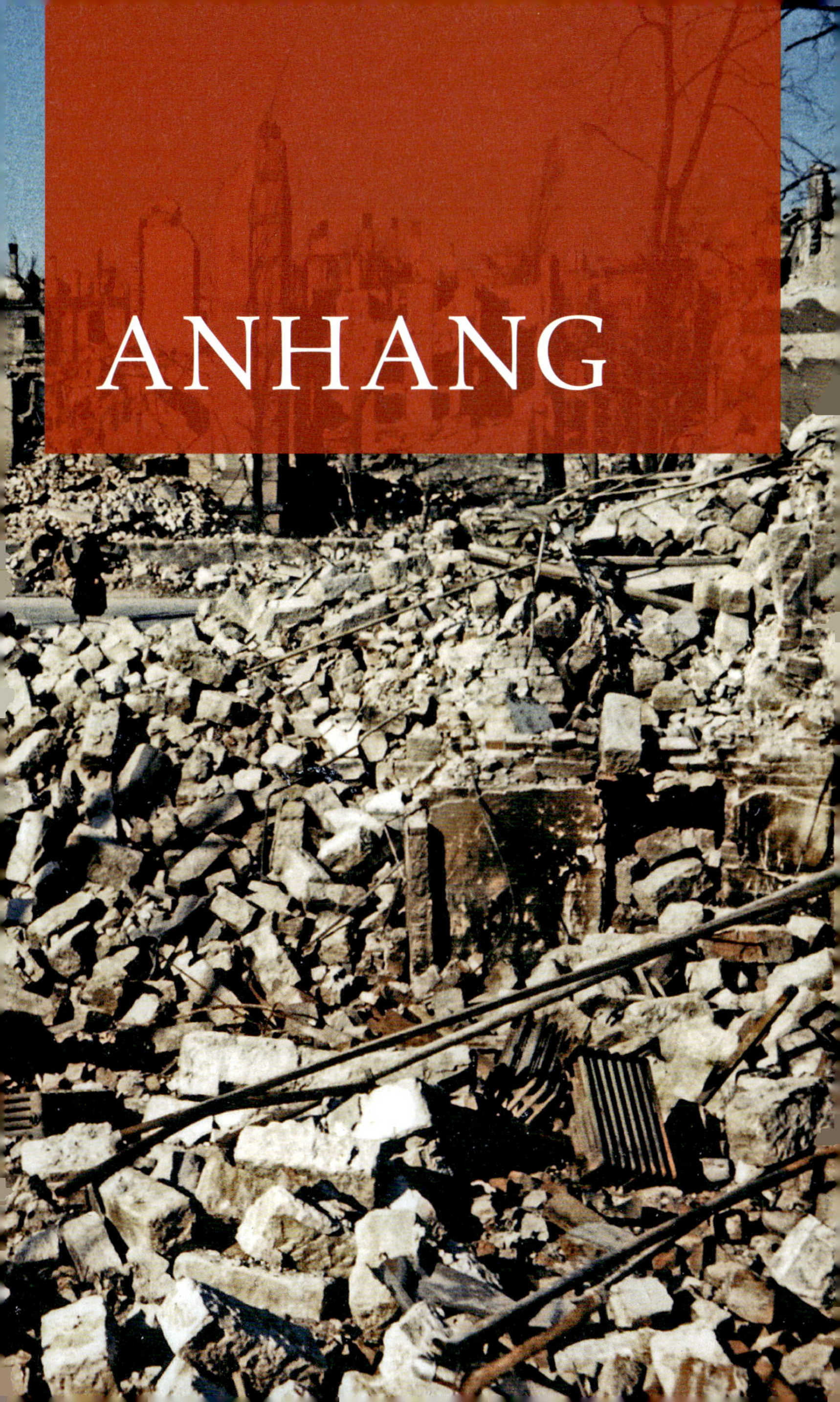

Datum	Ort	Ereignis
1914		Tödliches Attentat auf den österreichischen Thronfolger Erzherzog Franz Ferdinand und seine Gemahlin. Der Vorfall vom 28. Juni setzt eine verheerende Kettenreaktion in Gang, die direkt in den Ersten Weltkrieg mündet. ◄ Im Bild der Thronfolger (links) sowie der deutsche Kaiser
23. Juli	**Wien**	Auf 48 Stunden befristetes Ultimatum Österreich-Ungarns an Serbien
28. Juli	**Wien**	Österreich-Ungarn erklärt Serbien den Krieg
30. Juli	**Russland**	Generalmobilmachung
1. August	**Deutsches Reich**	Generalmobilmachung und Kriegserklärung an Russland
3. August	**Berlin**	Kriegserklärung an Frankreich
3. August	**Belgien**	Deutsche Truppen marschieren im neutralen Belgien ein
4. August	**Berlin**	Rede Kaiser Wilhelms II. an das deutsche Volk. Im Reichstag einigen sich die politischen Parteien auf einen »Burgfrieden« und die Gewährung von Kriegsanleihen
5. August	**London**	Kriegserklärung Großbritanniens an das Deutsche Reich
6. August	**Lüttich**	Erster Luftangriff des Ersten Weltkriegs; die von einem deutschen Zeppelin abgeworfenen Bomben töten neun Menschen
26. August	**Ostpreußen**	Beginn der Schlacht bei Tannenberg

Datum	Ort	Ereignis
5. September	**Frankreich**	Beginn der Schlacht an der Marne
9. September	**Frankreich**	Die deutschen Truppen werden an der Marne gestoppt und ziehen sich in Stellungen an der Aisne zurück
14. September	**Berlin (?)**	Helmuth von Moltke wird als Generalstabschef abgesetzt
20. Oktober	**Flandern**	Beginn der ersten Flandern-Schlacht bei Ypern
2. November	**London**	Großbritannien verhängt eine Seeblockade gegen das Deutsche Reich
10. November	**Langemarck**	Bei Langemarck finden 2000 deutsche Kriegsfreiwillige beim Sturm auf feindliche Stellungen den Tod
24. Dezember	**bei Ypern**	Verbrüderungen von deutschen und britischen Soldaten, sogenannter »Weihnachtsfrieden«

1915

Am 19. Januar fliegt die deutsche Luftwaffe den ersten Bombenangriff auf London – ein einschneidender Vorfall, der weit über den Ersten Weltkrieg hinausreichte.

◀ Mit solchen »Horchapparaten« versuchten die Alliierten, feindliche Flugzeuge zu orten.

Datum	Ort	Ereignis
7. Februar	**Ostpreußen**	Beginn der Winterschlacht in Masuren, in deren Verlauf die russischen Truppen aus Ostpreußen gedrängt werden

Datum	Ort	Ereignis
16. Februar	**bei Reims**	Beginn einer britisch-französischen Großoffensive in der Champagne, die Ende März ergebnislos abgebrochen wird
22. Februar	**Atlantik**	Beginn des U-Boot-Kriegs gegen Handelsschiffe durch die deutsche Marine
22. April	**bei Ypern**	Erster Einsatz von Giftgas durch deutsche Truppen während einer Offensive in Flandern
7. Mai	**Atlantik**	Versenkung des britischen Passagierschiffes »Lusitania« durch ein deutsches U-Boot, 1200 Tote
18. September		Einschränkung des deutschen U-Boot-Handelskriegs
22. September	**Champagne**	Die Entente startet eine Herbstoffensive in der Champagne, die nach sechs Wochen abgebrochen wird

1916

Am 21. Februar beginnt die Schlacht bei Verdun – bis heute Symbol des Grauens in den Schützengräben.

◀ Symbolträchtiges Bild der Apokalypse – beschädigte Christusstatue nahe der Schlachtfelder von Verdun

Datum	Ort	Ereignis
25. Februar	**Paris**	General Henri Philippe Pétain wird Oberbefehlshaber der französischen Truppen bei Verdun
31. Mai	**Nordsee**	Britisch-deutsche Seeschlacht am Skagerrak

Datum	Ort	Ereignis
1. Juni	**Fort Vaux**	Beginn des deutschen Großangriffs auf Fort Vaux
4. Juni	**Galizien**	Beginn der sogenannten Brussilow-Offensive an der Ostfront, in deren Verlauf russische Truppen große Geländegewinne erzielen können
24. Juni	**Nordfrankreich**	Schlacht an der Somme – sie wird die verlustreichste des Krieges
29. August	**Berlin**	Paul von Hindenburg und Erich Ludendorff übernehmen die Oberste Heeresleitung
15. September	**Nordfrankreich**	Erster Einsatz britischer Tanks an der Somme
2. November	**Fort Vaux**	Räumung des Forts durch deutsche Truppen
18. November	**Nordfrankreich**	Einstellung der Kämpfe an der Somme ohne strategisch bedeutsame Durchbrüche
12. Dezember	**Berlin**	Friedensangebot der Mittelmächte

1917

Am 7. November beginnt in St. Petersburg die »Oktoberrevolution« – der Zar wird gestürzt, die Bolschewisten unter Lenin übernehmen die Macht.

◄ Zar Nikolaus II. mit seiner Familie

Datum	Ort	Ereignis
1. Februar	**Atlantik**	Wiederaufnahme des uneingeschränkten U-Boot-Kriegs durch die deutsche Kriegsmarine

Datum	Ort	Ereignis
25. Februar	**Atlantik**	Ein deutsches U-Boot versenkt das britische Passagierschiff »Laconia«
März	**Nordfrankreich**	Beginn der Rückverlagerung deutscher Truppen in das ab 1916 ausgebaute Verteidigungssystem der »Siegfriedstellung«
6. April	**Washington**	Kriegserklärung der USA an das Deutsche Reich
6. April	**Nordfrankreich**	Beginn einer französischen Offensive an der Aisne; bis zu ihrer Einstellung Ende Mai kann wieder kein entscheidender Durchbruch erzielt werden
6. April	**Gotha**	Gründung der Unabhängigen Sozialdemokratischen Partei Deutschlands (USPD)
9. April	**Deutsches Reich**	Der russische Revolutionär Wladimir Iljitsch Lenin wird mithilfe der deutschen Führung aus dem Schweizer Exil per Zug nach Russland geschleust
26. Juni	**St.-Nazaire**	Die ersten US-Soldaten betreten europäischen Boden
13. Juli	**Berlin**	Reichskanzler Bethmann-Hollweg reicht seinen Rücktritt ein; Nachfolger wird Georg Michaelis
17. Juli	**London**	Der britische König Georg V. ändert den Namen seines Hauses von »Sachsen-Coburg-Gotha« in »Windsor«
5. August	**Wilhelmshaven**	Erste Meutereien in der deutschen Hochseeflotte
1. November	**Berlin**	Georg Graf von Hertling wird neuer Reichskanzler

Datum	Ort	Ereignis
20. November	**bei Cambrai**	Erster Masseneinsatz von Panzern durch die Briten
15. Dezember	**Brest-Litowsk**	Unterzeichnung eines deutsch-russischen Waffenstillstands

1918

Am 11. November gehen die Waffenstillstandsverhandlungen zwischen Deutschland und der Entente im Wald von Compiègne zu Ende.

◀ Unterzeichnung des Waffenstillstandsvertrags, der später als »Schandvertrag« von Versailles den Weg in den Zweiten Weltkrieg bereiten sollte

Datum	Ort	Ereignis
8. Januar	**Washington**	US-Präsident Wilson legt ein 14-Punkte-Friedensprogramm vor, die Reichsregierung lehnt ab
28. Januar	**Berlin**	Unter dem Motto »Frieden und Brot!« beginnen in der Hauptstadt Massenstreiks in der deutschen Industrie, die bald auf das ganze Reich ausstrahlen
3. März	**Brest-Litowsk**	Unterzeichnung eines Friedensvertrags zwischen Deutschland und Russland, das große Gebietsverluste hinnehmen muss
8. März	**Bad Kreunach / Spa**	Die Oberste Heeresleitung verlegt ihr Hauptquartier von Kreuznach ins belgische Spa
21. März	**Nordfrankreich**	Beginn der deutschen Frühjahrsoffensive in der Picardie
21. April	**Vaux-sur-Somme**	Der »Rote Baron«, Manfred von Richthofen, kommt bei einem Luftgefecht ums Leben

Datum	Ort	Ereignis
16. Mai	**Berlin**	Das Kriegsernährungsamt kürzt die Brotration auf 150 Gramm pro Person und Tag
27. Mai	**Nordfrankreich**	Beginn einer weiteren deutschen Offensive an der Westfront am Chemin des Dames
18. Juli	**Nordfrankreich**	Beginn der alliierten Gegenoffensive unter Marschall Foch
8. August	**bei Amiens**	Beginn der Schlacht bei Amiens, der »schwarze Tag des deutschen Heeres«
14. August	**Spa (?)**	In einer Besprechung mit Wilhelm II. und dem österreichischen Kaiser Karl I. bezeichnet die OHL die Fortführung des Krieges als »aussichtslos«
28. August	**Nordfrankreich**	Die deutschen Verbände werden in die »Siegfriedstellung« zurückverlegt
27. September	**Nordfrankreich**	Britische Verbände durchbrechen erstmals die »Siegfriedstellung«
29. September	**Spa**	Ludendorff fordert umgehende Waffenstillstandsverhandlungen auf Basis des 14-Punkte-Programms Wilsons sowie die Einsetzung einer parlamentarischen Regierung
3. Oktober	**Berlin**	Wilhelm II. ernennt Max von Baden zum Reichskanzler
26. Oktober	**Spa / Berlin**	Ludendorff wird als Chef der OHL entlassen
28. Oktober	**Wilhelmshaven**	Meuterei unter Matrosen der Hochseeflotte in Wilhelmshaven, die sich weigern, zu einem letzten »ehrenvollen Gefecht« auszulaufen

Datum	Ort	Ereignis
3. November	**Kiel**	Beginn des bewaffneten Matrosenaufstands
4. November	**Kiel**	Der erste »Arbeiter- und Soldatenrat« übernimmt die Macht, der Aufstand breitet sich auf andere Städte aus
9. November	**Berlin**	Revolution und Generalstreik; Reichskanzler Max von Baden verkündet die Abdankung von Kaiser Wilhelm II., Ausrufung der demokratischen Republik durch Philipp Scheidemann (SPD) und der sozialistischen Räterepublik durch Karl Liebknecht
10. November	**Berlin**	Wilhelm II. geht ins holländische Exil
10. November	**Berlin**	Bildung des Rats der Volksbeauftragten unter Friedrich Ebert (SPD) als provisorische Regierung
30. Dezember	**Berlin**	Gründung der Kommunistischen Partei Deutschlands (KPD)

1919

Am 15. Januar werden die KPD-Führer Karl Liebknecht und Rosa Luxemburg ermordet.

◀ In der DDR gedachten später Zehntausende, wie hier 1951, der Ermordung der beiden Kommunisten.

Datum	Ort	Ereignis
5. Januar	**München**	Gründung der antisemitischen Deutschen Arbeiterpartei (DAP), der späteren NSDAP
18. Januar	**Paris**	Beginn der Friedenskonferenz unter Ausschluss von Deutschland und seiner Verbündeten

Datum	Ort	Ereignis
19. Januar	**Deutschland**	Wahlen zur verfassunggebenden Nationalversammlung
25. Januar	**Paris**	Gründung des Völkerbunds durch die Alliierten unter Ausschluss der ehemaligen Feindstaaten
6. Februar	**Weimar**	Eröffnung der Nationalversammlung
11. Februar	**Weimar**	Friedrich Ebert wird zum Reichspräsidenten gewählt
16. Februar		Verlängerung des Waffenstillstands zwischen dem Deutschen Reich und den Entente-Staaten auf unbestimmte Zeit
27. Februar	**Weimar**	Die Nationalversammlung beschließt das Gesetz über die Bildung einer Vorläufigen Reichswehr
3. März	**Berlin**	Beginn der »Märzunruhen«; 1200 Menschen verlieren ihr Leben
7. April	**München**	Ausrufung der Münchner Räterepublik
2. Mai	**München**	Niederschlagung der Münchner Räterepublik durch rechte Freikorps
7. Mai	**Versailles**	Übergabe des Entwufs für den Versailler Vertrag an die Delegierten des Deutschen Reichs. Es muss die alleinige Kriegsschuld anerkennen, seine Kolonien aufgeben und weite Teile seines Staatsgebiets abtreten. Das linke Rheinufer soll militärisch geräumt und von den Alliierten besetzt werden. Die geforderten Reparationszahlungen übersteigen alle Befürchtungen.

Datum	Ort	Ereignis
28. Juni	**Versailles**	Die Reichsregierung nimmt den Versailler Vertrag unter Protest an, da sie im Fall einer Weigerung eine militärische Intervention der Alliierten fürchtet.
31. Juli	**Weimar**	Verabschiedung der Weimarer Reichsverfassung durch die Nationalversammlung
19. Oktober	**München**	Adolf Hitler beantragt die Aufnahme in die DAP
18. November	**Berlin**	Vor einem Untersuchungsausschuss des Reichstags äußert Hindenburg, die deutsche Armee sei nicht besiegt, sondern von hinten »erdolcht« worden – die Dolchstoßlegende war geboren.

1920

Hitler verkündet am 24. Februar in München das 25-Punkte-Programm der NSDAP, das u.a. die Aufhebung des Versailler Vertrags und die Aberkennung der deutschen Staatsbürgerschaft für Juden beinhaltet.

◀ Die NSDAP auf Wahlkampftour, Hitler Zweiter von links

Datum	Ort	Ereignis
13. März	**Berlin**	Beginn des Kapp-Lüttwitz-Putsches, der nach Ausrufung eines Generalstreiks nach vier Tagen scheitert
6. Juni	**Deutschland**	Erste Reichstagswahlen in der Weimarer Republik
27. Oktober		Die alliierten Staaten beschließen die Errichtung der Freien Stadt Danzig

Datum	Ort	Ereignis
1921		Ermordung des ehemaligen Reichsministers Matthias Erzberger (Zentrum) am 26. August ◀ Matthias Erzberger, einer der Unterzeichner des Versailler Vertrages
29. Januar	**Paris**	Die Alliierten setzen die deutschen Reparationszahlungen auf 226 Milliarden Goldmark fest, gestreckt auf 42 Jahre
27. April		Die alliierte Reparationskommission modifiziert die Zahlungsforderungen: Das Deutsche Reich soll 132 Milliarden Goldmark in 66 Jahresraten zahlen
11. Mai	**Berlin**	Annahme des Zahlungsplans, Beginn der »Erfüllungspolitik«: Die Auflagen sollen erfüllt werden, um ihre Unerfüllbarkeit zu zeigen
29. Juli	**(?)**	Hitler wird zum Vorsitzenden der NSDAP mit diktatorischen Vollmachten berufen
1922		Auf Vorschlag Lenins wird Josef W. Stalin am 3. April in Moskau zum neuen Generalsekretär des ZK der Kommunistischen Partei Russlands gewählt. ◀ Lenin (links) und Stalin
16. April	**Rapallo**	Mit dem Vertrag von Rapallo nehmen Deutschland und Sowjetrussland diplomatische Beziehungen auf

Datum	Ort	Ereignis
24. Juni	**Berlin**	Ermordung von Reichsaußenminister Walther Rathenau durch Angehörige der rechtsextremen Organisation Consul
20. Oktober	**Rom**	Nach dem »Marsch auf Rom« wird Benito Mussolini zum italienischen Ministerpräsidenten ernannt
30. Dezember	**Moskau**	Gründung der Union der Sozialistischen Sowjetrepubliken (UdSSR)
1923		Französische und belgische Truppen marschieren am 11. Januar zur Sicherstellung von Reparationsleistungen in das Ruhrgebiet ein ◀ »Die Aushungerung des Ruhrgebiets« – Karikatur des »Simplizissimus« anlässlich der französischen Besetzung der Region
13. Januar	**Berlin**	Reichskanzler Wilhelm Cuno verkündet den »passiven Widerstand« gegen die Besatzer und verweigert jegliche Zusammenarbeit, in der Folge wird die Inflation immer stärker angeheizt
13. August	**Berlin**	Gustav Stresemann wird Reichskanzler
26. September	**Berlin**	Reichskanzler Stresemann gibt den Abbruch des passiven Widerstands im Ruhrgebiet und die Wiederaufnahme der Reparationslieferungen bekannt

Datum	Ort	Ereignis
10. Oktober	**Dresden / Weimar**	In Sachsen und sechs Tage später in Thüringen tritt die KPD in die von der SPD geführten Landesregierungen ein, um einen kommunistischen Umsturz vorzubereiten
21. Oktober	**Aachen**	Militante Separatisten rufen eine unabhängige »Rheinische Republik« aus
23. Oktober	**Hamburg**	Blutige Niederschlagung eines kommunistischen Umsturzversuchs
8. November	**München**	Hitler verkündet im Bürgerbräukeller die »nationale Revolution« und proklamiert den »Marsch auf Berlin«. Tags darauf wird der Putsch an der Feldherrnhalle gewaltsam niedergeschlagen und die NSDAP verboten.
16. November	**Berlin**	Mit der Ausgabe der Rentenmark wird die Inflation beendet

1924

Urteilsverkündung im Hitlerprozess: Am 1. April wird Hitler zu fünf Jahren Festungshaft in Landsberg am Lech verurteilt. Während der Haft schreibt er sein Pamphlet »Mein Kampf«.

◀ Selbstinszenierung – Adolf Hitler während der Haft in Landsberg am Lech

Datum	Ort	Ereignis
21. Januar	**Gorki**	Tod Lenins
9. April		Neuregelung der deutschen Reparationsleistungen durch den »Dawes-Plan«

Datum	Ort	Ereignis
20. Dezember	**Landsberg am Lech**	Hitler wird auf Bewährung aus der Haft entlassen
1925		Paul von Hindenburg wird am 26. April zum neuen Reichspräsidenten gewählt. ◄ Hindenburg auf dem Weg zur Vereidigung
27. Februar	**München**	Neugründung der NSDAP
28. Februar	**Berlin**	Tod von Reichspräsident Friedrich Ebert
31. Juli	**Ruhrgebiet**	Die Räumung des Ruhrgebiets durch französische und belgische Truppen ist abgeschlossen
16. Oktober	**Locarno**	Abschluss der Konferenz von Locarno: Deutschland, Frankreich und Belgien verzichteten auf eine gewaltsame Veränderung ihrer Grenzen
1926 bis 1928		Am 8. September 1926 wird Deutschland in Genf in den Völkerbund aufgenommen. ◄ Historischer Moment – Gustav Stresemann in der Bildmitte
24. April 1926	**Berlin**	Abschluss eines Freundschafts- und Neutralitätsvertrags mit der Sowjetunion auf fünf Jahre
7. Juli 1927	**Berlin**	Der Reichstag verabschiedet ein Gesetz zur Einführung einer staatlichen Arbeitslosenversicherung

Datum	Ort	Ereignis
27. Aug. 1928	**Paris**	Mit dem Briand-Kellogg-Pakt verpflichteten sich die Unterzeichnerstaaten, darunter die USA, Großbritannien, Deutschland und Frankreich, auf Krieg als Mittel zur Lösung internationaler Konflikte zu verzichten
1929		Der »Schwarze Freitag« am 25. Oktober an der New Yorker Börse leitet die Weltwirtschaftskrise ein. In Deutschland steigt die Arbeitslosenzahl sprunghaft an. ◀ Der Börsencrash in New York
7. Juni	**Paris**	Der »Young-Plan« regelt die deutschen Reparationen neu: Deutschland soll 112 Milliarden Goldmark für die Dauer von 58 Jahren zahlen
3. Oktober	**Berlin**	Tod von Außenminister Stresemann
8. Dezember	**Weimar**	Nach dem Gewinn von sechs Landtagsmandaten in Thüringen tritt die NSDAP erstmals in eine Landesregierung ein
1930 und 1931		Mit der Berufung von Heinrich Brüning (Zentrum) zum Reichskanzler beginnt am 29. März die Ära der Präsidialkabinette, die sich auf das Notverordnungsrecht des Reichspräsidenten stützen. ◀ Heinrich Brüning

Datum	Ort	Ereignis
30. Juni 1930	**Rheinland**	Die letzten französischen Truppen verlassen das Rheinland
16. Juli 1930	**Berlin**	Reichspräsident Hindenburg setzt erstmals einen vom Reichstag abgelehnten Gesetzentwurf als Notverordnung in Kraft
14. Sept. 1930	**Berlin**	Bei den Reichstagswahlen wird die NSDAP zweitstärkste Partei hinter der SPD
13. Juli 1931	**Berlin**	Zusammenbruch des drittgrößten deutschen Geldinstituts, der Darmstädter und Nationalbank (Danat-Bank)
11. Okt. 1931	**Bad Harzburg**	Harzburger Front: Vertreter der äußersten Rechten, darunter NSDAP, DNVP sowie »Vaterländische Verbände«, betonen den gemeinsamen Willen zum Sturz der Regierung

1932

Die Arbeitslosigkeit erreicht am 15. Februar mit 6,127 Millionen ihren Höchststand.

◀ Arbeitslose in Hamburg

Datum	Ort	Ereignis
25. Februar	**Braunschweig (?)**	Hitler erhält die deutsche Staatsbürgerschaft
10. April	**Berlin**	Paul von Hindenburg wird als Reichspräsident wiedergewählt
21. Mai	**Dessau**	Im Land Anhalt wird erstmals ein Nationalsozialist Ministerpräsident
31. Mai	**Berlin**	Franz von Papen wird zum Reichskanzler ernannt

Datum	Ort	Ereignis
9. Juli	**Lausanne**	Eine internationale Konferenz zur Regelung der Reparationsfrage führt zur Aufhebung des »Young-Plans« und dem Ende der deutschen Zahlungen
20. Juli	**Berlin**	Preußenschlag: Die geschäftsführende preußische Regierung unter Otto Braun (SPD) wird per Notverordnung für abgesetzt erklärt
31. Juli	**Berlin**	Bei der Reichstagswahl wird die NSDAP stärkste Fraktion
6. November	**Berlin**	Bei der Neuwahl des Reichstags verliert die NSDAP zwar Mandate, bleibt aber stärkste Kraft
3. Dezember	**Berlin**	Ernennung Kurt von Schleichers zum Reichskanzler

1933

Seit dem 1. April werden gezielt jüdische Geschäfte im ganzen Land boykottiert – eine Maßnahme des neuen Reichskanzlers Adolf Hitler.

◀ »Kauft nicht bei Juden« – Plakate im Schaufenster eines Geschäfts in Berlin, davor ein Mitglied der SA

Datum	Ort	Ereignis
30. Januar	**Berlin**	»Machtergreifung«: Hindenburg ernennt Hitler zum Reichskanzler
27. Februar	**Berlin**	Reichstagsbrand, darauf folgende Verhaftungswelle von NS-Gegnern
5. März	**Berlin**	Bei den Reichstagswahlen verfehlt die NSDAP trotz massiver Propaganda und Terrors die absolute Mehrheit

Datum	Ort	Ereignis
21. März	**Oranienburg**	Das erste Konzentrationslager (KZ) wird eingerichtet
23. März	**Berlin**	Der Reichstag billigt das »Ermächtigungsgesetz«, das bis 1945 die rechtliche Grundlage der Herrschaft Hitlers bleibt
7. April	**Deutschland**	Berufsverbot für jüdische und regimekritische Beamte
5. Mai	**Moskau**	Der 1926 abgeschlossene Friedensvertrag zwischen Deutschland und der Sowjetunion wird verlängert
10. Mai	**Berlin**	Bücherverbrennung
22. Juni	**Berlin**	Die SPD wird verboten, alle anderen Parteien lösen sich freiwillig auf
12. November	**Berlin**	Reichstagswahl und Austritt Deutschlands aus dem Völkerbund
1934		»Röhmputsch«: SA-Stabschef Ernst Röhm sowie zahlreiche weitere SA-Führer und konservative Regimegegner werden am 30. Juni ermordet. ◀ Röhm (links) und Hitler im Januar 1934
26. Januar	**Berlin**	Deutschland und Polen schließen einen Nichtangriffspakt
30. Januar	**Berlin**	»Gesetz zum Neuaufbau des Reiches«: Die Länder verlieren ihre Eigenständigkeit
20. April	**Berlin**	Heinrich Himmler wird Leiter des Geheimen Staatspolizeiamtes in Preußen

Datum	Ort	Ereignis
2. August	**Gut Neudeck**	Tod von Reichspräsident Hindenburg, Hitler übernimmt das Amt und nennt sich jetzt »Führer und Reichskanzler«
18. September	**Genf**	Die Sowjetunion wird Mitglied des Völkerbunds
1935		Nach einer Volksabstimmung kehrt das Saargebiet am 1. März ins Deutsche Reich zurück. ◄ Plakat anlässlich der Abstimmung im Januar 1935
26. Februar	**Berlin (?)**	Beschluss zum Aufbau einer deutschen Luftwaffe
16. März	**Berlin**	Hitler verkündet die Wiedereinführung der Wehrpflicht und den Aufbau der Wehrmacht
18. Juni	**London**	Deutsch-britisches Flottenabkommen
10. September	**Nürnberg**	»Nürnberger Gesetze« legitimieren die staatliche Diskriminierung von Juden
21. September	**Kiel**	Der erste deutsche U-Boot-Verband seit dem Ersten Weltkrieg wird in Dienst gestellt
1936		Am 1. August werden in Berlin die Olympischen Spiele eröffnet – eine perfekte Inszenierung, die die Welt beeindrucken soll. ◄ Götterdämmerung – eines der Olympia-Plakate

Datum	Ort	Ereignis
7. März	**Rheinland**	Deutsche Truppen besetzen das entmilitarisierte Rheinland
29. März	**Deutschland**	Bei der Reichstagswahl erhält die NSDAP-Einheitsliste 99 Prozent der Stimmen
17. Juni	**Berlin**	Himmler wird Chef der deutschen Polizei
August	**Berlin**	Denkschrift Hitlers zum Vierjahresplan mit dem Ziel, Wirtschaft und Armee innerhalb von vier Jahren in Kriegsbereitschaft zu versetzen
21. September	**Hessen**	Erstes größeres Wehrmachtsmanöver seit dem Ersten Weltkrieg beginnt
1. November	**Mailand**	Mussolini propagiert die »Achse Berlin-Rom«
25. November	**Berlin**	Deutschland und Japan schließen den gegen die Sowjetunion gerichteten Antikominternpakt

1937

Die Legion Condor zerstört bei einem Bombenangriff am 26. April die baskische Stadt Guernica – Testfall für den späteren Krieg.

◄ Mitglieder der Legion »Condor« bei einem feierlichen Empfang

Datum	Ort	Ereignis
12. Juni	**Moskau**	Nach einem Schauprozess werden Marschall Tuchatschewski und andere hochrangige sowjetische Militärführer hingerichtet

Datum	Ort	Ereignis
5. November	**Berlin**	Hitler erläutert der Wehrmachtsführung seine Annexionspläne für Österreich und die Tschechoslowakei

1938

»Reichskristallnacht«: Nach dem Attentat auf den deutschen Legationssekretär Ernst vom Rath in Paris kommt es am 9. November zu Pogromen gegen die jüdische Bevölkerung in Deutschland.

◄ Wie hier in Baden-Baden brennen in ganz Deutschland die Synagogen

Datum	Ort	Ereignis
4. Februar	**Berlin**	»Blomberg-Fritsch-Krise«: Kriegsminister und Wehrmacht-Oberbefehlshaber Werner von Blomberg und der Oberbefehlshaber des Heeres, Werner Freiherr von Fritsch, müssen zurücktreten. Hitler übernimmt den Oberbefehl über die Wehrmacht
12. März	**Österreich**	Einmarsch in Österreich
1. Oktober	**Tschechoslowakei**	Nachdem Großbritannien, Frankreich und Italien auf der Münchner Konferenz ihre Zustimmung erteilt haben, marschieren deutsche Truppen in das Sudetengebiet ein. Vier Monate später, am 15. März 1939, wird die Tschechoslowakei zerschlagen: Die Slowakei wird selbstständiger Staat, die tschechischen Landesteile werden als »Protektorat Böhmen und Mähren« dem »Großdeutschen Reich« angegliedert.

Datum	Ort	Ereignis
1939		Mit dem Beschuss der Danziger Westerplatte durch die »Schleswig-Holstein« beginnt am 1. September der deutsche Überfall auf Polen und damit der Zweite Weltkrieg. ◀ Startschuss zum Zweiten Weltkrieg
23. März	**Memelland**	Das unter litauischer Verwaltung stehende Memelland wird wieder Bestandteil des Deutschen Reichs
31. März	**London / Paris**	Britisch-französische Garantieerklärung für die Unabhängigkeit Polens
11. April	**Berlin**	Hitler erteilt die Weisung zur Ausarbeitung eines Kriegsplans gegen Polen
28. April	**Berlin**	Hitler kündigt den Nichtangriffspakt mit Polen und das Flottenabkommen mit Großbritannien auf
19. Mai	**Paris**	Frankreich schließt mit Polen einen militärischen Beistandspakt
23. August	**Moskau**	Unterzeichnung des deutsch-sowjetischen Nichtangriffspakts mit dem geheimen Zusatzprotokoll über die Aufteilung der Interessensphären in Osteuropa
25. August	**London**	Großbritannien ratifiziert den am 6. April 1939 geschlossenen Beistandspakt mit Polen
30. August	**Polen**	Polen ordnet die Generalmobilmachung an
3. September	**London / Paris**	Großbritannien und Frankreich erklären dem Deutschen Reich den Krieg

Datum	Ort	Ereignis
17. September	**Polen**	Truppenverbände der Roten Armee marschieren in Ostpolen ein
28. September	**Warschau**	Nach schweren deutschen Luftangriffen kapitulieren die polnischen Truppen in Warschau
6. Oktober	**Polen**	Kapitulation der letzten Verbände des polnischen Heeres
8. November	**München**	Hitler entgeht dem Bombenattentat von Johann Georg Elser im Bürgerbräukeller nur knapp
30. November	**Finnland**	Die Sowjetunion überfällt das neutrale Finnland

1940

Ein deutscher Luftangriff verursacht am 14. November schwere Schäden in Coventry; der neue Premier, Winston Churchill, besichtigt die Überreste der Kathedrale.

◀ Deutscher Bomberpilot über der englischen Kanalküste

Datum	Ort	Ereignis
11. Februar	(?)	Die Sowjetunion und das Deutsche Reich schließen ein Wirtschaftsabkommen, das die Lieferung kriegswichtiger Rohstoffe vorsieht
13. März	**Moskau**	Finnland und die Sowjetunion schließen einen Friedensvertrag, der für die Finnen umfangreiche Gebietsabtretungen vorsieht
9. April	**Dänemark / Norwegen**	Die deutsche Wehrmacht marschiert ohne Kriegserklärung in Dänemark und Norwegen ein. Dänemark kapituliert bereits nach einem Tag, Norwegen am 10. Juni 1940

Datum	Ort	Ereignis
10. Mai	**Benelux**	Die deutsche Offensive im Westen beginnt mit dem Einmarsch in den Niederlanden, Belgien und Luxemburg
10. Mai	**London**	Winston Churchill löst Neville Chamberlain als britischer Premierminister ab
15. Mai	**Rijsoord**	Kapitulation der niederländischen Armee
26. Mai	**Dünkirchen**	Nach Hitlers Haltebefehl für die deutschen Verbände beginnt die Evakuierung des britischen Expeditionskorps
28. Mai	**Brügge**	Kapitulation der belgischen Armee
15. Juni	**Baltikum**	Die Rote Armee beginnt den Einmarsch in Estland, Lettland und Litauen
22. Juni	**Compiègne**	Unterzeichnung des deutsch-französischen Waffenstillstands
1. Juli	**Moskau**	Stalin lehnt ein Bündnisangebot Großbritanniens ab
16. Juli	**Berlin (?)**	Hitler befiehlt Planungen zur Invasion Großbritanniens (»Unternehmen Seelöwe«)
13. August	**England**	Mit dem »Adlertag« beginnt die Luftschlacht um England
27. September	**Berlin**	Deutschland, Japan und Italien schließen den Dreimächtepakt
28. Oktober	**Rom**	Italien erklärt Griechenland den Krieg
18. Dezember	**Berlin**	Hitlers Weisung Nr. 21 zum Angriff auf die Sowjetunion

Datum	Ort	Ereignis
1941		Im KZ Auschwitz werden am 3. September erstmals Juden mit Zyklon B vergast. ◀ Tödliche Kristalle, die den Massenmord an den Juden überhaupt erst möglich machten.
11. Februar	**Tripolis**	Deutsche Verbände landen zur Unterstützung der italienischen Truppen in Nordafrika
6. April	**Jugoslawien / Griechenland**	Beginn des deutschen Feldzugs in Jugoslawien und Griechenland
6. Juni		Der »Kommissarbefehl« ordnet die Liquidierung politischer Kommissare der Roten Armee an
22. Juni	**Sowjetunion**	Deutscher Überfall auf die Sowjetunion
9. Juli	**Bialystok / Minsk**	Nach der ersten großen Kesselschlacht des Russlandfeldzugs geraten über 320000 Rotarmisten in Gefangenschaft
21. August	**Wolfsschanze (?)**	Hitler befiehlt, den Vormarsch Richtung Moskau zugunsten der vollständigen Inbesitznahme der Ukraine zu stoppen
19. September	**Deutschland / besetzte Gebiete**	Juden müssen in der Öffentlichkeit fortan einen gelben »Judenstern« auf der Kleidung tragen
26. September	**Kiew**	Die Kesselschlacht von Kiew endet mit bis zu 665000 sowjetischen Gefangenen
29. September	**Kiew**	Beginn des Massenmords an Juden in Babij Jar

Datum	Ort	Ereignis
2. Oktober	**Russland**	Beginn der deutschen Offensive gegen Moskau
5. Dezember	**Russland**	Vor Moskau beginnt die sowjetische Gegenoffensive
7. Dezember	**Hawaii**	Mit dem japanischen Angriff auf den US-Militärstützpunkt Pearl Harbor beginnt der Krieg im Pazifik
11. Dezember	**Berlin**	Hitler verkündet die deutsche Kriegserklärung an die USA
19. Dezember	**(?)**	Hitler entlässt von Brauchitsch als Oberbefehlshaber des Heers und übernimmt selbst den Oberbefehl

1942

Verbände des Deutschen Afrikakorps erobern am 21. Juni das britisch besetzte Tobruk.

◀ Das zunächst so erfolgreiche Afrikakorps unter der Führung von General Erwin Rommel auf dem Vormarsch

Datum	Ort	Ereignis
20. Januar	**Berlin**	Auf der »Wannsee-Konferenz« wird über die »fabrikmäßige« Ermordung der europäischen Juden beraten
8. Februar	**(?)**	Albert Speer wird zum Rüstungsminister ernannt
17. März	**Polen**	Im besetzten Polen beginnt die systematische Ermordung der Juden (»Aktion Reinhardt«)
26. März	**Auschwitz**	Ankunft der ersten Deportationszüge im KZ Auschwitz

Datum	Ort	Ereignis
28. März	**Lübeck**	Erstes Flächenbombardement einer deutschen Großstadt durch die Royal Air Force (RAF)
30. Mai	**Köln**	Ein 1000-Bomber-Angriff der RAF zerstört die Kölner Innenstadt
4. Juni	**Prag**	Reinhard Heydrich, Leiter des Reichssicherheitshauptamts und maßgeblicher Organisator des Holocaust, stirbt nach einem Attentat
28. Juni	**Ukraine**	Beginn der deutschen Sommeroffensive an der Ostfront, Vormarsch Richtung Kaukasus
3. Juli	**El Alamain**	Bei El Alamein wird der Vormarsch der deutschen Truppen Richtung Ägypten gestoppt
19. August	**Dieppe**	Ein Landungsversuch der Alliierten an der französischen Kanalküste kann von der Wehrmacht abgewehrt werden
30. August	**El Alamain**	Das Deutsche Afrikakorps startet eine letzte vergebliche Offensive
24. September	**(?)**	Generaloberst Franz Halder tritt als Oberbefehlshaber des Heers zurück
3. Oktober	**Peenemünde**	Erster erfolgreicher Start einer A4-Rakete, die später unter dem Namen V2 bekannt wird
23. Oktober	**El Alamain**	Beginn der britischen Gegenoffensive in Nordafrika
8. November	**Nordafrika**	In Marokko und Algerien beginnt die Landung alliierter Truppenverbände
22. November	**Stalingrad**	Sowjetische Truppenverbände kesseln die 6. Armee ein

Datum	Ort	Ereignis
21. Dezember	**Stalingrad**	Der Entsatzversuch für die in Stalingrad eingeschlossenen Truppen scheitert
1943		Die letzten deutschen Truppenverbände kapitulieren am 2. Februar in Stalingrad. ◀ Tausende Wehrmachtssoldaten gingen nach der Schlacht von Stalingrad in russische Gefangenschaft
24. Januar	**Casablanca**	Abschluss der alliierten Konferenz von Casablanca. Großbritannien und USA fordern die bedingungslose Kapitulation Deutschlands.
31. Januar	**Stalingrad**	Der Oberbefehlshaber der 6. Armee, Generalfeldmarschall Friedrich Paulus, geht in Gefangenschaft
14. Februar	**(?)**	Hitlerbefehl, bei Rückzügen nur »Verbrannte Erde« zurückzulassen
18. Februar	**Berlin**	Im Berliner Sportpalast verkündet Propagandaminister Joseph Goebbels den »Totalen Krieg«
5. März	**Ruhrgebiet**	Beginn von schweren Luftangriffen aus das Ruhrgebiet
19. April	**Warschau**	Beginn des Aufstands im Warschauer Ghetto
13. Mai	**Tunesien**	Kapitulation der letzten deutschen Einheiten in Nordafrika
17. Mai	**Arnsberg / Waldeck**	Britische Bomber zerstören die Möhne- und die Edertalsperre

Datum	Ort	Ereignis
10. Juni	**Deutschland**	Beginn der kombinierten Bomberoffensive der Westalliierten gegen Deutschland
5. Juli	**bei Kursk**	An der Ostfront beginnt die letzte deutsche Großoffensive, die schon nach wenigen Tagen abgebrochen werden muss
17. Juli	**Ostfront**	Beginn der sowjetischen Sommeroffensive, in deren Verlauf die deutschen Truppen rasch zurückgedrängt werden können
24. Juli	**Hamburg**	Beginn einer Reihe von groß angelegten Luftangriffen auf Hamburg (»Operation Gomorrha«)
24. Juli	**Rom**	Absetzung Mussolinis
3. September	**Italien**	Italien und die Alliierten schließen einen Waffenstillstand
10. September	**Rom**	Deutsche Truppen besetzen die italienische Hauptstadt
6. November	**Kiew**	Sowjetische Verbände erobern die ukrainische Hauptstadt
1. Dezember	**Teheran**	Abschluss der Beratungen von Stalin, Roosevelt und Churchill über die Grundlagen der europäischen Nachkriegsordnung

1944

Das Bombenattentat auf Hitler am 20. Juli in der »Wolfsschanze« misslingt, der Staatsstreich der Verschwörer scheitert. Die meisten Beteiligten werden hingerichtet.

◄ Stauffenberg (links) kurz vor dem Attentat

Datum	Ort	Ereignis
20. Februar	**Deutschland**	Groß angelegte Luftoffensive der Alliierten gegen deutsche Industrie- und Rüstungseinrichtungen beginnt (»Big Week«)
4. März	**Ostfront**	Beginn der sowjetischen Frühjahrsoffensive, in deren Verlauf die gesamte Ukraine zurückerobert wird
19. April	**London**	Letzter großer Bombenangriff der deutschen Luftwaffe
6. Juni	**Normandie**	Beginn der alliierten Invasion in der Normandie
12. Juni	**London**	Erster deutscher Luftangriff auf London mit der Flugbombe V1
22. Juni	**Ostfront**	Beginn der sowjetischen Sommeroffensive, die Rote Armee stößt innerhalb weniger Tage 300 Kilometer nach Westen vor
31. Juli	**Avranches**	Den alliierten Kräften gelingt der Durchbruch durch den deutschen Verteidigungsring
25. August	**Paris**	Truppen de Gaulles und alliierte Verbände befreien die französische Hauptstadt
8. September	**London**	Erster Angriff mit einer V2-Rakete auf London
11. September	**bei Trier**	Verbände der US-Armee erreichen das Reichsgebiet
12. September	**London**	USA, Großbritannien und die Sowjetunion veröffentlichen eine Erklärung, in der die Aufteilung Deutschlands in Besatzungszonen bekanntgegeben wird

Datum	Ort	Ereignis
17. September	**Arnheim**	Groß angelegte Luftlandeaktion britischer und amerikanischer Einheiten hinter den deutschen Linien schlägt fehl
25. September	**(?)**	Anordnung zur Erfassung aller wehrfähigen Männer zwischen 16 und sechzig Jahren für den »Volkssturm«
16. Oktober	**bei Goldap**	Sowjetische Verbände überschreiten die Reichsgrenze in Ostpreußen
21. Oktober	**Aachen**	Aachen wird als erste deutsche Großstadt von US-Truppen erobert
16. Dezember	**Westfront**	Mit der Ardennenoffensive beginnt die letzte große Offensivaktion der Wehrmacht im Zweiten Weltkrieg

1945

Bei der Versenkung der »Wilhelm Gustloff« am 30. Januar finden 9000 Flüchtlinge aus den deutschen Ostgebieten den Tod.

◀ Vom »Erholungsdampfer« zum Flüchtlingsschiff; der Untergang der »Gustloff«, eine der schlimmsten Katastrophen der Seefahrt, hat sich ins kollektive Gedächtnis eingebrannt

Datum	Ort	Ereignis
12. Januar	**Polen**	Beginn der sowjetischen Winteroffensive
27. Januar	**Auschwitz**	Das Vernichtungslager wird von sowjetischen Truppen befreit
11. Februar	**Jalta**	Abschluss der alliierten Konferenz
13. Februar	**Dresden**	Flächenbombardements zerstören die Dresdner Innenstadt fast völlig
7. März	**Remagen**	US-Einheiten erobern eine unzerstörte Eisenbahnbrücke über den Rhein

Datum	Ort	Ereignis
19. März	**Berlin**	Hitler ordnet nun auch für die Westfront an, den Befehl »Verbrannte Erde« umzusetzen
16. April	**Oderfront**	Sowjetischen Einheiten gelingt der Durchbruch an der Oder
17. April	**Ruhrgebiet**	Die letzten Wehrmachtstruppen im Ruhrkessel ergeben sich
22. April	**Berlin**	Die Rote Armee erreicht das Stadtgebiet von Berlin
28. April	**Mezzegra**	Mussolini wird von Partisanen ermordet
30. April	**Berlin**	Hitler begeht im Führerbunker der Reichskanzlei Selbstmord
2. Mai	**Berlin**	Mit der Kapitulation der Wehrmachtstruppen enden die Kämpfe in Berlin
4. Mai	**Lüneburg**	Kapitulation der deutschen Wehrmacht in Dänemark, den Niederlanden und Nordwestdeutschland
7. Mai	**Reims**	Generaloberst Alfred Jodl unterzeichnet die bedingungslose Kapitulation aller deutschen Streitkräfte
8. Mai	**Berlin**	Wiederholung des Kapitulationsaktes durch den Chef des Oberkommandos der Wehrmacht, Generalfeldmarschall Wilhelm Keitel, im sowjetischen Hauptquartier in Berlin-Karlshorst
23. Mai	**Flensburg**	Britische Truppen verhaften Großadmiral Dönitz und die Mitglieder seiner »Geschäftsführenden Reichsregierung«
2. September	**Tokio**	Die Kapitulation Japans beendet den Zweiten Weltkrieg

REGISTER

LITERATUR

Erster Weltkrieg – allgemein

Becker, Jean-Jacques / Krumeich, Gerd: Der große Krieg. Deutschland und Frankreich 1914 / 1918. Essen 2010.

Berghahn, Volker R.: Der Erste Weltkrieg. München 2009.

Burgdorff, Stephan / Wiegrefe, Klaus (Hrsg.): Der Erste Weltkrieg. Die Urkatastrophe des 20. Jahrhunderts. München 2010.

Ferguson, Niall: Der falsche Krieg. Der Erste Weltkrieg und das 20. Jahrhundert. München 2001.

Hirschfeld, Gerhard (Hrsg.) u.a.: Enzyklopädie Erster Weltkrieg. Paderborn u.a. 2009.

Keegan, John: Der Erste Weltkrieg. Eine europäische Tragödie. Reinbek 2003.

Kruse, Wolfgang (Hrsg.): Eine Welt von Feinden. Der Große Krieg 1914–1918. Frankfurt / Main 1997.

März, Peter: Der Erste Weltkrieg. Deutschland zwischen dem langen 19. und dem kurzen 20. Jahrhundert. Stamsried 2008.

Michalka, Wolfgang (Hrsg.): Der Erste Weltkrieg. Wirkung, Wahrnehmung, Analyse. München 1994.

Mommsen, Wolfgang J.: Die Urkatastrophe Deutschlands. Der Erste Weltkrieg 1914–1918. Stuttgart 2001.

ders.: Der Erste Weltkrieg – Anfang vom Ende des bürgerlichen Zeitalters. Bonn 2004.

Nebelin, Manfred: Ludendorff. Diktator im Ersten Weltkrieg. München 2010.

Neitzel, Sönke: Blut und Eisen. Deutschland und der Erste Weltkrieg. Zürich 2003.

ders.: Weltkrieg und Revolution. 1914–1918/19. Berlin 2008.

Osburg, Wolf-Rüdiger (Hrsg.): Hineingeworfen. Der Erste Weltkrieg in den Erinnerungen seiner Teilnehmer. Berlin 2009.

Salewski, Michael: Der Erste Weltkrieg. Paderborn 2004.

Segesser, Daniel Marc: Der Erste Weltkrieg in globaler Perspektive. Wiesbaden 2010.

Strachan, Hew: Der Erste Weltkrieg. Eine neue illustrierte Geschichte. München 2004.

Ulrich, Bernd / Ziemann, Benjamin (Hrsg.): Frontalltag im Ersten Weltkrieg. Ein historisches Lesebuch. Essen 2008.

Weber, Thomas: Hitlers erster Krieg. Der Gefreite Hitler im Weltkrieg – Mythos und Wahrheit. Berlin 2011.

Sündenfall

Fromkin, David: Europas letzter Sommer. Die scheinbar friedlichen Wochen vor dem Ersten Weltkrieg. München 2005.

Herwig, Holger H.: The Marne, 1914. The opening of World War I and the battle that changed the world. New York 2009.

Hoffmann, Dieter: Der Sprung ins Dunkle oder Wie der Erste Weltkrieg entfesselt wurde. Leipzig 2010.

Horne, John / Kramer, Alan: Deutsche Kriegsgreuel 1914. Die umstrittene Wahrheit. Hamburg 2004.

Jürgs, Michael: Der kleine Frieden im Großen Krieg. Westfront 1914: Als Deutsche, Franzosen und Briten gemeinsam Weihnachten feierten. München 2003.

Rother, Rainer (Hrsg.): Die letzten Tage der Menschheit. Bilder des Ersten Weltkrieges. Berlin 1994.

Schivelbusch, Wolfgang: Eine Ruine im Krieg der Geister. Die Bibliothek von Löwen. August 1914 bis Mai 1940. Frankfurt / Main 1993.

Fegefeuer

Englund, Peter: Schönheit und Schrecken. Eine Geschichte des Ersten Weltkriegs, erzählt in 19 Schicksalen. Berlin 2011.

Hirschfeld, Gerhard / Krumeich, Gerd (Hrsg.): »Keiner fühlt sich hier mehr als Mensch« – Erlebnis und Wirkung des Ersten Weltkrieges. Essen 1993.

dies.: Die Deutschen an der Somme. Krieg, Besatzung, Verbrannte Erde. Essen 2006.

Lefebvre, Jacques-Henri: Die Hölle von Verdun. Nach den Berichten von Frontkämpfern. Fleury-devant-Douaumont 1987.

Liulevicius, Vejas G.: Kriegsland im Osten. Eroberung, Kolonisierung und Militärherrschaft im Ersten Weltkrieg 1914–1918. Hamburg 2002.

Martinetz, Dieter: Der Gaskrieg 1914–1918. Entwicklung, Herstellung und Einsatz chemischer Kampfstoffe. Bonn 1996.

Sauer, Andreas (Hrsg.): Heilig soll der Grundsatz »Krieg dem Krieg« sein! Die Erinnerungen Karl Rosners an seine Kriegserlebnisse im Jahr 1916. Erfurt 2008.

Ulrich, Bernd / Ziemann, Benjamin (Hrsg.): Frontalltag im Ersten Weltkrieg. Ein historisches Lesebuch. Essen 2008.

Werth, German: 1916, Schlachtfeld Verdun. Europas Trauma. Berlin 1994.

Völkerschlacht

Chickering, Roger / Förster, Stig (Hrsg.): Great War, Total War. Combat and Mobilization on the Western Front, 1914–1918. Cambridge 2000.

Duppler, Jörg / Groß, Gerhard P. (Hrsg.): Kriegsende 1918. Ereignis, Wirkung, Nachwirkung. München 1999.

Haffner, Sebastian: Die deutsche Revolution 1918 / 19. Reinbek 2004.

Kluge, Ulrich: Die deutsche Revolution 1918 / 1919. Staat, Politik und Gesellschaft zwischen Weltkrieg und Kapp-Putsch. Darmstadt 1997.

Krumeich, Gerd (Hrsg.): Nationalsozialismus und Erster Weltkrieg. Essen 2010.

Middlebrook, Martin: Der 21. März 1918. Die Kaiserschlacht. Berlin u.a Frankfurt/Main, Wien 1979.

Zweiter Weltkrieg – allgemein

Diverse: Das deutsche Reich und der zweite Weltkrieg. 10 Bände. Stuttgart 1979 ff.

Förster, Jürgen: Die Wehrmacht im NS-Staat. Eine strukturgeschichtliche Analyse. München 2007.

Hartmann, Christian: Unternehmen Barbarossa: der deutsche Krieg im Osten 1941–1945. München 2011.

Hürter, Johannes: Hitlers Heerführer. Die deutschen Oberbefehlshaber im Krieg gegen die Sowjetunion. München 2006.

Knopp, Guido: Der Jahrhundertkrieg. München 2001.

ders.: Die Wehrmacht. Eine Bilanz. München 2007.

Müller, Rolf-Dieter / Volkmann, Hans-Erich (Hrsg.): Die Wehrmacht. Mythos und Realität. München 1999.

Neitzel, Sönke: Abgehört. Deutsche Generäle in britischer Kriegsgefangenschaft 1942–1945. Berlin 2011.

Neitzel, Sönke / Welzer, Harald: Soldaten. Protokolle vom Kämpfen, Töten und Sterben. Berlin 2011.

Smelser, Ronald / Syring, Enrico (Hrsg.): Die Militärelite des Dritten Reiches. 27 biographische Skizzen. Berlin, Frankfurt / Main 1995.

Ueberschär, Gerd R. (Hrsg.): Hitlers militärische Elite. Darmstadt 1998.

Wette, Wolfram: Die Wehrmacht. Feindbilder, Vernichtungskrieg, Legenden. Frankfurt / Main 2002.

Überfall

Böhler, Jochen: Auftakt zum Vernichtungskrieg. Frankfurt / Main 2006.

Deist, Wilhelm u.a. (Hrsg.): Ursachen und Voraussetzungen der deutschen Kriegspolitik. Stuttgart 1979. (Das Deutsche Reich und der Zweite Weltkrieg, Band 1).

Ellis, L.F.: The War in France and Flanders, 1939–40. London 1996.

Frieser, Karl-Heinz: Blitzkrieg-Legende. Der Westfeldzug 1940. München 2005.

Janssen, Karl-Heinz: »Politische und militärische Zielvorstellungen der Wehrmachtführung.« In: Müller, Rolf-Dieter / Volkmann, Hans-Erich (Hrsg.): Die Wehrmacht. Mythos und Realität. München 1999, S. 75-84.

Maier, Klaus A. u.a. (Hrsg): Die Errichtung der Hegemonie auf dem europäischen Kontinent. Stuttgart 1979. (Das Deutsche Reich und der Zweite Weltkrieg, Band 2)

Müller, Klaus-Jürgen (Hrsg.): Armee und Drittes Reich 1933–1939. Paderborn 1987.

Piekalkiewicz. Janusz: Polenfeldzug. Hitler und Stalin zerschlagen die polnische Republik. Augsburg 1999.

Vernichtungskrieg

Beevor, Antony: Stalingrad. Berlin 1999.

Boog, Horst u.a.: Der Angriff auf die Sowjetunion. Stuttgart 1987. (Das deutsche Reich und der zweite Weltkrieg, Band 4)

Förster, Jürgen (Hrsg.): Stalingrad – Ereignis, Wirkung, Symbol. München 1992.

Kershaw, Ian: Wendepunkte. Schlüsselentscheidungen im Zweiten Weltkrieg 1940 / 41. München 2010.

Müller, Rolf Dieter: »Gebirgsjäger am Elbrus. Der Kaukasus als Ziel nationalsozialistischer Eroberungspolitik.« In: Chiari, Bernhard (Hrsg.): Wegweiser zur Geschichte: Kaukasus. Paderborn u.a. 2008, S. 54-65.

Overy, Richard: Russlands Krieg. 1941–1945. Reinbek 2003.

Rees, Laurence: Hitlers Krieg im Osten. München 2000.

Seydlitz-Kurzbach, Walther von: Stalingrad. Konflikt und Konsequenz. Erinnerungen. Hamburg 1977.

Ueberschär, Gerd R. / Wette Wolfram (Hrsg.): Der deutsche Überfall auf die Sowjetunion. »Unternehmen Barbarossa« 1941. Frankfurt 2011.

Warth, Julia: Verräter oder Widerstandskämpfer? Wehrmachtgeneral Walther von Seydlitz-Kurzbach. München 2006.

Bombenkrieg

Boog, Horst: Luftkriegführung im Zweiten Weltkrieg. Ein internationaler Vergleich. Herford, Bonn 1993.

ders.: »Strategischer Luftkrieg in Europa und Reichsverteidigung 1943–45.« In: Boog, Horst u.a.: Das Deutsche Reich in der Defensive. Strategischer Luftkrieg in Europa, Krieg im Westen und in Ostasien 1943 bis 1944 / 45. Stuttgart 2001. (Das Deutsche Reich und der Zweite Weltkrieg, Band 7), S. 3-415.

Friedrich, Jörg: Brandstätten. München 2003.

ders.: Der Brand. Deutschland im Bombenkrieg 1940 –1945. Berlin, München 2002.

Fritze, Lothar / Widera, Tomas (Hrsg.): Alliierter Bombenkrieg. Das Beispiel Dresden. Göttingen 2005.

Heidenreich,Bernd / Neitzel, Sönke (Hrsg.): Der Bombenkrieg und seine Opfer. Wiesbaden 2004.

Kettenacker, Lothar (Hrsg.): Ein Volk von Opfern? Die neue Debatte um den Bombenkrieg 1940–45. Berlin 2003.

Müller, Rolf-Dieter: Der Bombenkrieg 1939–1945. Berlin 2004.

Süß, Dietmar: Tod aus der Luft. Kriegsgesellschaft und Luftkrieg in Deutschland und England. München 2011.

Taylor, Frederick: Dresden. Dienstag, 13. Februar 1945. München 2008.

Verbrannte Erde

Aly, Götz: »Endlösung«. Völkerverschiebung und der Mord an den europäischen Juden. Frankfurt / Main 1998.

Benz, Wolfgang: Der Holocaust. München 2008.

Brakel, Alexander: Der Holocaust. Judenverfolgung und Völkermord. Berlin 2008.

Browning, Christopher R: Die Entfesselung der »Endlösung«. Nationalsozialistische Judenpolitik. Berlin 2006.

Friedländer, Saul: Das Dritte Reich und die Juden. Die Jahre der Verfolgung 1933–1939. Die Jahre der Vernichtung 1939–1945. München 2008.

Frieser, Karl-Heinz (Hrsg.): Die Ostfront 1943 / 44. Der Krieg im Osten und an den Nebenfronten. München 2007. (Das Deutsche Reich und der Zweite Weltkrieg, Band 8)

Hartmann, Christian: Wehrmacht im Ostkrieg. Front und militärisches Hinterland 1941 / 42. München 2010.

Hilberg, Raul: Die Vernichtung der europäischen Juden. Frankfurt 1994.

Rass, Christoph: »Ozarichi 1944. Entscheidungs- und Handlungsebenen eines Kriegsverbrechens.« In: Richter, Timm C. (Hrsg.): Krieg und Verbrechen. Situation und Intention. Fallbeispiele. München 2006, S. 197-206.

Römer, Felix: Der Kommissarbefehl. Wehrmacht und NS-Verbrechen an der Ostfront 1941 / 42. Paderborn u.a. 2008.

Welzer, Harald: Täter. Wie aus ganz normalen Menschen Massenmörder werden. Frankfurt / Main 2007.

Untergang

Asmuss, Burkhard (Hrsg.): 1945. Der Krieg und seine Folgen. Kriegsende und Erinnerungspolitik. Bönen 2005.

Echternkamp, Jörg: Kriegsschauplatz Deutschland 1945. Leben in der Angst, Hoffnung auf den Frieden: Feldpost aus der Heimat und von der Front. Paderborn u.a. 2005.

Hartmann, Christian / Hürter, Johannes: Die letzten 100 Tage des Zweiten Weltkriegs. München 2005.

Hillmann, Jörg / Zimmermann, John (Hrsg.): Kriegsende 1945 in Deutschland. München 2002.

Kempowski, Walter: Das Echolot. Abgesang '45. München 2007.

Kershaw, Ian: Das Ende. Kampf bis in den Untergang. NS-Deutschland 1944 / 45. München 2011.

Kunz, Andreas: Wehrmacht und Niederlage. Die bewaffnete Macht in der Endphase der nationalsozialistischen Herrschaft 1944 bis 1945. München 2007.

Martin, Bernd (Hrsg.): Das Ende des Zweiten Weltkrieges. Freiburg 1995.

Messerschmidt, Manfred: Die Wehrmachtjustiz 1933–1945. Paderborn u.a. 2005.

Müller, Rolf-Dieter (Hrsg.): Der Zusammenbruch des Deutschen Reiches 1945 und die Folgen des Zweiten Weltkrieges. Stuttgart 2008. (Das Deutsche Reich und der Zweite Weltkrieg, Band 10)

Müller, Rolf-Dieter / Ueberschär, Gerd R.: 1945: Das Ende des Krieges. Darmstadt 2005.

Seeger, Klaus (Hrsg.): Halten bis zum letzten Mann. Der Kampf um Ösel. Erinnerungen an die Jahre 1941 bis 1946. Büsum 2004.

Stein, Marcel: Generalfeldmarschall Walter Model. Legende und Wirklichkeit. Bissendorf 2001.

BILDNACHWEIS

AKG: 5 oben sowie 22-23, 26, 31, 33, 35, 43, 67, 69 oben, 77, 79, 112, 132 oben, 146, 150, 190, 195, 209, 215 oben, 235, 292 unten, 304

Bildarchiv Preußischer Kulturbesitz: 5 unten, 15, 17, 20, 38, 46, 47, 88, 128-129, 130, 132 unten, 142, 144, 154, 155, 157, 161, 164, 171, 172, 182, 189, 198, 200, 203, 205, 207, 208, 220, 227, 228, 238, 241, 250, 254, 262, 268, 271, 276, 292 oben, 306, 324-354

Bundesarchiv – BARrch RM 7/962: 170

Bundesarchiv Koblenz: 100 unten (183-S10394), 187 (101-003-3446-16, Fotograf: Ulrich), 188 (146-1972-042-42), 243 (146-2005-0131)

Collection In Flanders Fields Museum, Ypern, Belgien: 36 (2)

Corbis: 311

ECPAD: 60, 66, 75 unten, 89, 92, 96, 102, 111, 113

Getty Images: 147, 159, 215 unten, 218, 267

Hamburger Institut für Sozialforschung: 258 (2)

Interfoto: 100 oben, 139, 168

Imperial War Museums: 105 (Q 47997), 216 (TR 1093)

Jüdisches Museum: 256

Musée Albert Kahn, Département des Hauts-de-Seine / Paul Castelnau (A 12920); Belgique, Pièce de 420 près de Steenkerque, 5 septembre 1917: 58

LWL-Medienzentrum für Westfalen, Foto Dr. Hugo Lill: 252

SZ-Photo: 81, 175

Ullstein Bild: 6, 10, 11, 12, 14, 18, 19, 21, 24, 29, 39, 41, 44, 51, 53, 55, 56, 62, 63, 64, 65, 69 unten, 71, 72, 75 oben, 80 (2), 83, 85, 86, 91, 94, 98, 107, 110, 117, 118, 119, 120, 122, 123, 125, 137, 138, 140,145, 153, 162, 165, 178, 179, 180, 184, 185, 192, 193, 194, 196, 202, 210, 212, 213, 223, 224, 231, 233, 242, 244, 247, 275, 279, 280, 282, 283, 285, 287, 290 oben, 295, 299, 302, 307, 308, 312, 314, 316, 317, 318, 322-323

Ullstein Bild / Granger Collection: 124

Ullstein Bild / Nowosty: 290 unten

Yad Vashem: 260, 261, 263

DIE AUTOREN

Kapitel 1: Annette von der Heyde

Kapitel 2: Stefan Brauburger

Kapitel 3: Peter Hartl

Kapitel 4: Alexander Berkel

Kapitel 5: Mario Sporn

Kapitel 6: Anja Greulich

Kapitel 7: Sönke Neitzel

Kapitel 8: Peter Hartl